Joseph Kennedy

Nie wieder Horrordiktate!

Die Lösung bei LRS: Gezieltes Buchstaben-Tipptraining und kreative ABC-Spiele

VAK

VAK Verlags GmbH

Kirchzarten bei Freiburg

Bibliografische Information der Deutschen Nationalbibliothek
Die Deutsche Nationalbibliothek verzeichnet diese Publikation in der Deutschen Nationalbibliografie; detaillierte bibliografische Daten sind im Internet über http://dnb.d-nb.de abrufbar.

VAK Verlags GmbH
Eschbachstr. 5
79199 Kirchzarten
Deutschland
www.vakverlag.de

2. Auflage: 2018

Lektorat: Norbert Gehlen
Coverdesign: Sabine Fuchs, fuchs_design, München
Coverfoto: Thinkstock / Digital Vision
Layout: Karl-Heinz Mundinger, VAK
Satz: Röser MEDIA, Karlsruhe
Druck: CPI books GmbH, Leck
Printed in Germany
ISBN 978-3-86731-147-2

Inhalt

Vorwort

Liebe Leserin, lieber Leser,

dieses Buch, das Sie in Ihren Händen halten, beschreibt eine praxiserprobte Methode zur Überwindung der Lese-Rechtschreib-Schwäche, auch bekannt unter der Bezeichnung *Legasthenie* und unter dem Fachbegriff *Dyslexie*. Seit mehr als zwanzig Jahren wende ich diese Methode in meiner *Kennedy-Schule* für Nachhilfe an. Die Ergebnisse sprechen für sich: Mit nur 20 Minuten Üben pro Tag können die Kinder ihre Lese- und Schreibfähigkeit deutlich verbessern und ihre Legasthenie in der Regel innerhalb eines Jahres völlig überwinden. Sie stehen dann in der Schule nicht mehr so unter Druck, finden wieder Spaß am Lesen und haben mehr Freizeit.

An der *Kennedy-Schule* in Tuttlingen, wo Kinder mit Lese-Rechtschreib-Schwäche und Rechenschwäche gezielt gefördert werden, geben wir den Eltern eine Garantie: „Geld zurück + 100 Euro", wenn unsere Methode nicht zum Erfolg führt. In den 22 Jahren seit Gründung der Schule wurde dieses Angebot nur dreimal in Anspruch genommen.

Der Neuropsychologe und Kinderpsychiater Fritz Held, der die Methode in ihren Grundzügen entwickelte, hat sie in seiner Praxis 30 Jahre lang erfolgreich angewendet. Ich habe seine Methode dann weiterentwickelt und mit vielfältigen spielerischen Übungen ergänzt, die den Kindern Spaß machen und dadurch noch effektiver sind. Mit diesem Buch stehen Ihnen also sozusagen mehr als 50 Jahre praktische Erfahrungen zur Verfügung. Nutzen Sie sie!

Die Methode, die hier beschrieben wird, ist nicht „wissenschaftlich belegt" – vermutlich aufgrund der Tatsache, dass sie zu einfach ist und mit den gängigen pädagogischen Forschungen und Bemühungen um die Legasthenie nicht in Einklang steht.

Dennoch funktioniert dieses Konzept gut. Es liegt an Ihnen, es unbefangen und zielstrebig anzuwenden und es im Alltag umzusetzen. Lassen Sie sich durch den Schulalltag nicht davon abbringen, täglich dranzubleiben. Ihr Kind wird Ihnen dafür dankbar sein.

Ich wünsche Ihnen viel Spaß und Erfolg bei der spielerischen Überwindung der Lese-Rechtschreib-Schwäche!

Joseph Kennedy

1. Warum Schule und Therapien Ihrem Kind nicht wirklich helfen können

„Ist das jetzt schon Lese-Rechtschreib-Schwäche oder noch im Normalbereich?" Frau Novak und Herr Weiß sitzen im Lehrerzimmer der Grundschule *Maria Theresia* zusammen. Es geht darum, welche Schüler am LRS-Förderkurs teilnehmen sollen. Wo sind die Grenzlinien zu ziehen?

„Hm, schwer zu sagen. Lassen Sie uns erst mal über die eindeutigen Fälle sprechen." Herr Weiß legt ein Schulheft auf den Tisch und schlägt es auf. „Schauen Sie sich mal das letzte Diktat von Arthur an. 30 Fehler bei 100 Wörtern! Die Diktate davor waren auch nicht besser. Und beim Vorlesen stolpert er wie ein Zweitklässler – dabei ist er in der vierten Klasse! Er steht in Deutsch auf einer Fünf."

„Ja, okay, das ist eindeutig", stimmt Frau Novak zu. „Aber damit wäre der Kurs auch schon voll. Was ist denn dann mit Manuela?"

Manuela ist das Sorgenkind in Frau Novaks Klasse. Sie macht zwar nur halb so viele Fehler im Diktat wie Arthur, aber immer noch viel zu viele. Als Frau Novak sie gefragt hat, ob sie zu Hause lese, hat sie nur stumm den Kopf geschüttelt.

„Ich glaube, die ist einfach nur faul", kommentiert Herr Weiß. „Ich hab sie ja in Englisch, da macht sie ihre Hausaufgaben fast nie und im Unterricht sitzt sie völlig desinteressiert da."

„Das kann doch aber daran liegen, dass sie eben Schwierigkeiten mit dem Lesen hat. Oder nicht?", wendet Frau Novak ein. „Können wir die Kursplätze ausnahmsweise auf acht erweitern?"

Herr Weiß spielt mit seinem Stift. Dann legt er ihn mit einem harten Klacken auf den Tisch zurück. „Da steigen uns die Eltern der anderen Kinder aufs Dach. Also, die muss einfach zu Hause mehr üben, anders geht das nicht.“

*

Hilflose Helfer

Die Situation von Kindern mit Dyslexie (Lese-Rechtschreib-Schwäche, LRS) ist in Deutschland in den letzten Jahrzehnten deutlich besser geworden. Jedenfalls vordergründig. Immerhin kennen die Lehrer das Problem und beurteilen Schüler, die sehr viele Rechtschreibfehler machen und schlecht lesen können, nicht mehr pauschal als dumm oder faul. Kinder mit LRS haben die Chance, zusätzlich zum normalen Unterricht eine Förderung zu bekommen.

Unglücklicherweise haben Schüler, die im Lesen und Schreiben nicht ganz so schlecht sind, keine guten Aussichten auf diese Hilfe. Denn die vorhandenen Förderplätze werden einfach von unten nach oben an die schlechtesten Schüler einer Jahrgangsstufe vergeben. Statt anhand objektiver Kriterien zu entscheiden, ob Legasthenie vorliegt und die entsprechende Förderung sinnvoll ist, werden die Schüler miteinander verglichen. Das empfinde ich als unprofessionell.

Allerdings ist es nicht überraschend, denn längst nicht alle Lehrer sind dazu ausgebildet, LRS zu erkennen! Das Thema ist zu komplex, um es den Lehramtskandidaten mit einem Wochenendseminar nahezubringen. Die Literatur zur Dyslexie ist so kompliziert, dass sogar engagierte Lehrer an der Frage verzweifeln müssen, wie sie am besten vorgehen sollen. In der Fachwelt gibt es sehr unterschiedliche Definitionen von LRS und sehr unterschiedliche Theorien zu den Ursachen und zur möglichen Abhilfe. Ja, sogar in der Frage, wie viele Kinder betroffen sind, herrscht große Unsicherheit. Laut *Bundesverband Legasthenie und Dyskalkulie* schwanken die Schätzungen zwischen 4 Prozent und 20 Prozent aller Schüler. Die Lehrer, die ihre Schüler bestmöglich unterstützen wollen, sind also selbst hilflos und ratlos. Sie müssen Entscheidungen treffen, ohne die erforderliche sichere Informationsgrundlage zu haben.

In der Praxis sieht es heute so aus, dass jede Schule selbst entscheiden kann, ob ein Kind „Legastheniker" ist oder nicht. (Den Begriff „Legastheniker" verwenden wir in diesem Buch nur mit Vorbehalt. Grundsätzlich sollte man mit solchen Etiketten sehr zurückhaltend sein, da sie die Betroffenen allzu leicht ein Leben lang abstempeln und ausgrenzen können.) Ganz allein stehen die Schulen dabei nicht: Sie können Spezialisten hinzuziehen, in Baden-Württemberg sind das „Legasthenie-Beauftragte".

Also alles professionell? Nein, denn aufgrund des Personalmangels gibt es an vielen Schulen keinen Legasthenie-Beauftragen. Dann entscheiden die Schulen aufgrund eines sehr einfachen Kriteriums: Seit Neuestem gelten in Baden-Württemberg alle Kinder, die in Deutsch eine schlechtere Note als die Vier haben, als „Legastheniker". Die Schule entscheidet dann, ob einzelne Schüler im Fach Deutsch zusätzlich Förderung bekommen. Das hängt davon ab, wie stark ausgeprägt die Lese-Rechtschreib-Schwäche ist. In der Regel wird die Messlatte hoch angesetzt; zum Beispiel muss das Kind sowohl unter einer Leseschwäche als auch einer Rechtschreibschwäche leiden. Außerdem wird es mit den anderen Schülern verglichen. Das Kind muss also wesentlich schlechter im Lesen und Schreiben sein als seine Mitschüler, um als Legastheniker bewertet und anerkannt zu werden.

Häufig bedeutet diese Vorgehensweise, dass ein Kind, das schlecht liest und/oder regelmäßig viele Rechtschreibfehler macht, von der Schule nicht besonders unterstützt wird, weil es nicht schlecht genug ist. Diese fragwürdige Auswahl der „förderungswürdigen" Kinder setzt sich in der Sekundarstufe verstärkt fort. Es ist eine bekannte Tatsache, dass an den Hauptschulen die überwiegende Mehrzahl der Kinder auffällig viele Rechtschreibfehler macht und selten ein Buch in die Hand nimmt, weil die Leseschwäche ihnen den Spaß daran verdirbt. Kein Wunder – denn sehr viele Schüler besuchen diese Schulart gerade aufgrund ihrer schlechten Leistungen in Deutsch (und Mathematik). Die schlechten Noten in diesen Fächern haben mit der Intelligenz der Kinder oft nichts zu tun, sondern werden durch eine Lese-Rechtschreib-Schwäche oder Rechenschwäche verursacht.

Ganz platt formuliert könnte man daher sagen: Die Hauptschule ist ein Auffangbecken für Legastheniker! Dadurch entsteht eine bizarre Situation, wenn an der Hauptschule (deren Schüler demnach ja fast alle eine

Lese-Rechtschreib-Schwäche haben) entschieden werden muss: Wer darf zum Förderkurs, wer nicht?

An den Sonderschulen für Lernbehinderte – auch als „Förderschulen" bezeichnet – ist die Situation ganz extrem: Hier findet man *ausschließlich* Legastheniker und rechenschwache Kinder. Für die Aufnahme in der Sonderschule reicht aber LRS nicht aus. Ich meine: Zusätzlich zu Dyslexie und Dyskalkulie (Rechenschwäche) leiden sehr viele Sonderschüler unter erheblichen Konzentrationsstörungen mit Verdacht auf Aufmerksamkeitsdefizit-Hyperaktivitäts-Syndrom, ADHS.

Das Ziel der Sonderschule ist es, Kinder mit Lernschwächen wie LRS und Rechenschwäche so weit fit zu machen, dass sie wieder in die Regelschule aufgenommen werden können. Diese Wiederaufnahme geschieht leider viel zu selten. Anstatt aber weiter an der Ursache und der Behebung von LRS zu arbeiten, wird unter anderem die Diskussion um das „integrative" und „inklusive Bildungssystem" geführt. Ein integratives Schulsystem ermöglicht das gemeinsame Lernen von Schülern mit unterschiedlichen Voraussetzungen. In diesem Zusammenhang bedeutet es, dass Förderschüler mit anderen Grund- und Hauptschülern im gleichen Klassenzimmer zusammen lernen können.

Damit die Inklusion funktioniert, sollen Hilfestellungen für den einzelnen Schüler mit Sonderbedürfnissen etwa beim Lesen und Schreiben ermöglichen, dass er mithalten kann. Die Vorteile dieses Ansatzes liegen auf der Hand: Bei den betroffenen Schülern, die sich bisher ausgegrenzt fühlten, kann das Selbstwertgefühl ansteigen: Wir gehören dazu! Andererseits steigen die Anforderungen an den Lehrer erheblich. Er muss den Unterricht so planen und organisieren, dass die Lernbedürfnisse *aller* Schüler berücksichtigt werden. Er muss sich mit dem Förderlehrer absprechen, der den Förderunterricht für die Inklusionsschüler durchführt. (In Baden Württemberg sind das 2,5 Wochenstunden.)

Der Klassenlehrer muss sich auch vermehrt um eine Klasse kümmern, die solche Differenzen nicht immer friedlich untereinander austrägt. Die leistungsstarken Schüler sind im Nachteil, der Lehrer hat für sie wohl weniger Zeit und es ist zu befürchten, dass das Leistungsniveau der Klasse insgesamt sinkt. Aber auch bei den Förderschülern ist zweifelhaft, ob sie in diesem Modell ausreichend Unterstützung bekommen. Denn der spezialisierte Förderlehrer sieht sie nur zweieinhalb Stunden in der Woche und der Klassenlehrer hat keine Ausbildung darin, wie er mit ihren speziellen Bedürfnissen umgehen kann.

Dieselbe Problematik gilt auch für die LRS-Förderkurse, die an „normalen“ Schulen angeboten werden.

Pauken, pauken, pauken ... – Note Sechs!

Michael schaut sein Diktat an und stöhnt. 22 Fehler, Note Sechs! 5 Fehler mehr als beim letzten ungeübten Diktat! Er steht auf und geht zum Lehrer.

„Herr Schmider, ich bin doch seit Monaten in diesem Kurs! Und jetzt habe ich 5 Fehler mehr als beim letzten Diktat. Was passiert hier eigentlich?“, klagt er.

Herr Schmider schaut ihn mitfühlend an. „Wir müssen dran bleiben. Wenn du weiter übst nach dem Plan, den wir miteinander für dich erstellt haben, wird es eines Tages schon klappen“, versucht er ihn aufzumuntern.

„Ja, ja“, sagt Michael und mit gesenktem Kopf kehrt er widerwillig zu seinem Platz zurück. Er stützt den Kopf in beide Hände und starrt vor sich hin. Herr Schmider sieht, wie Michaels Tränen auf den Schreibtisch tropfen. Er schüttelt ratlos den Kopf.

*

Woran liegt es, dass Schüler trotz Förderunterricht nicht besser werden? Die Erklärung liegt nahe, dass der Förderunterricht einfach von der Menge her nicht ausreicht. *Eine* Stunde pro Woche – kann das etwas bringen? In dieser Stunde kann gerade mal der Unterrichtsstoff wiederholt werden, den die Kinder eigentlich schon kennen, aber nicht beherrschen. Das ist für alle Seiten frustrierend.

Ich habe noch eine andere Vermutung: Es liegt nicht nur an der Menge, sondern auch an der *Art* des Förderunterrichts.

Dabei gehen die Lehrer nach einem an für sich sehr vernünftigen pädagogischen Konzept vor: Sie analysieren mit jedem Kind zusammen seine individuellen Schwächen und gehen auf seine typischen Fehler ein. Wenn die Schwäche eines Kindes zum Beispiel die Groß- und Kleinschreibung ist, werden die Wortarten besprochen und die Groß- und Kleinschreibung geübt. Wenn die Schwäche bei den Dehnungen und Schärfungen liegt, erklärt der Lehrer die Regeln für Dehnzeichen und Doppelbuchstaben.

Im Prinzip ist dieses Vorgehen sinnvoll – sofern ein Kind Lücken im Schulstoff hat, etwa wenn seine Schreibfehler daran liegen, dass es bestimmte Grammatikregeln nicht verstanden hat. Nur: Lese-Rechtschreib-Schwäche hat mit dem *Verständnis* überhaupt nichts zu tun. Legastheniker sind genauso intelligent wie andere Menschen und normalerweise haben sie kein Problem damit, die Regeln theoretisch zu verstehen. Sie können sie nur nicht umsetzen. Ja, das gezielte Training an den „Schwachstellen" kann sogar kontraproduktiv sein. Denn dabei kann es passieren, dass das Kind in dem geübten Bereich zwar etwas besser wird, dafür aber in anderen Bereichen zusätzliche Fehler macht.

Auch die vielen Leseübungen und Versuche, den Kindern das Lesen schmackhaft zu machen, führen nicht dazu, dass sie tatsächlich mehr lesen. Das Verhältnis von Anstrengung zu Lesevergnügen ist bei ihnen einfach zu schlecht.

> Zusammenfassend kann gesagt werden: Bei LRS funktionieren die herkömmlichen Förderkurse nicht. Würde es also etwas helfen, wenn sich die Lehrer der Förderkurse über spezifische Methoden, Legastheniker zu trainieren, fortbildeten?

Keine Zeit für LRS

Es ist eng in meinem Büro. Kein Wunder: Zu Gast sind Frau Winkler, die Schulleiterin einer Hauptschule, ihre Stellvertreterin, einige Lehrer, die Elternbeiratsvorsitzende Frau März und zwei Referendarinnen. Neben mir sitzen die pädagogische Leiterin der *Kennedy-Schule*, Karin Mink, und

Elke Margreiter, zuständig für unsere Öffentlichkeitsarbeit. Elf Menschen in *einem* Raum. Alle sind wir uns einig, dass die Idee einen Versuch wert ist.

Die Delegation von der Hauptschule hat einen ganzen Nachmittag lang bei uns hospitiert. Zuerst im Unterricht für Lese-Rechtschreib-Training, danach in dem für Kinder mit Rechenschwäche. Jetzt will Frau Winkler unsere Methoden an ihrer Schule einführen. Ihre beiden Referendarinnen sollen die Förderkurse übernehmen.

„Das klingt interessant", sagt eine von ihnen mit leuchtenden Augen. „Bin gespannt, welche Wirkung wir haben."

„Wir auch", sagt Frau Margreiter. „Bitte dokumentieren Sie die erzielten Verbesserungen und sammeln Sie die Beurteilungen der Eltern, lassen sie freigeben und stellen sie uns zur Verfügung. Wir werden sie dann auf unserer Website posten."

„Wir stellen Ihnen die notwendigen Unterrichtsmaterialien zur Verfügung und helfen Ihnen gerne dabei. Wenn Sie irgendwelche Fragen haben, rufen Sie mich einfach an", sagt Frau Mink.

Unterrichtsmaterialien im Austausch gegen Notenstatistik und Elternfeedback – so profitieren beide Seiten.

„Und wenn Sie Erfolg haben, bitte empfehlen Sie uns an anderen Schulen und in Fachkreisen weiter", ergänze ich.

„Ganz sicher", verspricht ein Vater. „Seit über einem Jahr pauken wir jetzt jeden Tag stundenlang mit unserem Tobias. Ohne Erfolg. Wir sind schon ganz verzweifelt. Wenn Ihre Methode mehr bringt, sagen wir das garantiert weiter!"

Einen solchen Enthusiasmus, wie diese Fachleute und Eltern zeigten, haben wir selten erlebt. Da ist sogar eine Mitarbeiterin der Forschungsabteilung einer Universität dabei, sie will diesen Versuch als Pilotprojekt wissenschaftlich begleiten! Nachdem wir über Wochen weitere Vorbereitungen miteinander abgestimmt haben, sind wir für den großen Start bereit. Seltsamerweise hören wir danach lange nichts mehr.

Eines Tages erhalte ich eine E-Mail von Frau Winkler und da steht lediglich: „Leider muss ich Ihnen mitteilen, dass die vorgesehenen Kurse für Lese-Rechtschreib-Training und Rechentraining nicht durchgeführt werden können. Der Stundenplan lässt dies einfach nicht zu. Unsere Referendarinnen sind für den Normalunterricht voll im Einsatz. Es tut mir sehr leid."

*

> Engagierte Schulleiter und Lehrer, die Kindern mit Lernschwächen helfen wollen, scheitern häufig am System. Oft liegt das Problem darin, dass der Stoff- und Stundenplan ohnehin überladen ist und die Personaldecke dünn. Mehrmals habe ich erlebt, dass die Einführung eines Förderunterrichts für Kinder mit Dyslexie oder Dyskalkulie daran gescheitert ist – trotz großem Interesse von Lehrern und Eltern.

In nur zwei Fällen gelang es dem Lehrer, mit uns zusammen solche Kurse tatsächlich einzuführen, aber jeweils auf 3 Monate beschränkt. Interessanterweise handelte es sich in beiden Fällen um Schulen für Lernbehinderte; eine davon war eine Berufsschule. Die erzielten Verbesserungen waren deutlich messbar. Trotzdem scheiterte die weitere Zusammenarbeit, weil solche Zusatzkurse nicht im Stundenplan vorgesehen waren. Als Projekt konnten die Kurse kurzfristig eingerichtet werden, aber nicht auf Dauer.

In der Praxis wird nur einem Bruchteil der Kinder, die unter LRS leiden, Hilfe angeboten. Es ist einfach nicht genügend Personal vorhanden. Der Schulleiter muss Förderstunden „irgendwie" einrichten, obwohl das Stundenkontingent sie meist nicht hergibt. Dies ist darauf zurückzuführen, dass der Ergänzungsbereich nur ungenügend finanziert ist.

Zum Ergänzungsbereich gehören nicht nur Förderkurse für Schüler mit Dyslexie und Dyskalkulie, sondern auch Stunden für die Betreuung verhaltensauffälliger Schüler. Nebenbei bemerkt: Verhaltensstörungen sind oft die Folge von Lernbehinderungen; die betroffenen Schüler kommen im Unterricht nicht mit, sind dann gelangweilt oder genervt und zeigen das mit Verhaltensauffälligkeiten. Darüber hinaus müssen Angebote für vielfältige Arbeitsgemeinschaften – beispielsweise das Schulorchester – aus dem gleichen „Topf“ finanziert werden, diese stehen mit den Förderkursen in direkter Konkurrenz. Um die knappen Mittel wird mit harten Bandagen gekämpft. Nicht wenige Schulleiter geben daher anderen Angeboten den Vorzug vor Förderkursen bei Lernschwäche. Die Folge: Es gibt kaum LRS-Förderkurse an den Schulen.

Das hat allerdings auch noch einen anderen Grund als die Knappheit der Mittel.

„Mein Kind ist doch nicht blöd!“

Einmal wurde ich auf Anregung eines Elternpaars von einer Elite-Privatschule dazu eingeladen, über Dyslexie und Dyskalkulie zu referieren. Die Lehrer waren begeistert, trotzdem: Die in Aussicht gestellten LRS-Kurse kamen nie zustande. Der Vater, der den Kontakt vermittelt hatte, schrieb mir, warum: „Die Schule selbst scheut sich davor, in die Nähe der laienhaften Auffassung zu kommen, die betroffenen Kinder seien doch nur ‚Sonderschüler‘. Da man aber eine Eliteschule sein will, passen LRS-Kurse nicht in das Konzept. Das ist mein Eindruck.

(...) Sicherlich kommt noch dazu, dass viele Eltern, denen die Ursachen von LRS nicht bekannt sind, der Auffassung sind: ‚Wir haben ein dummes Kind.‘ Und das darf man nicht zeigen. Oftmals sind es Unternehmer, die davon ausgehen, dass ihr Kind die Nachfolge antreten soll, und da darf man es nicht zeigen, dass das Kind Schwierigkeiten hat, sonst leidet das Ansehen des Unternehmens.“

Mit anderen Worten: LRS-Kurse kommen nicht zustande, weil Eltern sich scheuen zuzugeben, dass ihr Kind LRS hat. Und weil die Schule nicht den Ruf haben will, Problemfälle zu beherbergen. Anscheinend ist das Vorurteil, Dyslexie und Dyskalkulie hätten etwas mit mangelnder Intelligenz zu tun, immer noch nicht ganz ausgerottet. Aus Angst vor Imageverlust wird das Problem lieber verdrängt als angegangen. Was für eine kurzsichtige Einstellung!

Leider gibt es diese Haltung nicht nur bei uninformierten Eltern und Schulleitungen. Selbst Schulämter erwecken mit offiziellen Richtlinien den Eindruck, dem Problem LRS aus dem Weg zu gehen.

Heute ist es so, dass an den Grundschulen weniger Diktate geschrieben werden müssen als vor zehn Jahren. In Hamburg sind sie, laut Bericht auf *Focus Schule online* vom 10.1.2011, zum Überprüfen der Rechtschreibleistung gemäß Bildungsplan nicht mehr zulässig. Martin Fix, Sprachdidaktiker und Rektor der Pädagogischen Hochschule Ludwigsburg, behauptet im selben Bericht, dass Diktate nicht geeignet seien, über die Rechtschreibkompetenz eines Kindes Auskunft zu geben.

Das ist natürlich für Schüler, Eltern und Lehrer sehr bequem. Ohne die ungeübten Diktate bessert sich der Notenschnitt des Kindes, da es mit Aufsätzen und Grammatikarbeiten bessere Leistungen erzielen kann als beim Schreiben unbekannter Texte. Bei den Aufsätzen wird, je nach Schule, die Rechtschreibung mal strenger bewertet und mal großzügiger.

Nicht wenige Grundschulen (auch außerhalb Hamburgs) sichern sich noch weiter ab: Sie lassen nur geübte Diktate schreiben. Diese werden so oft wiederholt und trainiert, dass fast jedes Kind sie komplett und fehlerlos widergeben kann. Dies ist dann eine Leistung des natürlichen Gedächtnisses und weniger der Schreibfähigkeit. Es ist aber die durchschnittliche Fehlerzahl bei den ungeübten Diktaten oder selbstverfassten Texten, die den wahren Stand der Rechtschreibfähigkeit aufzeigt.

Wie auch immer, mit geübten Diktaten ist eine gute Diktatnote für viele – nicht für alle! – gesichert. Nicht für alle deshalb, weil bei ausgeprägter LRS selbst eingeübte Texte nicht immer korrekt abgerufen werden können.

Die neue Vorgehensweise ist vermutlich auch das Resultat vieler bitterer und unerfreulicher Auseinandersetzungen zwischen Eltern und Lehrern in der Vergangenheit. Als früher mehr ungeübte Diktate geschrieben wurden, heimste das betroffene Kind regelmäßig schlechte Noten ein. Der Leistungsstand war eindeutig – und auch die Unmöglichkeit seiner Versetzung in die nächsthöhere Klasse oder an die Realschule oder das Gymnasium. Selbstverständlich galt es, die Versetzung an die Hauptschule mit allen Mitteln zu vermeiden, und an die Sonderschule erst recht. Zur Klarstellung:

> Das Diktat ist ein Kontrollinstrument zur Bewertung des Leistungstandes des Kindes bei der Rechtschreibung, mehr nicht. Es soll aufzeigen, ob und wo noch Lernbedarf besteht – mit dem Ziel, dass das Kind irgendwann einmal weitgehend fehlerfrei schreiben kann.
>
> Wenn auf dieses Kontrollinstrument verzichtet wird, ist das ein Zeichen der Kapitulation. Es bedeutet: Schulbehörden, Lehrer und Eltern finden sich damit ab, dass es unserem Schulsystem nicht gelingt, allen Kindern Lesen und Schreiben beizubringen.

Der nächste Schritt war, die freie Wahl der weiterführenden Schule einzuführen. Bis zum April 2013 haben das 11 von 16 Bundesländern getan. Die Konsequenz: Die Zahl der Hauptschüler sinkt weiterhin und an den Realschulen und Gymnasien gibt es mehr Legastheniker als bisher.

Das liegt zum einen an einer neuen Verteilung der Schüler. Zum anderen aber auch daran, dass dadurch die Zahl der Schüler steigt, die von der LRS in ihrer Spätform betroffen sind. Denn: Durch die Einführung der ersten oder der zweiten Fremdsprache kann die Lese- und Schreibfunktion kollabieren. Schüler, deren Schreibfähigkeit etwas schwach, aber in der Muttersprache noch ausreichend ist, werden mit Einführung der ersten oder spätestens der zweiten Fremdsprache vollends überfordert. Sie machen in der Fremdsprache viele Schreibfehler – und manchmal schlägt der Effekt sogar zurück auf die Muttersprache. Durch die unterschiedlichen Schreibregeln der verschiedenen Sprachen überfordert, machen sie auf einmal in der Muttersprache Fehler, die ihnen zuvor nicht passiert sind. So tritt nach dem Übergang auf Realschule oder Gymnasium eine zuvor verborgene oder grenzwertige LRS offen zutage.

Das Problem Dyslexie wird also an Realschulen und Gymnasien auf einmal massiv spürbar. Dort ist man aber auch nicht untätig. Frei nach dem Motto: Was nicht gelöst werden kann, das kann umschifft werden. Diktate werden im Fach Deutsch selten geschrieben und in Englisch schon gar nicht. Früher hat man Englischdiktate mehrmals jährlich als eigenständige Klassenarbeit durchgeführt und bewertet. Heutzutage sind an den Realschulen im Kreis Tuttlingen (– wahrscheinlich auch anderswo, aber im Kreis Tuttlingen kenne ich jede Schule) im Fach Englisch Diktate nur noch als einer von mehreren Teilen einer Klassenarbeit vorgesehen. Bei den Fremdsprachen spielt die Rechtschreibung zunehmend eine untergeordnete Rolle, dafür werden öfter Lückentexte eingesetzt und die mündlichen Leistungen werden höher bewertet.

Diese Vertuschung geht weiter: Die Benotung der mittleren Reife besteht zu 25 Prozent aus der mündlichen Prüfung. Sicherlich ist es wünschenswert, dass die Schüler Englisch nicht nur gut lesen und schreiben, sondern auch gut sprechen können. Es ist jedoch keine Lösung, das eine auf Kosten des anderen zu opfern, wie viele verzweifelte Arbeitgeber es in der Öffentlichkeit beklagen.

Gibt es denn gar keine Möglichkeit, Legastheniker zu schützen, ohne die anderen Schüler zu unterfordern?

Der „Nachteilsausgleich“

Schon vom Flur aus ertönt die aufgeregte Stimme von Hans: „Mama, ich hab das Abi geschafft!“ Der Junge rennt in die Küche, wirft seine Arme um den Hals seiner Mutter, drückt sie ganz fest und sagt: „Danke, Mama, danke für alles!“

Tatsächlich hat seine Mutter einiges dafür getan, dass das möglich war. Als Hans in der Grundschule war, informierte eine aufgeschlossene Lehrerin sie, dass er vermutlich eine Lese-Rechtschreib-Schwäche habe – ebenso wie seine beiden älteren Brüder. Die Diagnose wurde von einem spezialisierten Psychologen bestätigt.

Daraufhin stellte sich Hans‘ Mutter als Elternbeirätin an der Schule ihrer Kinder zur Wahl und blieb in diesem Amt an Grundschule und Gymnasium, bis Hans die Abschlussklasse 12 erreichte. Sie war nicht nur für ihr Engagement bekannt, sondern auch dafür, dass sie in Sachen Schulerlasse stets gut informiert war. So konnte sie – mit dem Gutachten des Psychologen in der Hand – durchsetzen, dass bei ihren drei Söhnen die Regelung zum „Nachteilsausgleich“ angewendet wurde: Ihre Rechtschreibleistungen wurden zurückhaltend bewertet, auch in den Fremdsprachen. Hans‘ ältere Brüder hatten auf diese Weise auch schon das Abitur geschafft. Jetzt zeigt Hans seiner Mutter stolz sein Abizeugnis:

„Guck mal, Mama, ich hab in Deutsch im Mündlichen 11 Punkte bekommen und insgesamt einen Schnitt von 8, und in Englisch hab ich sogar 9 Punkte.“

Hans wird, wie seine Brüder, studieren können. Seine Zukunft ist gesichert.

*

Kann eine ausgeprägte LRS nicht durch den weitgehenden Verzicht auf Diktate umschifft werden, gibt es eine weitere Möglichkeit für Eltern: den Nachteilsausgleich. Die Regelungen dafür sind je nach Bundesland unterschiedlich. In Baden-Württemberg umfassen sie beispielsweise Folgendes: Bei Kindern mit nachgewiesener Dyslexie müssen die Leistungen im Lesen und Schreiben in Deutsch und in den Fremdsprachen bis zu Klasse 6 zurückhaltend gewichtet werden. In den Nebenfächern wird die Rechtschreibung überhaupt nicht bewertet. Es dürfen auch zusätzliche technische Mittel zur Unterstützung des Kindes, zum Beispiel ein Laptop, eingesetzt werden. (Gerade ein Laptop bietet eine hervorragende Möglichkeit, die Nachteile einer Lese-Rechtschreib-Schwäche auszugleichen. Dazu später mehr.)

Ab Klasse 7 liegt es im Ermessen der Schulleitung und der Schulkonferenz, ob diese Regelung für den einzelnen Schüler auf die höheren Klassen ausgeweitet wird. Ob und wie weit die Regelungen zum Nachteilsausgleich auf einen bestimmten Schüler angewendet werden, hängt also auch von der Überzeugungsarbeit der Eltern ab. Es ist empfehlenswert, hier hartnäckig zu bleiben, wenn die Leistungen Ihres Kindes aufgrund einer bestätigten Lese-Rechtschreib-Schwäche nicht gut genug sind und durch das Wegfallen dieser Regelung eine Verschlechterung zu befürchten wäre. Die Mühe lohnt sich.

Auch bei den sogenannten Grenzfällen, die recht schnell zu einem Ernstfall werden können, ist es ratsam, die Möglichkeit des Nachteilsausgleichs in Anspruch zu nehmen und auch nach einer anfänglichen Ablehnung auf Ihrem Recht zu beharren. Sie sollten sich nicht scheuen, Beratung, Schutz und Hilfe für Ihr Kind in Anspruch zu nehmen. Erwarten Sie nicht, dass die Schule auf Sie zukommt und Sie berät, wie Ihr Kind seine chronische Lese-Rechtschreib-Schwäche überwinden kann. Sie selbst sind am Ball.

Das Gute an diesen Neuerungen im Schulwesen ist, dass die lese-rechtschreib-schwachen Kinder bessere Chancen haben als früher, zu einem

Bibliografische Information der Deutschen Nationalbibliothek
Die Deutsche Nationalbibliothek verzeichnet diese Publikation in der
Deutschen Nationalbibliografie; detaillierte bibliografische Daten sind im Internet über
http://dnb.d-nb.de abrufbar.

VAK Verlags GmbH
Eschbachstr. 5
79199 Kirchzarten
Deutschland
www.vakverlag.de

2. Auflage: 2018

Lektorat: Norbert Gehlen
Coverdesign: Sabine Fuchs, fuchs_design, München
Coverfoto: Thinkstock / Digital Vision
Layout: Karl-Heinz Mundinger, VAK
Satz: Röser MEDIA, Karlsruhe
Druck: CPI books GmbH, Leck
Printed in Germany
ISBN 978-3-86731-147-2

guten Schulabschluss zu gelangen. Dies stärkt das Selbstbewusstsein der Kinder und bessert ihre Erfolgsaussichten.

Ich persönlich finde es gut, dass die Kinder nun in Schutz genommen werden. Jahrelang ein ungeübtes Diktat nach dem anderen schreiben zu müssen, das haben zahllose Kinder in der Vergangenheit als einen demütigenden Spießrutenlauf erlebt. Es ist richtig, dass Legastheniker nicht mehr als dumm abgestempelt werden. Es ist eine tolle Sache, wenn sie es so weit bringen, dass sie ihren Schulabschluss bis hin zum Abitur schaffen können!

Andererseits: Diese Verbesserungen verlangen einen hohen Preis. Wenn die Bewertung der Rechtschreibung herabgesetzt wird, dann ist zu befürchten, dass das Fach Deutsch insgesamt herabgestuft wird. Dies ist ein Spiel mit dem Feuer.

Langzeitfolgen

> Offen gesagt finde ich es besorgniserregend, wie der Staat mit „Legasthenikern“ umgeht. Denn das Ziel, dass jedes Kind gut lesen und schreiben lernt, wird mit diesen Regelungen stillschweigend aufgegeben. Die Realität ist: Bei jedem fünften Kind erreicht die Schule dieses Ziel nicht. LRS wird so nicht überwunden, sondern ins Erwachsenendasein mitgenommen.

Die Schattenseite davon ist, dass Legastheniker, die ihr Problem nicht in den Griff bekommen, lebenslang in der Angst ausharren müssen, entblößt zu werden. Zum Beispiel am Arbeitsplatz, wenn es darauf ankommt, viel und schnell lesen und schreiben zu können, vielleicht sogar in einer fremden Sprache. Oder in einer romantischen Phase der Verliebtheit, wenn man seine Liebe schriftlich mitteilen möchte. Oder in der Familie, wenn man seinen Kindern bei den Hausaufgaben helfen möchte. Vor allen Dingen aber dann, wenn man sich weiterbilden und seinen Geist mit dem Wissen dieser Welt bereichern will. Wer nur mühsam lesen kann, ist hier deutlich im Nachteil. Die Versuchung ist dann groß, gar keine Bücher mehr zu lesen.

Ein Online-Bericht der *Süddeutschen Zeitung* vom 17. Mai 2010 zu einer

Studie der *Stiftung Lesen* zeigt beunruhigende Tendenzen auf: Die Zahl der Gelegenheitsleser sinkt. Diese Gruppe umfasst Leser über 14 Jahre, die zwischen 11 und 50 Bücher jährlich lesen. 2002 tat das fast jeder Dritte, aber 2010 nur noch jeder Vierte. Nur 3 Prozent der Deutschen lesen mehr als 50 Bücher pro Jahr.

Die Zahl der Nichtleser bleibt konstant: 25 Prozent der Bevölkerung liest nie. Sie erinnern sich vielleicht, dass der Anteil der Legastheniker vom *Bundesverband Legasthenie und Dyskalkulie* auf zwischen 4 und 20 Prozent liegend geschätzt wurde? Im Klartext heißt das: Ein großer Teil derjenigen, die nie lesen, tut das, weil es ihnen wegen ihrer Legasthenie zu mühsam ist.

Und das Nichtlesen geben sie an ihre Kinder weiter. 45 Prozent der 14- bis 19-Jährigen gaben in der Studie der *Stiftung Lesen* an, als Kind nie ein Buch geschenkt bekommen zu haben. Dagegen bekamen 1992 noch 72 Prozent dieser Gruppe mindestens ein Buch als Präsent. Bücher werden zwar als ein wichtiges Gut geschätzt, aber nicht so wichtig, dass man sie, wie früher, häufig verschenkt. Die Vorlesestudie der *Stiftung Lese*n für das Jahr 2011 belegt außerdem, dass Kinder, denen vorgelesen wurde, später selbst mehr Spaß am Lesen haben als Kinder, denen nicht vorgelesen wurde. Es wird also in der Familie weniger gelesen, weil die Eltern seltener ein Buch in die Hand nehmen. Kinder von nichtlesenden Eltern packt selten die Lesefreude.

Die Vorlesestudie 2012 der *Stiftung Lesen* untersuchte auch den Einfluss von Smartphones, Tablets und E-Readern auf die Vorlesesituation in Familien. An den Geräten liegt es wohl nicht. Denn die Untersuchung zeigte auf, dass viele Eltern, auch die, die ungern lesen, diese Geräte als Ergänzung und Bereicherung zum Vorlesen von Büchern betrachten. Für manche sind sie sogar ein Ansporn, überhaupt etwas vorzulesen. Ein kleiner Lichtstrahl in einer zunehmend düsterer werdenden pädagogischen Welt.

Insgesamt aber gilt: Immer weniger Menschen haben auch als Erwachsene noch die Gewohnheit zu lesen. Ob ein Zusammenhang damit besteht, dass Schulen LRS immer mehr umschiffen, statt etwas dagegen zu unternehmen? Das kann ich nicht belegen. Aber ich vermute es.

Wenn also die Schulen den Kindern nicht zuverlässig Lesen und Schreiben beibringen können, liegt es nahe, dass die Eltern selbst etwas unternehmen müssen. Viele tun das auch: Sie üben mit den Kindern regelmäßig und versuchen außerdem, ihnen mittels Nachhilfe oder privater Therapien helfen zu lassen. Nachhilfe ist die schlechtere Wahl, hier wird meistens nur stumpf das wiederholt, was das Kind sowieso nicht kann: das Lesen und die Rechtschreibung.

Therapien dagegen sind oft ähnlich aufgebaut wie die Förderkurse an den Schulen – nur intensiver und noch individueller. Bei den professionelleren Anbietern wird anfangs ein Anforderungsprofil des einzelnen Schülers erstellt; gemäß diesem Profil wird der Kurs für das Kind mit speziellen Übungen vom Buchstaben bis hin zur Grammatik zusammengestellt. Dieses methodisch-didaktische Vorgehen verlangt oft, dass das Kind zwei Mal wöchentlich „mittrainiert". Manche Institute bestehen darauf, dass die Eltern einen Jahresvertrag für 180 Euro monatlich unterschreiben. Trotzdem lassen die Ergebnisse insgesamt immer wieder zu wünschen übrig. Die Erfolge sind, gemessen an Preis und Aufwand, meist bescheiden. Fast immer werden bessere Ergebnisse erzielt, wenn die Schüler mit einem PC üben oder mit den Buchstaben an sich.

> Die Schulen und die meisten Therapien können Ihrem Kind nicht helfen, das Lesen und Schreiben zu meistern. Die Schulen, weil sie zu wenig Zeit und Personal dafür haben. Beide Instanzen, weil sie keine zuverlässigen Methoden anwenden. Mit anderen Worten: Therapie und Schule bieten nicht das, was Ihr Kind braucht.

2. Eine Gehirnregion und ein Haufen Buchstaben

Die wahre Ursache der Lese-Rechtschreib-Schwäche – und die einzig effektive Lösung

„Ich kann es nicht fassen! Die Durchschnittsnote unserer Schüler bei den ungeübten Diktaten liegt irgendwo zwischen 4,5 und 5! Da sehen Sie es schwarz auf weiß, ich habe die Noten für dieses Schuljahr ausgewertet.“ Ich schiebe die Unterlagen in die Mitte des Tisches.

Wir sitzen zu viert in der *Kennedy-Schule* für Nachhilfe, Fachsitzung Deutsch. Es ist ein frostiger Novembermorgen im Jahr 1991. Meine drei Kollegen, Frau Maler, Frau Pankler und Herr Detmold, beugen sich über meine schriftliche Auswertung. Die Luft im Raum scheint schwerer geworden zu sein. Die Sitzung ist noch lange nicht zu Ende.

Frau Maler lehnt sich langsam zurück und starrt auf die Tischkante. „Dreißig Jahre lang war ich in der Grundschule tätig, aber so etwas habe ich nie erlebt!“ Sie blickt mich erwartungsvoll an: „Und nun?“

Bevor ich antworten kann, ruft Herr Detmold: „Ich weiß ganz genau, dass Dennis Scherer vor zwei Wochen eine Eins in seiner letzten Deutscharbeit geschrieben hat! Und jetzt eine Fünf? Da stimmt doch etwas nicht!“

Frau Maler schaut ihn überrascht an und fragt: „Eine Eins! Was für eine Arbeit war denn das?“

„Das war eine schwierige Grammatikarbeit, der Klassendurchschnitt war 3,4. Dennis war der Beste.“

Frau Maler schiebt forsch die Papiere über den Tisch und sie landen genau vor den kritischen Augen von Herrn Detmold. „Und warum hat er im Diktat eine glatte Fünf? Nachdem wir so viel mit ihm geübt haben? Das passt doch nicht zusammen!“

Sie seufzt, holt tief Luft und sagt leise: „Sie haben recht, Herr Detmold. Ab und zu staunt man über die Leistungen der Kinder. Am nächsten Tag denkt man, sie sind schlimmer als Erstklässler. Ich glaube, nur der Teufel weiß, was hier los ist.“

Der gute Herr Detmold schweigt und vertieft sich mit ernster Miene in die Unterlagen. Jetzt schaltet sich auch Frau Pankler ein, eine erfahrene und liebevolle Deutschlehrerin aus der ehemaligen DDR:

„Wir können mit den Schülern üben, soviel wir wollen, sie werden in der Rechtschreibung einfach nicht besser!“ Frustriert legt sie ihren Notizblock auf den Tisch.

Herr Detmold blickt von den Unterlagen hoch und sagt kopfschüttelnd: „Ich fürchte, Sie haben recht. Wenn ich diese Spalte richtig interpretiere, hat sich Dennis im Diktat sogar verschlechtert, von Note 4 auf 5. Er macht heute durchschnittlich acht Fehler mehr als vor einem Jahr!“

Frau Pankler blickt ihm über die Schulter und sagt: „Sie lesen schon richtig, leider! Genau das habe ich, ehrlich gesagt, befürchtet.“ Dann dreht sie sich zu mir und sagt, was sie wirklich denkt:

„Wissen Sie, Herr Kennedy, die Kinder haben immer noch tierische Angst vor den Klassenarbeiten. Ich meine nicht Lampenfieber. Ich meine existenzielle Angst. Bei den Diktaten fühlen sie sich, als ob sie jedes Mal ins offene Messer rennen, immer wieder.“

„Ja, das ist furchtbar!“, fällt ihr Frau Maler ins Wort. „Einige wachen in der Nacht vor einem ungeübten Diktat auf und können nicht wieder einschlafen. Von Julia Vogler weiß ich, dass sie sogar im Schlaf umherwandelt.“

Herr Detmold nickt zustimmend. „Frau Braun sagte mir neulich, dass Anton sich vor dem letzten Diktat gleich nach dem Frühstück wieder übergeben musste. Ehrlich gesagt höre ich das nicht zum ersten Mal.“

„Ich sage den Kindern immer wieder, dass sie nichts zu befürchten haben“, ergänzt Frau Maler. „Aber es nützt nicht viel. Die Mutter von Tina Riess weiß nicht mehr, was sie tun soll, weil die Kleine sogar sagt, dass sie nicht weiterleben will."

Der wackere Herr Detmold will sich immer noch nicht geschlagen geben: „Vielleicht sollten wir die Kinder zu einem Psychologen schicken." So langsam wird die Luft nur noch dicker und die Diskussion führt zu keinem anderen Ergebnis außer Frustration.

„Also, Leute", unterbreche ich, „aus Zeitgründen möchte ich unsere Sitzung jetzt vertagen. Ich fasse zusammen: Vor einem Jahr haben wir festgestellt, dass es nichts gebracht hat, Diktate und Rechtschreibung mit unseren Schülern in Fünfer-Gruppen zu üben. Daraufhin haben wir kleine Gruppen mit höchstens drei Schülern gebildet, die dann zweimal wöchentlich 90 Minuten in den Deutschunterricht kamen. Wir haben vor allem unsere didaktische, methodische Vorgehensweise versucht zu verbessern. Na ja, die Ergebnisse könnten besser sein. Ich bin genauso enttäuscht wie Sie!"

Ich nicke meinen Kollegen zu: „Vielen Dank für Ihr Engagement, aber es reicht für heute, wir sind alle mehr als bedient. Machen wir jetzt Schluss."

*

Methodensalat

Als meine drei Mitarbeiter langsam den Raum verlassen, denke ich: Wie soll das weitergehen? Was sollen wir jetzt nur tun? Zum ersten Mal in meiner Laufbahn als Pädagoge bin ich völlig ratlos.

Wie in einem Film sehe ich vor meinen Augen die vielen pädagogischen Maßnahmen, die wir im vergangenen Jahr eingeführt hatten, um die Ergebnisse der Schüler im Fach Deutsch zu verbessern. Wir hatten festgestellt, dass die Kinder, die für Nachhilfe in Deutsch angemeldet waren, nach einer Übungspause einfach vergaßen, wie ein Wort richtig geschrieben und gelesen wird. Die Information gelangte also nicht vom Kurzzeitgedächtnis ins Langzeitgedächtnis. Also schauten wir uns an, was die führenden Gedächtnisspezialisten empfehlen, und stießen auf eine Methode des bekannten Psychologen Sebastian Leitner: die *Lernkartei*.

In dem Karteikasten sind die Karten, auf denen die Wörter stehen, auf verschiedene Fächer verteilt. Auf eine Karte wird ein Wort geschrieben und gelernt, dann kommt es in das erste Fach. Am nächsten Tag muss das Kind wissen, wie das Wort geschrieben wird. Es muss das Wort auch korrekt lesen können. Wenn es das kann, kommt die Karte ein Fach weiter nach hinten. Macht es einen Fehler, wird sie wieder ins vorderste Fach gesteckt. Insgesamt umfasst der Karteikasten fünf Fächer. Ziel ist es, alle Karten ins hinterste Fach zu bekommen. Dann ist auch jedes Wort und dessen Rechtschreibung vom Kurzzeitgedächtnis ins Langzeitgedächtnis übertragen.

Das klang für uns nachvollziehbar, also haben wir diese Methode angewendet. Gewissenhaft. Monatelang. Doch so sehr wir unsere Hoffnungen darin gelegt hatten, so enttäuschend waren die Ergebnisse: Kein einziges Kind hatte sich bei der Rechtschreibung und beim Lesen in Deutsch verbessert. Die Diktate waren immer noch alles andere als zufriedenstellend.

Zum Glück gab es aber noch einen zweiten Erfolg versprechenden Ansatz: Erkenntnisse aus der *Heilpädagogik und Ergotherapie* zeigen, dass Kinder besser lernen, wenn sie dabei in Bewegung sind. Beim Thema Rechtschreibung bedeutet das: „Laufdiktate". Gesagt, getan. Wir ließen die Schüler hin und her flitzen. In der einen Ecke des Zimmers lasen sie Teile ihres Diktates, in der anderen stand ihr Tisch, wo sie den gelesenen Text niederschrieben. Daheim wiederholten die Eltern mit ihren Kindern die Diktate dann auf herkömmliche Weise.

Mit dieser Strategie hatten wir endlich Erfolg! Viele Kinder schrieben sogar die Note Eins. Das absolut Frustrierende dabei: Es gelang uns nicht, diese Erfolge auch auf die ungeübten Diktate zu übertragen. Die Noten lagen dann meist wieder zwischen 4 und 5 und nicht selten sogar bei 6.

Bei diesen Bemühungen erkannten wir allmählich: Mit dem Auswendiglernen und Pauken von Wörtern kommen wir nicht weiter. Aber was sollten wir sonst tun? Wir hatten schon das gesamte Spektrum an Methoden ausprobiert, die unter Deutsch-Spezialisten und Pädagogen bekannt waren. Allmählich kamen wir uns vor wie ein Arzt, der seine Patienten mit Tabletten füttert – und dennoch tritt keine Besserung ein. Falsche Diagnose?

Dann fiel der Groschen! Die Frage drängte sich auf: Könnte es sein, dass diese Kinder Legastheniker sind, und zwar alle? Das klang unwahrscheinlich! Wir waren eine ganz normale Nachhilfeschule, die ganz normale Schüler unterstützte. Aber gut, wenn viele der Kinder Legastheniker sind, dann sollten wir nicht nur die üblichen Rechtschreibübungen anwenden, sondern spezielle Methoden, die auch in Instituten benutzt werden, die mit LRS-Schülern arbeiten. Wir müssen – so unsere Analyse – vielleicht doch noch „weiter zurückgehen", und zwar mittels der *synthetischen Methode* an den Anfang des Lesen- und Schreibenlernens.

Dieser logische Ansatz beginnt mit einem Grundlagentraining der Buchstaben. Die Maxime lautet: *phonetische* Aussprache, also b und nicht be, t und nicht te. Überraschenderweise machten die Kinder auf Anhieb gut mit, obwohl die Methode alles andere als spielerisch war. Schnell lernten sie, dass es nicht „Hauende", sondern „Hund" heißt – indem sie H–U–N–D buchstabierten und nicht Ha–U–En–De.

Die nächsten Schritte – nach den Erkenntnissen der Schulpsychologin Heide Buschmann – gingen von den Buchstaben zur Silbe und dann Silbe für Silbe zum Wort. Das geht umgekehrt auch, durch die Silbentrennung. Die Wörter werden wieder in kleinere Komponenten zerlegt: Sil–ben, Wör–ter, Dik–tat. Wir bauten dabei wieder Bewegungen mit ein (beim Aussprechen der Silben klatschten die Kinder mit) oder betonten diese mit Schwingungen der Arme. Das machte deutlich mehr Spaß als das Buchstabieren, blieb für die Schreibkompetenz aber ohne Erfolg.

Mit dieser Methode, die noch heute von führenden Lese-Rechtschreib-Spezialisten und Instituten als *die* Methode zur Verbesserung der Lese-Rechtschreib-Fähigkeit empfohlen wird, konnte sich in unserer Schule kein einziges Kind verbessern. Für Kinder, Eltern und Lehrer blieben die Diktate eine einzige Qual.

Die Konsequenz für uns war es, unsere Arbeit noch individueller anzulegen. Die Mehrzahl der Lernspezialisten ist der Meinung, dass jedes Kind seine eigene Strategie entwickeln muss, um seine Lese-Rechtschreib-Probleme in den Griff zu bekommen. Und tatsächlich: Nicht alle haben die gleichen Schwierigkeiten. Mike zum Beispiel macht besonders viele Fehler bei der Groß- und Kleinschreibung, bei Wortdehnungen und Doppelungen. Janine wiederum hat Schwierigkeiten, die Buchstaben in die korrekte Reihenfolge zu bringen, verwechselt Buchstaben und fängt öfter einen Satz mit einem kleinen Buchstaben an. Also ermittelten wir die Schwachpunkte jedes Kindes und entwickelten für jeden Schüler einen individuellen Förderplan. Fokussierten sich die Lehrer zusammen mit den Kindern auf die heiklen Bereiche, so wurde es tatsächlich meist besser! Nur leider, leider machten die Schüler dann an anderen Stellen reichlich Fehler. Es war zum Haareraufen!

Parallel zu diesen Bemühungen führten wir ein individuelles Motivationstraining nach der in Fachkreisen gelobten *Leger-Methode* ein. Schlicht formuliert: Jedes Kind wird ermutigt, mehr zu lesen. Wenn Schüler nicht lesen wollen – so die Grundannahme dieser Methode –, dann nicht, weil sie es nicht könnten, sondern einfach, weil sie keine Lust dazu haben. Weil sie den Mehrwert dahinter nicht erkennen. Weil sie nicht wissen, dass es ihnen mehr nützen könnte, als Computerspiele zu spielen oder Filme anzuschauen. Wir klärten die unsicheren Kinder auf, dass sie sich weniger Gefahren durch schlechte Noten und Ablehnung aussetzten, wenn sie mehr läsen. Den Draufgängern sagten wir, dass sie durch regelmäßiges Lesen mehr Erfolg und Anerkennung erhielten.

Nicht nur die Kinder, auch ihre Eltern waren für diesen Ansatz schnell zu gewinnen. Klar, deswegen waren sie auch zu uns in die *Kennedy-Schule* gekommen! Ein Lesewettbewerb mit vielen schönen Preisen sollte die Kinder zusätzlich anspornen, zu Büchern zu greifen statt zu Mouse oder Fernbedienung. Das Projekt wurde großzügig auf ein Jahr angelegt.

Aber nach diesem Jahr nahm kaum ein Kind mehr freiwillig ein Buch in die Hand. Schlimmer noch, die Kinder fingen an zu resignieren. Nach dem Motto: „Es hat alles sowieso keinen Wert!“ Anstatt ein Buch in die Hand zu nehmen, schauten sie sich, wenn überhaupt, Comics an oder sahen fern.

All unsere Bemühungen schienen vergebens zu sein. Durchbrüche hatten wir nicht erzielen können. Wir hatten noch nicht einmal verhindern können, dass einige Kinder durch die Schule krank wurden.

Ich war kurz vor dem Verzweifeln. Wie können wir da bloß weitermachen, fragte ich mich. Liegt die Lösung doch ganz woanders? Fakt ist: Beinahe alle unsere Schüler sind unkonzentriert. Sie sind leicht ablenkbar, unruhig und verträumt. Meine Schlussfolgerung: Ist ein Kind unkonzentriert, kann es kaum gute Leistungen im Lesen und Schreiben erzielen. Ich wollte es also mit einem neurologischen Ansatz versuchen.

Der Neurologe und Kinderpsychiater Fritz Held hat lange Zeit im Bereich der Konzentrationsschwäche geforscht. Er zeigte, dass eine gezielte Stimulation des Gehirns eine verbesserte Ausschüttung der Neurotransmitter Dopamin und Serotonin bewirken kann, die wiederum zu einer verbesserten Aufmerksamkeit führt. Als Folge dieser Erkenntnis starteten wir einen Versuch, die Aufmerksamkeit der Kinder mithilfe von Konzentrationstrainings und Entspannungsübungen zu Beginn und am Ende des Deutschunterrichts zu verbessern. Zum Teil verwendeten wir sogar spezielle Begleitmusik.

Die neu eingeführten Übungen haben schon etwas gebracht. Ohne Zweifel, die Kinder waren ruhiger und ausgeglichener als zuvor. Aber nicht, wenn sie ihre ungeübten Diktate zurückbekamen: Die waren weiterhin rot verunstaltet, mit Note Fünf oder Sechs und meist mit dem Ratschlag des Lehrers versehen: „Mehr üben!"

An der mangelnden Konzentration allein hatte das schlechte Abschneiden unserer Schüler beim Diktat also auch nicht gelegen. Das zeigte schon die Tatsache, dass einige dieser Schüler oft gute Leistungen in anderen Fächern erzielten. Dann stellten wir das Grammatiktraining in den Vordergrund. Wir vermuteten, dass die Kinder die Regeln der Grammatik vielleicht doch nicht richtig verstanden hatten. Und siehe da, wie Herr Detmold so richtig gesehen hatte: Viele Kinder schrieben in den Grammatikarbeiten bessere Noten! Aber kein einziges las öfter ein Buch und im Diktat waren alle immer noch schlecht.

Zuletzt haben wir dann im Lehrerkollegium geprüft, ob es an den Unterrichtsmaterialien liegen könnte. Wir besserten den Deutschunterricht mit hochwertigen Materialien auf: Silben-Memory, Wörter-Legespiele, LÜK-Kästen, Kreuzworträtsel, Gesellschaftsspiele und viele bunte, individuelle Übungsblätter. Wir pflegten auch weiterhin regelmäßig die Elternkontakte, um zu gewährleisten, dass zuhause zielgerichtet weitergearbeitet wurde. Wir taten alles und hätten sogar Berge versetzt – nur um die Kinder bei der Stange zu halten. Aber am Ende dieses Jahres des Versuchens und Ausprobierens hatten wir jetzt schwarz auf weiß, dass unser Deutschunterricht die Lese- und/oder Rechtschreib-Fähigkeit jedes einzelnen Schülers eindeutig und messbar nicht verbessert hatte. Im Gegenteil, manch einer war noch schlechter geworden!

Die Methoden, die wir eingesetzt hatten, werden überall angewandt. Wenn nicht in allen Nachhilfeschulen, dann sicherlich in den Legasthenie-Instituten. Es waren die modernsten und besten Methoden, die die Pädagogik zur Verbesserung der Lese-Rechtschreib-Fähigkeit zu bieten hatte. Das, was wir machten, war *State of the Art*. Doch bei den Diktaten waren wir trotz aller Mühe keinen einzigen Schritt vorangekommen.

*

Ich fragte einen Schüler, nachdem er ein Jahr lang mit uns geübt hatte: „Thomas, schreibt man das Wort ‚Tisch' mit einem *großen* T oder mit einem *kleinen* t?"

„Mit einem großen T", antwortete er sofort.

„Und warum, Thomas?"

„Weil es ein Hauptwort ist!"

„Warum schreibst du es denn immer wieder mit einem kleinen t?"

„Das weiß ich nicht", erwiderte der gute Thomas, ganz verunsichert.

Verflixt und zugenäht, dachte ich, ich weiß es auch nicht! Woran kann es liegen, dass all unsere Bemühungen keine Früchte tragen? Entweder sind die Methoden schlecht oder diese Lese- Rechtschreib-Probleme sind nicht zu überwinden. Entweder wir haben nicht die richtigen Mittel oder die Kinder sind unheilbar „dumm". Wobei ich an die zweite Hypothese gar nicht glauben konnte.

Ich spürte, dass es eine Lösung für dieses Problem geben musste. Aber ich hätte nie gedacht, dass die Lösung so naheliegend, so einfach und so effektiv sein könnte ...

30 Fehler bei einem IQ von 120

Frau Schmidt und ich warten. Wir sitzen in der Praxis von Dr. Fritz Held, Kinderpsychiater und Spezialist für Dyslexie. Das Wartezimmer, altmodisch eingerichtet, aber freundlich mit Kinderbildern dekoriert, ist leer. In den letzten 30 Minuten ist niemand hereingekommen. Umso besser, denke ich. So kann er Sandra, die Tochter von Frau Schmidt, allen nötigen Tests unterziehen. Sowohl Frau Schmidt als auch ich sind inzwischen nämlich völlig ratlos: Sandra liest nie ein Buch und macht in ihren Diktaten mehr als 30 Fehler. Und das, obwohl sie tagtäglich Schreiben übt. Während wir noch rätseln, ob diese Maßnahme endlich etwas verändern wird, geht plötzlich die Tür auf.

„Kommen Sie 'rein, Frau Schmidt. Sie bitte auch, Herr Kennedy." Wir folgen der Arzthelferin, die uns ins Sprechzimmer von Dr. Held führt. „Nehmen Sie bitte Platz am Tisch", sagt Dr. Held.

Ein imposanter Mann, denke ich. Groß, schlank. Mit fester Stimme sagt Dr. Held in ruhigem Ton: „Die Ergebnisse des *Hamburg-Wechsler-Intelligenztests* und des *Nonverbalen Intelligenztests für Kinder* von Snijders-Oomen zeigen einen Intelligenzquotienten (IQ) von 122."

„Ist das gut oder schlecht?", fällt ihm Frau Schmidt ins Wort.

„Und ob das gut ist ... Es ist sogar sehr gut!", beruhigt sie Dr. Held. „Ihre Tochter gehört auf das Gymnasium und nicht in die Hauptschule."

„Ich habe es gewusst!", sagt Frau Schmidt energisch. „Die Sandra war immer schon so ein liebes Kind, kein Wunder, dass sie auch ein helles Köpfchen ist. Sie soll es ja besser haben und keine Aushilfsjobs annehmen müssen wie ich."

Seit ich Frau Schmidt kenne, sehe ich erstmals eine Spur von Erleichterung in ihrem blassen, müden und abgekämpften Gesicht. Kein Wunder: Sandra ist versetzungsgefährdet. Dieses Ergebnis ist das erste seit langer Zeit, das uns glauben lässt, dass bei ihr Hopfen und Malz doch nicht verloren sind, wie es so abwertend heißt.

„Was beinhaltet der *Nonverbale Intelligenztest*?", will ich von Dr. Held wissen.

„Dass Lesen und Schreiben ausgeschlossen werden. Sandra ist in diesen Bereichen benachteiligt, aber die Lese-Schreib-Fähigkeit hat nur bedingt etwas mit der Intelligenz zu tun."

„Meinen Sie, dass ich nicht dumm bin?", unterbricht ihn Sandra.

„Nein, Sandra, das bist du auf keinen Fall", erwidert Dr. Held und lächelt sie an. Dann dreht er sich zu mir und sagt: „Herr Kennedy, Sie müssen sich vorstellen, dass diese Kinder für die *Buchstaben* blind und taub sind."

„Sie meinen, sie haben alle eine Seh- und Hörschwäche?", frage ich ironisch.

„Nein, das meine ich nicht. Selbstverständlich muss man auch die Seh- und Hörfähigkeit immer testen. Aber die Ursache der Lese-Rechtschreib-Schwäche liegt eine Gehirnebene höher: im Lese-Schreib-Zentrum. [Anmerkung des Verlags: Die in diesem Buch verwendete Bezeichnung „Lese-Schreib-Zentrum" ist *funktional* gemeint, *nicht anatomisch.* Der Einfachheit halber wird nicht bei jeder Erwähnung dieses Zentrums ausgeführt, dass am Lesen und Schreiben insgesamt ein ganzes Netzwerk von Gehirnarealen beteiligt ist.] Dort werden die Buchstaben beim Lesen und Schreiben als Rohstoff gespeichert und abgerufen. Die Erkenntnis liegt auf der Hand: Dieser Vorgang kann nur dann gut gelingen, wenn dieses Areal *ausgereift* ist! Bei Sandra und allen anderen Legasthenikern ist dies nicht der Fall."

„Sie meinen, dass es sich bei Sandra um eine Lese-Rechtschreib-Schwäche *und* um eine Reifungsverzögerung handelt?", frage ich erstaunt.

„Ja, das ist ein und dasselbe. Genauer gesagt handelt es sich um eine Teilleistungsstörung der Lese-Schreib-Funktion. Die Lese-Schreib-Fähigkeit ist als eine Stufe der Kindesentwicklung einzuordnen. Es ist ein biologisches Phänomen."

„Aha ...", antworte ich verwirrt. „Aber worauf wollen Sie hinaus?"

„Nun ja, ich will sagen, die Fähigkeit, zu lesen und zu schreiben, hängt davon ab, wie fortgeschritten die Entwicklung eines Kindes ist. Und damit meine ich nicht das intellektuelle Potenzial, sondern speziell die *biologische* Entwicklung dieser Funktionen. Zuerst lernt das Kind das aufrechte Gehen; diese Stufe erreicht es in der Regel ab dem ersten Lebensjahr. Mit etwa zwei lernt es zu sprechen. Und ab drei löst es sich allmählich von der Mutter ab – die allgemein bekannte Trotzphase. Gleichzeitig lernt es, mit anderen zu spielen, und kann sich allmählich an Spielregeln halten. Erst wenn diese Entwicklungsstufen abgeschlossen sind, kann die Lese- und Schreibfähigkeit heranreifen. Denn genauso wie die Fähigkeiten Gehen, Sprechen, Sichabnabeln oder Klarkommen mit anderen ist auch die Fähigkeit, zu lesen und zu schreiben, nichts anderes als eine Stufe der kindlichen Entwicklung."

Während ich über diese Sichtweise nachdenke, dreht sich Dr. Held zu Frau Schmidt hin. „Frau Schmidt, Sie müssen gewährleisten, dass Sandra sich die Buchstaben tief und fest einprägt, bis sie ihre Lese-Rechtschreib-

Schwäche überwunden hat. Das geht ganz einfach. Sandra muss 20 Minuten täglich Texte auf einer Schreibmaschine abtippen. Und zwar so lange, bis die Rechtschreibfehler verschwunden sind und sie gut lesen kann."

„Sie kann aber nicht mit 10 Finger tippen", sagt Frau Schmidt besorgt.

„Muss sie nicht, soll sie nicht", beruhigt sie Dr. Held. „Sandra, du tippst nur mit dem Finger, mit dem du deinen Kuli hältst. In Ordnung?" – „Ja, klar", sagt Sandra munter.

„Also, dann, wir packen das miteinander!" Dr. Held macht eine Notiz und dreht sich wieder zu mir um: „Herr Kennedy, wie sind Ihre Ergebnisse für den Deutschunterricht in Ihrer Nachhilfeschule?"

In diesem Moment muss ich tief seufzen. „Sie wollen eine ehrliche Antwort?" Er schaut mir in die Augen und ich sage nur ein Wort: „Schlecht."

„Das überrascht mich nicht", antwortet er leichthin. „Diese Kinder brauchen *Buchstaben*, nicht Wörter. Sie müssen die Buchstaben über die Sinne, mit Sehen, Hören und Tasten, auf heilpädagogische Art aufnehmen, bis das fürs Schreiben zuständige Areal im Gehirn nachreift. Aber was erzähle ich so viel ... Wenn Sie wollen, gebe ich Ihnen einige Unterlagen mit den Ergebnissen meiner dreißigjährigen Forschungsarbeit."

„Gerne, Herr Dr. Held", antworte ich überrascht, und denke: Schaden kann es ja nicht, das zu lesen.

Auf der Heimfahrt mit Familie Schmidt werde ich zunehmend unsicher. 20 Minuten täglich Tippen – das soll Sandras Probleme in Deutsch lösen? Diese repetitive Tätigkeit an der Schreibmaschine? Das sind doch Methoden von vorgestern! Kein Wunder, dass seine Praxis so leer ist ...

Eine heiße Spur

Buchstaben einprägen, damit das Gehirn nachreift. Hmm, von dieser Methode hatte ich noch nie gehört. Aber die Methoden, die in aller Munde sind und zum Kanon gehören, hatten unsere Schüler kein Stück weitergebracht. Außerdem: Die These, dass die Lese- und Schreibfähigkeit als eine Stufe der Kindesentwicklung zu betrachten sei, faszinierte mich. Nicht nur, weil sie bei näherem Nachdenken aus wissenschaftlicher Sicht eigentlich so naheliegend war, dass ich mich fragte, warum nicht längst schon jemand darauf gekommen war. Sondern auch, weil es ein völlig neuartiger Ansatz war. Einer, der mir Hoffnung gab.

Am Wochenende nach dem Besuch bei Dr. Held verzichtete ich auf Freizeit und vertiefte ich mich in seine Abhandlungen. Lauter Sonderdrucke der Fachzeitschrift *Der Kinderarzt*. Bereits nach wenigen Seiten stellte ich fest: Die Qualität der Inhalte war überdurchschnittlich hoch. Aber mir fiel noch mehr auf: Dr. Held war mit seiner Sichtweise nicht allein auf weiter Flur. Seine These, dass die Lese- und Schreibfähigkeit eine weitere Stufe der kulturellen Evolution des Menschen sei, passte zu den Forschungsergebnissen von drei führenden Wissenschaftlern, die die stammesgeschichtliche Entwicklung des menschlichen Denkens jahrelang intensiv erforscht hatten.

Dass es im Laufe der Entwicklung von Tier und Mensch sensible Phasen der Prägung gibt, hatte bereits Konrad Lorenz, Direktor am Max-Planck-Institut für Verhaltensphysiologie und Nobelpreisträger für Medizin (1973), gezeigt. Lorenz hatte kleine Gänse nach dem Ausschlüpfen auf sich geprägt. Er gab sich als ihre Mutter aus, er war das erste Lebewesen, das die Kleinen wahrnahmen. Das Ergebnis: Als sie ausgewachsen waren, folgten ihm die Gänse überall. Selbst beim Schwimmen im See paddelten sie ihm hinterher! Die Natur hat es also so eingerichtet, dass das erste Lebewesen, das sich nach dem Ausschlüpfen in der Nähe des Kükens befindet, sich als „Mutter" bei ihm einprägt.

Diese „sensiblen Phasen" sind bei allen Lebewesen angeboren und dienen dem Zweck, wichtige Informationen aus der unmittelbaren Umwelt automatisch anzueignen, besser: sich einzuprägen. Darüber hinaus laufen in uns Menschen angeborene Programme ab, die vollkommen unbewusst ausgeführt werden: Über die Regelung des Kreislaufs und der Köpertemperatur zum Beispiel brauchen wir nicht nachzudenken. Diese bezeichnete Lorenz als „geschlossene Programme". Er argumentierte weiter, dass wir im Bereich des Verhaltens über weitere Programme verfügen, die unser Überleben absichern. Die Programme Aggression und Flucht würden bei Bedrohung automatisch ausgelöst. Nur über den Verstand seien wir in der Lage, unser Verhalten in eine *andere* Richtung zu steuern.

Vor allem Programme steuern also unser Verhalten. Aber beim Lesen und Schreiben handelt sich um kulturelle Errungenschaften, die erlernt werden müssen. Wo ist da der Zusammenhang?

Nach Irenäus Eibl-Eibesfeldt, Professor für Zoologie und Leiter der Forschungsstelle für Humanethologie der Max-Planck-Gesellschaft in Seewiesen, schließt das eine das andere nicht aus. Er zeigte mit einer Reihe von Fotos, wie *blinde* Kinder lächeln. Aha! Damit war eindeutig nachgewiesen: Beim Lächeln handelt es sich um ein angeborenes Verhaltensmuster! Er enthüllte, wie die Menschen auf hoch entwickelter kultureller Ebene bestimmte Verhaltensmuster zeigen – weltweit. „Bei den Naturvölkern werden mächtige Stammeshäuptlinge, die einen anderen Stamm besuchen und einen Kriegstanz aufführen, von einem Kind begleitet, das grüne Wedel schwenkt – als Zeichen der friedlichen Absichten. In unserem Kulturkreis imponiert der Gastgeber mit militärischem Pomp, gleichzeitig lässt man einem Staatsgast Blumen überreichen – meist durch ein kleines Mädchen“, bemerkte Eibl-Eibesfeldt. Wir haben also gelernt, unsere Aggression zu modifizieren und der Situation anzupassen.

Last but not least hat Hoimar von Ditfurth, Professor für Psychiatrie und Neurologie, in seinem Buch *Der Geist fiel nicht vom Himmel. Die Evolution unseres Bewusstseins* gezeigt, dass unsere Fähigkeit, zu denken und zu lernen, ein Ergebnis der Evolution ist. Wie in einem Krimi erzählt von Ditfurth die Geschichte der Entstehung unseres Gehirns über die Jahrtausende: Nach sehr langer Zeit entwickelte sich unser Stammhirn, das unser vegetatives Verhalten steuert (etwa: Atem, Regulierung des Bluthaushalts und einfache motorische Autoreaktionen). Wiederum lange danach bildete sich das Zwischenhirn aus. Die Programme in diesem Teil steuerten die Programme der Aggression, der Flucht und der Sexualität. Das war die Geburtsstunde der Emotionen.

Also, der Mensch war unterwegs, gerade noch, würde er überleben? Um dies zu sichern, entwickelte sich nach nochmals unvorstellbar langer Zeit das Großhirn. Es steuert die höheren kognitiven Fähigkeiten wie das Planen künftiger Aktivitäten und die Kommunikation mittels Sprache, so von Ditfurth. Und das *Lernen*, wie wir es heute kennen: das Aneignen von Wissen, Können und Verhalten.

*

Die Arbeiten dieser drei Autoritäten belegen also, dass der Mensch sowohl über angeborene als auch über erlernte Verhaltensmuster verfügt. Und interessanterweise können Menschen neue Verhaltensmuster erst dann erlernen, wenn ihre biologische Entwicklung weit genug vorangeschritten ist. Dr. Helds Hypothese fügt sich also in die Beobachtungen dieser drei Wissenschaftler nahtlos ein. Er sagt schließlich nichts anderes, als dass die Lese- und Schreibfähigkeit eine weitere kulturelle Entwicklungsstufe des Menschen sei.

Die Fähigkeit, Symbole und Buchstaben automatisch zu kombinieren, ist uns angeboren – so Dr. Held. Es ist, wie bei der Sprache, jedoch ein *offenes* Programm. Bei der Aneignung der Sprache muss das Gehirn des Kindes mit Wörtern gefüttert werden. Intuitiv bildet das Kind dann durch Nachahmung sinnvolle Sätze. Das alles funktioniert aber nur unter einer zentralen Voraussetzung: dass das Sprachzentrum biologisch reif ist.

Das gleiche Phänomen, dachte Dr. Held, muss doch auch für die Rechtschreibung gelten: Damit das Kind lesen und schreiben lernt, muss das Lese-Schreib-Zentrum mit Buchstaben „gefüttert“ werden! Und zwar so lange, bis das Kind die passenden Buchstaben automatisch in die korrekte Reihenfolge setzen kann. Lesen ist die Fähigkeit eine Reihe von Buchstaben als ein Wort zu erkennen. Voraussetzung dafür ist wiederum die biologische Reife des Lese-Schreib-Zentrums.

Für mich klang das alles einleuchtend. Aber schon tauchte die nächste Frage auf: Wenn Sprechen, Lesen und Schreiben derart natürliche Phänomene sind, deren Ausprägung lediglich mit der biologischen Reife zusammenhängt – wie kann es denn zu einer Unreife im Gehirn kommen? Warum sind Kinder wie Sandra betroffen und andere Kinder nicht?

Ich vertiefte mich wieder in die Unterlagen von Dr. Held und fand eine ganze Reihe möglicher Auslöser, die er durch seine jahrelange Tätigkeit als Kinderarzt festgestellt hatte:

- Faktor Nummer eins: Vererbung. Viele Eltern seiner kleinen Patienten erzählten Dr. Held, dass sie in der Kindheit selbst Lese-Rechtschreib-Probleme gehabt hätten. An dieser Stelle fiel mir ein: Stimmt, das haben mir Eltern in der *Kennedy-Schule* auch erzählt! Das Bild rundete sich allmählich ...

- Außerdem hatte Dr. Held beobachtet, dass viele Kinder, die bei der Geburt unter Sauerstoffmangel gelitten hatten, später zu Legasthenikern wurden. Dasselbe galt bei Frühgeburten, wenn die Gehirnentwicklung des Kindes beim Verlassen des Mutterleibs noch nicht ganz abgeschlossen war. Auch solche Fälle gab es in unserem schulischen Bekanntenkreis ...

- Des Weiteren stellte Held fest, dass auch eine ernste Erkrankung des Babys oder des Kleinkinds zu einer Reifungsverzögerung führen kann. Auch diese Erkenntnis passte, denn: Bei Anmeldegesprächen erzählten mir besorgte Eltern immer wieder von schlimmen Krankheiten ihre Kinder und fragten mich, ob dies Ursachen für die Schulprobleme sein könnten. Auch wenn ich damals abgewunken hatte – jetzt dachte ich doch, dass etwas daran sein könnte.

- Und natürlich postulierte Dr. Held auch *psychische* „Reifungsbremsen“ als mögliche Ursachen: Kinder, die beispielsweise in den ersten drei Jahren vernachlässigt und ständig wechselnden Bezugspersonen ausgesetzt wurden, litten öfter unter Reifungsverzögerungen.

Immer wieder diese Reife! Selbst wenn ein Kind vorzeitig eingeschult wird, kann dies zu einer Lese-Rechtschreib-Schwäche führen. Das Lese-Schreib-Zentrum ist einfach noch nicht so weit, dass es sich die Buchstaben zuverlässig einprägen kann; diesen Kindern hilft eine frühe Einschulung also nicht, sich zu verbessern. Damit es nachreift, müssten sie nämlich Buchstaben üben.

Aber in den meisten Schulen wird seit vielen Jahren mit „modernen“ Methoden gearbeitet. Für die erste Klasse heißt das: Kein stupides Buchstabenpauken mehr, sondern mit einem ganzheitlichen Ansatz Rechtschreibung lernen – indem die Kinder ganze Silben und Wörter lernen, um die Buchstaben aus dem Sinnzusammenhang selbst abzuleiten. Doch was nach kindgerechter Methodik klingt, ist für Kinder, deren Lese-Schreib-Zentrum noch nicht ausgereift ist, geradezu kontraproduktiv. Sofern das Kind also vorher noch *nicht* „legasthen“ war, wird es das mit *dieser* Methode! Die Schule kann also Mitverursacher von LRS sein. Bei einem Kind, dessen Lese-Schreib-Zentrum ausgereift ist, ist die Ganzwortmethode ja kein Problem: Es kann die einzelnen Buchstaben aus den Silben und Wörtern herauspicken und abspeichern. Aber bei jenen, deren Lese-Schreib-Zentrum noch unreif ist, verstärkt sie das Defizit sogar.

Auf einmal verstand ich, warum viele Kinder, die zu uns kommen, zuvor in der Schule immer schlechter geworden waren. Mir schossen lauter Namen von Schülern durch den Kopf, die genau diesen Weg hinter sich hatten. „Doktor Held, Sie haben ins Schwarze getroffen!“, sagte ich laut zu mir selbst und legte seine Materialien beiseite.

Ich griff nach Stift und Zettel und fing an, diese Erkenntnisse für unsere Arbeit zusammenzufassen. Und weiter: LRS kann allein auftreten oder in Kombination mit einer oder mehreren anderen Reifungsverzögerungen vorkommen. Häufig beobachtete Dr. Held LRS in Kombination mit einer verzögerten Sprachentwicklung. Weitere Kombinationen wie die motorische Unreife von Fein- und Grobmotorik, die Verzögerung der Rechenfähigkeit und der Aufmerksamkeit sind genauso oft zu finden. – Bingo! Das passte wie die Faust aufs Auge: Die Stefanie, der Robert, die Annemarie, der Martin, die Zina …, ach, wie sie alle hießen … Neunzig Prozent unserer Schüler fielen in eine dieser Kategorien, manche sogar in mehrere. Wenn ich es mir richtig überlegte, fiel mir kaum einer ein, auf den nicht mindestens eines der Kriterien zutraf.

Aber Moment mal, wenn Dr. Held recht hatte, dann hieß das, dass wir bisher so ziemlich alles falsch gemacht hatten. Und alle anderen Nachhilfeinstitutionen und Legastheniezentren auch! Aber konnte dies überhaupt möglich sein? Konnte es wirklich sein, dass die gesamte aktuelle Methodik zur Bekämpfung von Dyslexie auf einem Denkfehler beruhte? Auf der Vernachlässigung einer Erkenntnis? Konnte es sein, dass die gesamte Fachwelt in Sachen Dyslexiebekämpfung aufs falsche Pferd setzte? Immerhin waren die Ergebnisse nicht nur bei uns schlecht, sondern an *allen* Schulen, ob Sonderschulen, Hauptschulen, Realschulen oder Gymnasien, und zwar bundesweit.

Um herauszufinden, ob Dr. Helds Hypothese richtig war, gab es nur eine Möglichkeit: ihr auf den Grund zu gehen und sie in der Praxis zu überprüfen. Wenn das Problem tatsächlich die Unreife der für Lesen und Schreiben zuständigen Areale im Gehirn war und dies durch regelmäßiges Buchstabentraining in den Griff zu bekommen wäre, wie Dr. Held es propagierte, dann müssten selbst Schüler, bei denen alle bisherigen Bemühungen gescheitert waren, dank der neuen Methodik endlich Fahrt aufnehmen. Wenn sie also ausschließlich Buchstaben aufnehmen würden, und zwar über alle relevanten Sinne – Sehen, Hören und Tasten –, dann müsste das Gehirn nachreifen und schließlich korrekt funktionieren. Dann müsste das Rechtschreibproblem sich in Luft auflösen! – Ich wollte es wissen und machte mich ans Ausprobieren.

*

„Kommen Sie rein, Frau Beck!" Wie bei jedem Besuch nimmt Antons Mutter auch diesmal Platz am runden Tisch.

„Herr Kennedy, entschuldigen Sie bitte die Störung, aber ich wollte Ihnen das letzte Diktat von Anton zeigen", sagt sie – freundlich wie immer.

„Gern", antworte ich. Obwohl mir dabei alles andere als wohl ist. Vor 14 Monaten hat sie Anton (achte Klasse Gymnasium) mit durchschnittlich 21 Fehlern in unserer Schule angemeldet. Vor 4 Wochen hat er wieder eine Sechs geschrieben, diesmal mit 23 Fehlern. In den letzten Monaten kam Frau Beck fast nach jedem Diktat, um sich zu beklagen, dass es so nicht weitergehe. Sie wolle Ergebnisse sehen – warum schicke sie ihr Kind sonst auf die *Kennedy-Schule*?

Meine Erklärungen und Versicherungen, dass die Lese-Rechtschreib-Fähigkeit bei Anton noch nicht „ausgereift" sei und dass dieser Prozess seine Zeit brauche, hatten sie anfangs noch besänftigt. Aber als sie nach einigen Monaten feststellte, dass sich absolut nichts besserte und Anton immer noch zwischen 18 und 24 Fehler machte, teilte sie mir mit, dass aufgrund des neuen Stundenplans Anton nur noch einmal in der Woche zum Unterricht kommen könne. Keine gute Voraussetzung für die weitere Arbeit.

Jetzt sitzt sie wieder an ihrem Platz. Was wird sie mir heute wohl eröffnen? Dass sie Anton von der *Kennedy-Schule* abmeldet? Dass er gar nicht mehr üben soll? – Frau Beck legt das große Diktatheft vor mich hin und öffnet die aktuelle Seite. Ungewöhnlich langsam und ruhig sagt sie dann:

„Herr Kennedy, sehen Sie mal, Note Eins! Und mit dem Lesen wird es allmählich auch besser ..."

Der Durchbruch

Gut ein Jahr lang Buchstabenspiele zusammen mit regelmäßigem Tipptraining – das hat sich ausgezahlt! Nicht nur bei Anton, sondern auch bei anderen Kindern. Die Ergebnisse liegen schwarz auf weiß vor mir und ich kann es immer noch nicht fassen. Vor allem deshalb nicht, weil bei einigen Kindern eine Besserung anfangs nicht einmal zu erahnen war. Die Eltern davon zu überzeugen, dass das Trainieren von Buchstaben sich lohnte, obwohl über Wochen hinweg nur kleine Fortschritte zu verzeichnen waren, das war ein echter Kraftakt. Aber genau in dieser langen Dauer des Prozesses liegt die Bestätigung der Hypothese von Dr. Held.

Beim Einprägen der Buchstaben und der Laute werden über die Sinneszentren Impulse an das „Lese-Schreib-Zentrum", also an die am Lesen und Schreiben beteiligten Gehirnareale weitergeleitet. Dort angekommen feuern die Synapsen an den Enden der Gehirnzellen – eine Stimulation, die Zellenwachstum verursacht. Das dort unterentwickelte Netzwerk des Lese-Schreib-Zentrums wächst, wie genetisch vorgesehen, und reift nach. Die Zellen wachsen zwar kontinuierlich, doch die Fähigkeit des Lesens und Schreibens nimmt nicht immer proportional zu. Erst wenn das Gehirn eine gewisse Entwicklungsstufe erreicht hat, ist es in der Lage, Buchstaben korrekt zu kombinieren und Reihenfolgen von Buchstaben automatisch zu erkennen. Hat das Gehirn die nötige Reife erreicht, ist das Kind von einem Tag auf den nächsten zu extremen Fortschritten fähig, völlig überraschend.

Dieses Phänomen hatte Dr. Held bereits bei Sandras Untersuchung angedeutet. Er hatte Sandra ernst in die Augen geschaut und ihr einen einzigen Tipp gegeben: Dranbleiben, auch wenn erst mal keine Änderung sichtbar ist. Dass die Nachreifung des Gehirns mindestens ein Jahr lang dauert, das hat Dr. Held in diesem Moment sicherlich gewusst.

Anton war der Erste, bei dem der Durchbruch so deutlich wurde. Doch plötzliche Notensprünge waren in diesen turbulenten Monaten keine Seltenheit. Unsere Ergebnistabelle zeigte: Nach 3 Monaten mit Buchstabenübungen und -spielen hatten sich 67 Prozent der Schüler in den ungeübten Diktaten um durchschnittlich eineinhalb Noten verbessert. Nach 6 Monaten waren es 72 Prozent mit rund zwei Noten Verbesserung. Und nach 12 Monaten waren es 93 Prozent mit drei Noten Verbesserung. 7 Prozent der Schüler hatten sich gar nicht verbessert (wie Anton) bis zu dem

Tag, an dem sich alles änderte. Bei Sandra ging es glücklicherweise sogar schneller. Innerhalb von 3 Monaten hatte sie sich um drei Noten verbessert.

Auch beim *Lesen*, der *härteren* Nuss, waren die Ergebnisse frappierend. Nach fast 12 Monaten berichteten 87 Prozent der Eltern unserer Schule, dass ihr Kind besser lese und freiwillig Bücher in der Hand nehme.

Nach Jahren des Stocherns im Nebel und einem guten Jahr mit Buchstabenspielen und Tipptraining war für mich klar: Die These von der Nachreifung der Lese-Schreib-Fähigkeit stimmt! Die wahre Ursache für LRS liegt weder in der Intelligenz der Schüler noch in Verhaltens- oder Lernstörungen, sondern einzig und allein in der Unreife der entsprechenden Gehirnareale. Und unser Schulsystem und die Methoden, die gemeinhin angewandt werden, um diesen Kindern Rechtschreibung beizubringen, tun nichts anderes, als diese Unreife noch zu verschlimmern ...

3. „Ist mein Kind wirklich ‚Legastheniker'?"

Wie Sie Lese-Rechtschreib-Schwäche sicher erkennen

„Gibt es denn ein Problem? Samantha war doch bisher immer recht gut in Deutsch. Die letzte Arbeit, die war ein Ausreißer, da war sie einfach unkonzentriert. Oder nicht?" Frau Tischler schaut Herrn Gruhl, den Klassenlehrer ihrer Tochter, verunsichert an. Er hat sie zum Gespräch gebeten, um mit ihr über Samanthas Leistungen in Deutsch und Englisch zu sprechen; sie machen ihm Sorgen.

„Im Gegenteil, ich habe gesehen, dass Samantha sich größte Mühe gegeben hat. Trotzdem war der Aufsatz viel zu kurz und voller Rechtschreibfehler. Das war auch kein Ausreißer. Im letzten Diktat hatte sie sogar eine Sechs!"

„Ja, aber Herr Gruhl, dieses Diktat war nicht angekündigt, das ist unfair!"

In aller Ruhe erklärt Herr Gruhl, dass es in der Realschule normal ist, unangekündigte und ungeübte Diktate zu schreiben. Nur so kann die Schreibfähigkeit der Kinder wirklich geprüft werden. Die ist bei Samantha viel schlechter als bei den anderen Kindern in der Klasse. Und von der Englischlehrerin weiß er, dass das Mädchen in Vokabeltests ständig Schreibfehler macht, aber im Mündlichen gut ist.

„Womit wir beim Anlass unseres Gesprächs wären, Frau Tischler." Herr Gruhl holt tief Luft ein und sagt: „Offen gesagt: Ich vermute, dass Samantha Legasthenikerin ist. Sie hat eine Lernbehinderung."

„Behinderung? Sami? Das glaube ich einfach nicht! Sie ist doch ein aufgewecktes Mädchen! Sie sollten mal sehen, wie stark sie beim Memory ist! In der Grundschule war sie auch gut, da hatte sie in Deutsch eine Drei. Warum soll sie jetzt auf einmal eine Behinderung haben?" Aufgewühlt fährt Frau Tischler nach Hause. Zweimal übersieht sie beinahe eine rote Ampel und kann erst im letzten Moment bremsen. Ihre Gedanken kreisen um Samantha. Beim abendlichen Vorlesen drückt Frau Gruhl ihrer Tochter kurz entschlossen das Buch in die Hand: „Jetzt lies *du* mal!"

Zum ersten Mal fällt der Mutter auf, wie stockend das Mädchen liest. Sollte sie das in der fünften Klasse nicht schon besser können? Aber klar, sie kann ja nicht viel Übung haben. Das Mädchen will einfach kein Buch in die Hand nehmen. Oder ist es umgekehrt, liest Sami deswegen so selten, weil es ihr schwerfällt?

In dieser Nacht wacht Frau Tischler immer wieder auf. Sie muss andauernd an Herrn Gruhls Vorschlag denken, Samantha in die LRS-Fördergruppe zu schicken. Wird das Kind dann nicht abgestempelt, vielleicht von ihren Klassenkameradinnen ausgelacht? Lernbehinderung, was für ein schreckliches Wort! Frau Tischler wälzt sich im Bett hin und her. Ist es besser, wenn sie weiter zu Hause zusammen üben, wie sie es bisher gemacht haben? Aber das hat ja anscheinend nicht viel gebracht. Ist Sami wirklich eine Legasthenikerin? Was soll sie bloß tun?

*

Offen gesagt: Frau Tischler hat Glück! Und zwar deshalb, weil sie auf einen kompetenten, feinfühligen und gut informierten Lehrer gestoßen ist, der in einer Schule tätig ist, die zeitgemäß arbeitet. Glück, weil dieser Lehrer sie von sich aus auf die mögliche Legasthenie ihrer Tochter angesprochen hat. So schockierend diese Nachricht für Frau Tischler war, eins ist sicher: Ihr Kind wird in Schutz genommen. Gleichzeitig versucht die Schule, etwas gegen ihre Lese-Rechtschreib-Schwäche zu tun.

In der Regel können Sie nicht erwarten, dass die Schule auf Sie zukommt, wenn Ihr Kind Schwierigkeiten in Lesen und Schreiben hat. Die meisten Eltern sind dabei auf sich alleine gestellt; sie beobachten, dass ihr Kind Schwierigkeiten hat; vielleicht macht auch eine Verwandte oder eine Freundin die Eltern darauf aufmerksam, dass die Lese- und Rechtschreib-fähigkeit des Kindes besser sein könnte. Dann fragen sie sich: Ist das eine Lese-Rechtschreib-Schwäche oder liegt es an etwas anderem?

Zunächst einmal: Wie können die Warnsignale aussehen, die auf eine mögliche Dyslexie aufmerksam machen? Gehen wir die Bereiche, die Anlass zur Sorge sein können, einmal Schritt für Schritt durch.

Szenario 1: Probleme von Anfang an

Frau Walter ist entsetzt! Vor ihren Augen hat ihr sechsjähriger Sohn Denis vergessen, wie der Buchstabe d geht! Er sollte ihn zehn Mal schreiben. Zuerst hat er ihn recht passabel hingekriegt, aber jeder weitere Buchstabe wurde immer schwächer und immer kleiner – beim zehnten Versuch hat Denis ein a hingekraxelt. Es ist, als ob Denis die Buchstaben in seinem Gedächtnis in Sand schreiben und das Meer sie bei der nächsten Flut wegspülen würde. Am nächsten Tag kann Frau Walter wieder von Neuem mit Denis zu üben beginnen.

Von Anfang an „sitzen" die Buchstaben in diesem Fall nicht. Das Kind erkennt sie nicht richtig und kann sie deshalb auch nicht korrekt wiedergeben. Es vergisst sie auch sehr schnell wieder. Nur mit großer Mühe kann es Buchstaben *malen*. Die Schrift wirkt sehr verkrampft. Die Wörter sind aneinandergereiht, mal mit, mal ohne Abstand dazwischen. Viele Buchstaben werden verwechselt oder spiegelverkehrt geschrieben – etwa so:

„Seiteineinwokenlenen unt übn diekindrfürbie fahr rat brüfung ..."

Machen Sie sich Sorgen, weil Ihr Kind große *Start*schwierigkeiten mit dem Schreiben hat? Sind Sie sich unsicher, ob sich das später von alleine gibt oder nicht?

Szenario 2: Mit den ersten ungeübten Diktaten tauchen Probleme auf

Bei Robert, der in die fünfte Klasse des Gymnasiums geht, ist die Welt aus den Fugen geraten! Seine Mutter heult den ganzen Tag, sein Vater sitzt in seinem Fernsehsessel und ist nicht ansprechbar. Der Grund: Heute hat Robert im Deutschdiktat mit 13 Fehlern eine Sechs bekommen. Dabei hat er in der Grundschule immer Einser geschrieben! „Frau Rothe hat das gar nicht angekündigt, einfach plötzlich gesagt, dass wir jetzt ein Diktat schreiben“, sagt Robert immer wieder zu seinen Eltern. „Das ist einfach unfair!“ –

War nicht bisher mit der Rechtschreibung eigentlich alles in Ordnung? Zuhause haben Sie mit Ihrem Kind bei der Diktatvorbereitung Schritt für Schritt die Fehler weggebügelt. Auch Lernwörter für Lückentexte und Vokabeln haben Sie gemeinsam eifrig geübt und das Kind hat damit gute Noten bekommen. Zu Beginn des dritten oder vierten Schuljahrs oder mit dem Wechsel in die weiterführende Schule werden ungeübte Diktate und unbekannte Texte eingeführt – und das Kind macht auf einmal haufenweise Fehler. Vor allem zum Ende des Diktats hin, wenn es in Zeitnot gerät, weil es noch mit Korrekturen im vorderen Teil beschäftigt ist. Erschreckt Sie der plötzliche Notenabsturz um bis zu drei Noten in Deutsch?

Szenario 3: Deutsch okay, Fremdsprache katastrophal

Lara hat in Englisch eine Vier bekommen. Sie ist sehr traurig darüber, umso mehr, weil ihre Freundinnen alle bessere Noten bekommen haben. Dabei hat sie doch gestern Abend mit Mama alle Vokabeln geübt und sie hat sie gekonnt! Jetzt hat sie so viel falsch gemacht ... Was soll sie Mama sagen, wenn sie zuhause ist? –

Vielleicht sind Sie enttäuscht über die Ergebnisse der Vokabeltests Ihres Kindes? Sie haben wiederholt Vokabeln mit Ihrem Kind geübt und Ihr Kind hat diese erfolgreich aufschreiben können, aber in der Schule nicht. *Mündlich* kann es die Vokabeln, aber beim Schreiben macht es massenweise Fehler. Die Wortendungen in Englisch schreibt es regelmäßig falsch und beherrscht die Konjugation selbst einfacher Verben wie *to be, to have, to run* nicht. Bei *Übersetzungen* in die Fremdsprache steigt die Fehlerzahl gegen Ende deutlich an und Ihr Kind weiß gar nicht, warum. Machen Sie sich Sorgen, weil sich das Kind in der ersten oder zweiten Fremdsprache so schwertut?

Szenario 4: Das Kind liest schlecht

Frau Schwarz und ihr Sohn Freddie vereinbaren miteinander, dass Freddie jeden Abend zwei Seiten aus einem Harry-Potter-Buch laut liest. Aber wenn Frau Schwarz nicht daran denkt, liest Freddie nicht, sondern spielt lieber mit seinen Legosteinen. Eines Abends stößt die zwei Jahre jüngere Schwester Julia dazu und verlangt, auch vorlesen zu dürfen. Sie nimmt

Freddie das Buch aus der Hand und liest sinngemäß und mit einer schönen Intonation fließend vor, viel besser als Freddie! Frau Schwarz ist völlig verunsichert. Dass Freddie für sein Alter nicht gut liest, wusste sie ja, aber dass er so weit hintendran ist? Oder ist Julia eine „Überfliegerin" und Freddie ist noch im Normalbereich? –

Hat Ihr Kind Schwierigkeiten, unbekannte Texte zu erfassen, die für sein Lesealter abgestimmt sind? Ihr Kind liest die Geschichten in seiner Lesefibel gerne mit Ihnen zusammen. Sie beobachten, dass es mit der Zeit die Texte komplett wiederholen und verstehen kann. Muss es dagegen eine neue Geschichte mit demselben Wortschatz lesen, kommt es nur schleppend voran. Wenn es darum geht, unbekannte Wörter mithilfe der einzelnen Buchstaben zu erkennen, hat das Kind große Schwierigkeiten und versucht, den Inhalt durch Raten zu entschlüsseln. In Deutsch und/oder in den Fremdsprachen liest das Kind Texte ungenau und ersetzt manche Wörter mit Fantasiewörtern, die ungefähr in den Sinn passen. Es verwechselt Wortendungen in Deutsch oder den Fremdsprachen. Nagt an Ihnen das Gefühl der Unsicherheit, was hier eigentlich los ist?

Szenario 5: Früher hat das Kind *besser* gelesen

Das Buch, das Anna von der Großmutter zum Geburtstag bekommen hat, liegt ganz hinten unter dem Bett. Völlig eingestaubt. Frau Warnke hat es beim Staubsaugen gefunden und hält es fassungslos in den Händen. Warum hat Anna das Buch nicht hervorgeholt, wenn es ihr heruntergefallen ist? Früher hat sie doch jeden Band ihrer Lieblingsreihe zu Ende gelesen. Aber es stimmt, in letzter Zeit hat Frau Warnke ihre Tochter kaum noch mit einem Buch gesehen. Lieber geht Anna mit ihren neuen Freundinnen aus der Realschule Fußball spielen. Ist es normal, dass sich die Interessen verändern, oder steckt mehr dahinter? –

Fühlen Sie sich verunsichert, weil Ihr Kind weniger liest als früher? Seit es in der Sekundarstufe ist, hat es immer weniger Freude an Büchern. Die erste Fremdsprache fällt ihm sehr schwer und das scheint ihm überhaupt den Spaß an Sprache zu verderben. Zunehmend hat es auch beim Lesen deutscher Texte Schwierigkeiten, außerdem in deutscher Grammatik und Rechtschreibung.

Szenario 6: Auch andere Fächer sind beeinträchtigt

Der Drittklässler Paul ist gut im Rechen. Aber in der letzten Klassenarbeit hat er nur die Note Drei bekommen. Sein Opa, der ihm immer bei den Hausaufgaben hilft, ist verblüfft. Peter hat alle drei Textaufgaben falsch gelöst. Es sieht so aus, als habe er sie nicht verstanden. –

Macht Ihr Kind beim Bearbeiten von Rechenaufgaben für Sie unerklärliche Fehler? Es kann gut rechnen, kommt aber mit Textaufgaben nicht zurecht. Oder es neigt dazu, mehrstellige Zahlen seitenverkehrt zu lesen oder zu schreiben, zum Beispiel 12 statt 21 oder 756 statt 657. Mit diesen verdrehten Zahlen rechnet es richtig, aber am Ende natürlich mit einem falschen Ergebnis. Außerdem verwechselt es vielleicht die Rechensymbole +, –, x und : miteinander.

Auch in anderen Fächern wie Mensch – Natur – Technik, Biologie oder Geschichte ist die mündliche Leistung gut. Sobald es aber darum geht, Informationen aus Büchern zu erfassen, ist das Kind verloren. Wenn es beispielsweise einen Aufsatz über die Bienen schreiben soll, wird der Aufsatz viel zu kurz und strotzt vor Schreibfehlern. Fragen Sie sich, ob dem Kind einfach das jeweilige Fach nicht liegt oder ob seine Schwierigkeiten am Lesen und Schreiben liegen?

Wenn auch nur *eine* dieser Situationen auf Ihr Kind zutrifft, dann haben Sie einen guten Grund, über die Lese- und/oder Rechtschreibfähigkeit Ihres Kindes beunruhigt zu sein. Es kann sein, dass das Kind wirklich Legastheniker ist – es kann aber auch sein, dass die Ursachen woanders liegen. Das festzustellen ist wichtig, damit Sie frühzeitig die passenden Maßnahmen ergreifen können.

Ein großer Teil der Unsicherheit liegt darin begründet, dass LRS in verschiedenen Formen auftreten kann. Sie kann sowohl die Lese- als auch die Schreibfähigkeit betreffen, aber auch nur eine von beiden. Sie kann *sofort* auftreten, sobald ein Kind anfängt, lesen und schreiben zu lernen. Sie kann zunächst durch gutes Auswendiglernen des Schriftbilds einzelner Wörter kompensiert werden und erst dann zutage treten, wenn das Kind *ungeübte* Wörter lesen und schreiben muss.

Außerdem gibt es die Spätform von Legasthenie, von der ich schon im ersten Kapitel berichtet habe: Erst wenn das entsprechende Areal im Gehirn des Kindes auch noch durch die erste oder zweite Fremdsprache beansprucht wird, versagt es. Diese Spätform von LRS kann sich nur auf *eine* Sprache beschränken. Meine Erfahrung zeigt aber, dass sie sich meistens, ähnlich wie ein Holzwurm, durch die Schrift *aller* Sprachen bohrt: Französisch, Englisch und Deutsch. Mit dem Ergebnis, dass der Jugendliche zunehmend viele Rechtschreibfehler in allen drei Sprachen macht und aufgrund der hinzugekommenen Leseschwäche Probleme mit der Grammatik hat. Ein guter Leser, der früher viel gelesen hat, liest dann nur noch selten Bücher, oft mit der Begründung, er habe keine Zeit mehr, weil er so viel für die Schule tun müsse.

Häufige Irrtümer

In solchen Situationen hilft es nicht, die Frage zu *verdrängen*, ob Ihr Kind eine Lese-Rechtschreib-Schwäche hat. Das Beste, was Sie tun können, ist, sich Klarheit über den Zustand Ihres Kindes zu verschaffen. Das ist allerdings gar nicht so einfach. Denn die Frage, woran man LRS *zuverlässig* erkennt, ist in der Fachwelt heiß umstritten. Daher habe ich hier für Sie eine Auflistung der häufigsten *Irrtümer* zusammengestellt – also eine Aufzählung derjenigen Merkmale, an denen Sie LRS ganz sicher *nicht* erkennen.

Irrtum 1: LRS erkennt man an den „typischen Fehlern"

Viele Forscher und Lehrer gehen davon aus, dass es typische Fehler gibt, an denen man eine Legasthenie erkennt: Das Kind verwechselt Buchstaben, deren Lautwerte ähnlich klingen, oder solche, die ähnlich aussehen, die dreh- oder spiegelgleich sind: ä/e, ü/i, d/b/p, a/o, g/k, m/n, u/n, w/m, f/r, f/t. Zudem dreht das Kind die *Reihenfolge* der Buchstaben oder Ziffern um. Auch bei der Groß- und Kleinschreibung macht das Kind viele Fehler und schreibt zum Beispiel: „der meister, das kint" ... Mit Doppelbuchstaben und Dehnzeichen hat es große Schwierigkeiten; es hört einfach nicht, wo im Wort ein kurzer oder langer Vokal ist. Es scheint so, als ob das Kind blind und taub für die Buchstaben wäre.

Als sicheres Zeichen für LRS gilt außerdem, wenn ein Kind *schwierige* Wörter beherrscht, aber *einfache* oft falsch schreibt: „die Verkehrsschilder, die Regelung", aber: „der Tish, die Want". Wenn ein Kind diese Art von Fehlern *nicht* macht, gilt es nicht als Legastheniker – selbst wenn es sehr viele Schreibfehler macht oder ganz schlecht liest.

Dazu kann ich nur sagen: Ja, es stimmt, Kinder mit LRS machen *oft* die oben beschriebenen Fehler. Aber *nicht nur*! Es gibt auch Legastheniker, die nicht diese angeblich „typischen" Fehler machen, sondern ganz normale Schreibfehler – diese dafür aber massenhaft.

Zum Vergleich: Stellen Sie sich vor, Sie sind im Auto unterwegs und müssen anhalten, weil der Reifen hinten links platt ist. Der herbeigerufene Pannenhelfer schaut den Reifen an und sagt zu Ihnen: „Da ist kein Loch und das Ventil ist auch in Ordnung. Dieser Reifen ist gar nicht platt!" Und er fährt davon und lässt Sie allein auf dem Seitenstreifen stehen … – So ist das, wenn der „Fachmann" *nur nach seinen ganz bestimmten Kriterien* untersucht und beurteilt, ob ein Schaden vorliegt; wenn diese nicht erkennbar sind, gibt es seiner Ansicht nach keinen Reparaturbedarf.

Irrtum 2: LRS liegt nur dann vor, wenn das Kind sowohl im Lesen als auch in der Rechtschreibung Schwierigkeiten hat

Sobald Tina (Klasse 6) von der Schule zurückkehrt, schnappt sie sich ihr Buch, das sie am Morgen auf dem Frühstückstisch liegen gelassen hat, und geht auf ihr Zimmer. Dort kuschelt sie sich in ihrer „Leseecke" ein. Erst viel später, wenn Tina Hunger hat, hört ihre Mutter wieder etwas von ihr. Alle wundern sich, warum Tina solche fantasievollen Aufsätze schreiben kann und gleichzeitig so viele Rechtschreibfehler macht – neulich auch in Englisch.

Große Mühe hatte Robert (Klasse 7 des Gymnasiums) wieder mit seinem letzten Aufsatz. Er wollte ihm einfach nicht gelingen! Er hätte schon Ideen, aber die richtigen Wörter und Ausdrücke dafür zu finden fällt ihm schwer. Das Ergebnis: eine Vier. Die Grammatikregeln in Englisch und Französisch muss er immer zwei- oder dreimal durchlesen, bis er den Inhalt verstanden hat. Auch die Texte in Biologie und Erdkunde machen ihm Mühe. Roberts Noten werden in den Nebenfächern immer schlechter. Im Mündlichen kann er viel besser mitmachen. Andererseits: Im Deutsch- und im Englischdiktat schreibt Robert immer Note Eins oder Zwei.

Tatsächlich ist es so, dass es eine isolierte Rechtschreibschwäche und umgekehrt eine alleinige Leseschwäche geben kann. Sie treten nicht zwingend zusammen auf. Nur: Wenn sie *einzeln* auftreten, werden sie oft nicht als LRS erkannt, und deswegen wird auch nichts dagegen unternommen. Das ist so, als verlangte man von Ihrem Kind, dass es erst mit *beiden* Beinen hinkt, bevor es verarztet wird.

Irrtum 3: LRS kann man sofort erkennen

Janine (Klasse 5 der Realschule) hat auf der Grundschule in Deutsch gute Leistungen erzielt. Jetzt ist das anders: In der letzten Englischarbeit hat sie sehr viele Rechtschreibfehler gemacht. Die Vokabeln waren in Ordnung, aber bei den Fragen zur Grammatik hat sie die Hälfte der Antworten falsch geschrieben. Beim Diktatteil hat sie in beinahe jedem Wort einen Rechtschreibfehler gemacht! Überhaupt hat Janine Schwierigkeiten, die Fragen und Texte richtig zu verstehen. Noch beunruhigender: Seit einigen Wochen macht Janine mehr und mehr Rechtschreibfehler in Deutsch. Sie nimmt auch immer seltener ein Buch in der Hand.

Hat Ihr Kind in Deutsch bisher wenige oder gar keine Probleme mit Lesen und Schreiben gehabt, wird automatisch angenommen, dass seine Schwierigkeiten in den Fremdsprachen auf einem Mangel an Sprachbegabung und Fleiß beruhen. Deshalb wird Nachhilfe, die Teilnahme an einem Austausch oder auch ein Aufenthalt an einer Sprachschule in England, Frankreich oder den USA empfohlen. Diese Maßnahmen können zu einer Notenverbesserung führen. Das Lesen und die Rechtschreibung bleiben trotzdem schlecht.

Lese- und Rechtschreibschwäche kann auch isoliert in *einer* Sprache auftreten (also in den anderen Sprachen nicht). Oder sie tritt als Spätform erstmals auf, wenn das Kind anfängt, Fremdsprachen zu lernen. Die Sprache ist das Eine, die Schrift das Andere. Eigentlich ganz einfach – oder?

Irrtum 4: Das Kind hat keine Lese-Rechtschreib-Schwäche, es ist einfach faul und unkonzentriert

Frau Braun musste sich diese Woche über Hannes einiges von seinem Klassenlehrer anhören. Der Drittklässler stört seine Mitschüler oder bringt sie durch sein Kasperverhalten andauernd zum Lachen. Wird er darauf angesprochen, reagiert er frech und aufsässig. „Wenn Hannes aufhören würde, herumzuflegeln, und sich stattdessen konzentrieren würde, dann würde er weniger Rechtschreibfehler machen", sagte der Lehrer.

Je nach Charakter reagieren Kinder unterschiedlich auf Misserfolge. Draufgänger wie Hannes reagieren mit Trotz, Aggression und Aufsässigkeit, sowohl zuhause als auch in der Schule, und versuchen nicht selten, durch Clownerien die Aufmerksamkeit und Anerkennung zu bekommen, die sie so dringend benötigen.

Die Kinder, die händeringend nach Sicherheit und Akzeptanz innerhalb des Klassenverbands verlangen, reagieren häufig mit Weinerlichkeit und Anbiederung. Nicht selten leiden sie unter Schlafstörungen und Übelkeit, bevor sie in die Schule gehen müssen. Hin und wieder höre ich von Eltern, dass solche Kinder sich fragen, warum sie noch weiterleben sollen.

Leider interpretieren viele Lehrer diese Verhaltensauffälligkeiten als Grund und nicht als Folge der Schwierigkeiten mit Lesen und Schreiben. Hier werden ganz offensichtlich Ursache und Wirkung verwechselt.

Irrtum 5: Wenn ein Kind auch in anderen Fächern als Deutsch schlecht ist, hat es keine LRS, sondern ist einfach nicht intelligent genug

In letzter Zeit hat der Viertklässler Sven es nicht leicht. Alles in der Schule wird für ihn nur noch schwieriger. Diese Woche hat er in „Mensch und Umwelt" die Note Vier bekommen. Er hat versucht die Abhandlung über „Vögel im Winter und im Sommer" mehrmals durchzulesen – wie der Lehrer es ihm gesagt hat. Aber ohne Erfolg. Herr Meister hat am Ende seiner Arbeit geschrieben „Warum hast du Kapitel 4 und 5 nicht aufmerksamer durchgelesen?" Toll! Vielen Dank, Herr Meister!

Dann eine Mathearbeit, in der gleich drei Textaufgaben zu lösen waren. Gerade in Mathe, wo er sonst gut ist, hat er auch die Note Vier bekommen. In der Woche zuvor hat er für seinen Aufsatz die Note 4,5 erhalten. Er hat versucht, den Aufsatz *kurz* zu halten, weil er immer so viele Rechtschreibfehler macht und so viel Zeit zum Schreiben braucht, dass er kaum noch Ideen für den Inhalt entwickeln kann. Seine Mutter sagt immer, wenn er sich besser konzentrierte, werde er besser zurechtkommen, auch in Mathe. Hmm, viele Ratschläge – wenig Erfolg!

Sven wird immer unsicherer und hat den Eindruck, dass er sich anstrengen kann, wie er will – er wird dadurch nur schlechter. Warum soll er sich so viel Mühe geben, wenn er immer schlechte Noten bekommt und alle nur an ihm herummeckern?

Heute spricht seine Mutter mit Herrn Meister über die Schulempfehlung. Ziemlich bedrückt kommt sie heim. Abends hört Sven, wie seine Eltern im Schlafzimmer aufgeregt miteinander sprechen. Die Stimme seiner Mutter klingt gepresst, als sie sagt: „Hauptschule!, hat Herr Meister gesagt. Sven sei ja in allen Fächern schlecht, nicht nur in Deutsch. Das liege also nicht nur an seiner mangelnden Lese- und Schreibfähigkeit. Er hat's zwar nicht gesagt, aber es war eindeutig, dass er denkt: Sven ist einfach keine ‚Leuchte'."

Heutzutage wissen viele Lehrer, dass Dyslexie nicht auf geringer Intelligenz beruht. Manche deuten das im Umkehrschluss so: Wenn das Kind nicht besonders „helle" ist, dann hat es keine Lese-Rechtschreib-Schwäche. Und *dass* es nicht besonders „helle" ist, zeigt sich an schlechten Leistungen in vielen Schulfächern ... Dabei übersehen die Lehrer, dass in *jedem* Fach die Fähigkeit zum Lesen und Schreiben zentral wichtig ist, um den Inhalt von Texten rasch erfassen und den Stoff schriftlich wiedergeben zu können.

Intelligenztests scheinen diese Fehldeutung oft zu bestätigen – jedenfalls, wenn *ungeeignete* Tests angewendet werden. Und das ist auch heute noch immer wieder der Fall. Bei den Standard-Intelligenztests werden immer noch Bereiche geprüft, in denen das Kind benachteiligt ist: Lesen, Schreiben und die verbalen Leistungen. Um die Intelligenz des Kindes wirklich einschätzen zu können, zählt allein der Quotient des *nonverbalen* Teils, wobei Lesen und Schreiben ausgeschlossen werden.

Wissen Sie, wie ein Kind mit einer Lese-Rechtschreib-Schwäche die Fragen eines solchen Tests korrekt lesen und schriftlich beantworten kann? Ich nicht – und der Prüfer weiß das wohl auch nicht!

Irrtum 6: Die schwache Schulleistung des Kindes liegt an Konflikten in seiner Familie

„Micha, jetzt reicht's! Du hast ja schon wieder mehr durchgestrichen als sauber geschrieben. Jetzt setz dich hin und schreib die Hausaufgaben noch mal ab. Und hör auf herumzuzappeln!"

Auf Empfehlung des Klassenlehrers kontrolliert Frau Wagner die Hausaufgaben ihres Sohns jetzt jeden Tag. Bisher, ohne dass sich eine Verbesserung abzeichnet. Frau Wagner ist mit ihren Nerven am Ende. Micha auch: „Hab keinen Bock mehr! Ich hab die scheiß Hausaufgaben doch schon zwei Mal abgeschrieben!“

„Aber nicht ordentlich. Wenn du das jetzt nicht machst, ist Fernsehen für diese Woche gestrichen!“, droht seine Mutter.

„Ich hasse dich!“ Micha rennt aus dem Zimmer und knallt die Tür hinter sich zu.

*

Wie jedes Kind je nach Temperament auf seine Misserfolge anders reagiert, tun das auch die Eltern. Je nachdem ermutigen sie es, ermahnen es oder drohen dem Kind, damit es sich mehr anstrengt. Das kann zu heftigen Konflikten führen. Diese Konflikte werden immer wieder psychologisch als Ursache der schlechten Schulleistungen gedeutet. Die LRS bleibt unerkannt und führt zu weiteren schlechten Leistungen und somit zur Demotivierung des Kindes. Lehrer und Schulleitung urteilen nicht selten: „Das ist sowieso eine Chaos-Familie, da kann man nichts machen.“

Auf der anderen Seite reagieren manche Familien gleichgültig gegenüber den schlechten Schulleistungen. Besonders dann, wenn Mutter und Vater auch immer schlechte Schüler waren, halten sie das für normal. Dann tun sie überhaupt nichts, um dem Kind zu helfen. Oder sie suchen die Schuld bei der Schule. Es entsteht ein Konflikt zwischen Eltern und Lehrern, unter dem das Kind leidet und noch mehr unter Druck gerät.

Die wiederholten schlechten Ergebnisse verstärken diese Dynamik. Aus diesem Teufelskreis entsteht – nach Auffassung des Kinderpsychiaters Dr. Fritz Held – eine Teufelsspirale nach unten. (Quelle: *Legasthenie-Fibel für Eltern, Lehrer und Ärzte,* 1975) Wie war das noch mit Ursache und Wirkung?

Irrtum 7: Das Kind kann einfach nicht gut genug Deutsch

Kopfschüttelnd sitzt der Lehrer über dem letzten Aufsatz von Yüksel. Das Kind hat ja wirklich eine blühende Fantasie, aber diese vielen Fehler ... Na ja, ist auch kein Wunder, denkt sich der Lehrer: Die Mutter spricht kaum

Deutsch, das habe ich beim letzten Elternabend gehört. Woher soll es dann der Junge können? Als er dem Viertklässler den Aufsatz zurückgibt, fragt er ihn: „Sag mal, Yüksel, sprecht ihr zu Hause eigentlich auch mal Deutsch oder nur Türkisch?"

Bei den Kindern von Einwanderern vermutet man leicht, dass schlechte schriftliche Leistungen durch mangelhafte Sprachkenntnisse verursacht werden. Dann bekommt das Kind Sprachförderung – was in den Fällen, in denen das Kind wirklich nicht gut Deutsch kann, sicher eine gute Sache ist. Aber wenn die Schwierigkeiten des Kindes eigentlich an einer LRS liegen oder wenn es sowohl Sprachschwierigkeiten als auch LRS hat, hilft diese Förderung nur sehr begrenzt.

Die nächstliegende Erklärung ist nicht immer die richtige ...

*

Bei so vielen Irrtümern, die im Internet verbreitet werden und die zum Teil auch bei Lehrern und sogar bei Psychologen verbreitet sind, ist es schwierig, sich nicht durcheinanderbringen zu lassen. Die Versuchung ist groß zu sagen: Ja, wahrscheinlich haben die Lehrer recht, mein Kind hat gar keine LRS! – Aber was ist, wenn Ihr Kind doch betroffen ist? Dann leidet es weiter und niemand hilft ihm.

LRS ist für das Kind wie ein schwerer Klotz am Bein: Lesen und Schreiben sind dann extrem mühsam und die Ergebnisse frustrierend. Die mangelhafte Rechtschreibung verursacht oft einen Punkteabzug bei den Aufsätzen und in den Nebenfächern. Darüber hinaus fällt es ihm, bedingt durch die Leseschwäche, schwer, in den Nebenfächern Texte schnell zu erfassen. Dies gilt genauso für die Textaufgaben und die Zahlen- und Zeichenerkennung in Mathematik. Es sind also *alle* Fächer mitbetroffen. Die Misserfolge in der Schule führen oft zu Mutlosigkeit, die eine negative Auswirkung auf die Schularbeit des Kindes im Allgemeinen haben kann. Angespornt von seinen Eltern strengt sich das Kind umso mehr an – ohne Erfolg! Dies führt wiederum zu Lustlosigkeit und – schlimmer noch – zu Hoffnungslosigkeit.

So weit sollte es nicht kommen. Deshalb ist es so wichtig, dass Sie eine Methode haben, mit der Sie *zuverlässig* herausfinden können, ob Ihr Kind eine Lese-Rechtschreib-Schwäche hat oder nicht. Aber wie soll das gehen, wenn auch die Lehrer, ja, selbst geschulte Psychologen das nicht immer eindeutig sagen können?

LRS erkennen – in drei Schritten

Der Weg, den ich Ihnen hier empfehle, umfasst drei Schritte: Zuerst klären Sie ab, ob die Schwierigkeiten Ihres Kindes beim Lesen und Schreiben nicht vielleicht einfach daran liegen, dass es schlecht sieht oder hört. Mit dem zweiten Schritt erkennen Sie zuverlässig, ob Ihr Kind eine Rechtschreibschwäche hat. Mit dem dritten erkennen Sie eine Leseschwäche.

Schritt 1: Lese-Rechtschreib-Schwäche oder Seh- bzw. Hörstörung?

Beschwerdefreies Sehen ist die absolute Voraussetzung für normales Lesen und Schreiben. Entgegen der bisher verbreiteten Annahme, dass auch Sehstörungen Ursache von LRS sein könnten, glauben Wissenschaftler inzwischen, dass optische Lesestörungen typische Legastheniesymptome *vortäuschen* können. Diese sind dann meist einfach durch das Tragen einer Brille behebbar.

Untersuchungen an 24 000 Kindern haben ergeben, dass jedes dritte Kind eine Brille braucht. Um sicherzugehen, empfehle ich Ihnen, Ihr Kind einem Augentest beim Optiker oder Augenarzt zu unterziehen.

Zusätzlich zu einer gewöhnlichen Sehschwäche gibt es verschiedene Formen von Fokusstörungen des Auges: Beim Schielen oder latenten Schielen sind nicht beide Augen auf denselben Punkt ausgerichtet. Bei einer Akkommodationsstörung hat der Mensch Schwierigkeiten, die Augenlinse auf den Nah- oder Fernbereich scharfzustellen; Altersweitsichtigkeit ist eine Form dieser Akkommodationsstörung. Beide Störungen können durch die Augenmuskulatur ein Stück weit ausgeglichen werden und treten vor allem dann deutlich zutage, wenn die Augenmuskeln ermüdet sind. Dann sieht man doppelt oder unscharf, man bekommt Kopf- und Nackenschmerzen von der Muskelanspannung, Lesen wird sehr anstrengend.

Latentes Schielen kann in leichteren Fällen durch das Tragen einer speziellen Prismenbrille ausgeglichen werden und in schweren Fällen durch eine Operation der Augenmuskeln. Bei einer Akkommodationsstörung helfen

Lesebrillen oder in manchen Fällen eine Laseroperation der Augenlinse. Natürlich sollten vor einer Operation am Auge Vor- und Nachteile sorgfältig abgewogen werden. Wenn sie aber die einzige Maßnahme ist, mit der klares und beschwerdefreies Sehen ermöglicht werden kann, ist sie den Aufwand wahrscheinlich wert.

Vielleicht wird Ihr Kind durch diese Augenkorrekturmaßnahmen bereits von seinen Schwierigkeiten beim Lesen und Schreiben befreit. Vielleicht, aber nicht sicher. Unsere Erfahrungen haben gezeigt, dass LRS und Sehschwäche durchaus Hand in Hand gehen können. Deshalb: Sobald bei Ihrem Kind Fehlsichtigkeit ausgeschlossen oder durch eine Brille ausgeglichen ist, testen Sie Ihr Kind mit den unten beschriebenen Methoden gesondert auf Rechtschreibschwäche und Leseschwäche.

Haben Sie den Verdacht, dass Ihr Kind schlecht hört, dann lassen Sie seine Hörfähigkeit testen. Berücksichtigen Sie dabei, dass Legastheniker, die sonst gut hören, häufig die phonetische Lautierung der Buchstaben nicht unterscheiden können. Diese Laute werden im „unreifen" Lese-Schreib-Zentrum nicht registriert.

Schritt 2: Liegt eine Rechtschreibschwäche vor?

Die Lösung ist so simpel, dass Sie mir vielleicht im ersten Moment gar nicht glauben werden, dass es so einfach geht. Ich kann aber aus 22 Jahren Erfahrung sagen: Ja, es funktioniert. Alle Kinder, bei denen wir mit dieser Methode eine Rechtschreibschwäche diagnostizierten, haben in der Folge von der gezielten LRS-Schulung deutlich profitiert. Sie haben die einzelnen Buchstaben geübt und dadurch ihre Schulnoten erheblich verbessert. Sie waren also wirklich „Legastheniker". Also, hier folgt die Beschreibung dieser Methode:

> Sie können die Rechtschreibschwäche am einfachsten an der Fehlerzahl erkennen, die Ihr Kind in ungeübten Diktaten oder beim Aufsatzschreiben macht. Je mehr Fehler es macht, desto ausgeprägter ist die Rechtschreibschwäche.

Betrachten Sie dabei ausschließlich die *ungeübten* Diktate! *Geübte* Diktate sind wenig aussagekräftig, weil sie auswendig gelernt werden. Schreibt Ihr Kind keine ungeübten Diktate, dann prüfen Sie seine Rechtschreibung anhand seiner *Aufsätze* und beobachten Sie, wie viele Fehler es durchschnittlich in den Nebenfächern schreibt. Natürlich können Sie sich auch ein Buch mit Diktaten für seine Klassenstufe besorgen und selbst einige ungeübte Diktate mit dem Kind durchführen.

Damit Sie das Kind nicht aufgrund eines einzelnen Ausreißers beurteilen, rechnen Sie die durchschnittliche Fehlerzahl der letzten drei ungeübten Diktate oder Aufsätze aus.

Und ab welcher Fehlerzahl hat das Kind nun eine Rechtschreibschwäche? In der Praxis können Sie davon ausgehen:

> Wenn Ihr Kind in ungeübten Diktaten regelmäßig durchschnittlich 10 Fehler macht, leidet es an einer Rechtschreibschwäche.

Mit dieser Richtlinie, aufgestellt von dem bereits öfter zitierten Kinderpsychiater und Neurologen Dr. Fritz Held, haben wir in der *Kennedy-Schule* seit 1992 gute Erfahrungen gemacht.

Dieser „Grenzwert“ von 10 Fehlern ist ziemlich unabhängig vom Alter des Kindes und der Diktatlänge – denn die Diktate, die die Lehrer mit den Kindern schreiben, sind ja jeweils ans Alter und den Leistungsstand der Klasse angepasst. Sie geben wichtige Hinweise auf die Lese-Rechtschreib-Fähigkeit des Kindes. (Maßgebend sind *ausschließlich* die *ungeübten* Diktate *in der Schule*!)

Außer den *eindeutigen* Fällen gibt es aber auch Grenzfälle, wie zum Beispiel bei Janine. Die Drittklässlerin macht bei *geübten* Diktaten überhaupt keine Fehler. Ihre Schrift ist sehr schön und einfach zu lesen. Bei den *ungeübten* Diktaten macht Janine deutlich mehr Fehler, im Durchschnitt sind es 5 oder 6. Zuletzt hatte sie einen einmaligen Ausrutscher mit 11 Fehlern. Janine bekommt für ihre Aufsätze fast immer die Note Zwei. Seltsamerweise steigt auch bei den Aufsätzen die Zahl der Rechtschreibfehler seit einigen Wochen stetig an. Im letzten Aufsatz waren es sogar 13.

Die Erklärung: Janine ist sozusagen eine latente, eine potenzielle Legasthenikerin! Einen solchen Fall müssen Sie ernst nehmen, da aus 5 Fehlern im Diktat recht schnell 20 werden können. Es ist deshalb angemessen, auch die Kinder, die wenige, aber dafür *regelmäßig* Rechtschreibfehler machen und/oder die ungern lesen, in Betracht zu ziehen. Es ist besser, eine grenzwertige LRS *zu viel* zu behandeln, als viele Kinder mit Lese-Rechtschreib-Problemen zu vernachlässigen. Ausschlaggebend ist der Grad der Unreife der Lese- und/oder der Schreibfunktion, die von Kind zu Kind variiert.

Hat ihr Kind also regelmäßig mehr als 10 Fehler im ungeübten Diktat oder hat es zwar *weniger* Fehler, aber die Zahl steigt in letzter Zeit an, dann sollten Sie sofort mit geeigneten Maßnahmen beginnen, um die Rechtschreibschwäche zu überwinden. Bevor Sie das tun, überprüfen Sie aber zunächst die *Lesefähigkeit* Ihres Kindes anhand der im Folgenden beschriebenen praxiserprobten Beispiele und Kriterien.

Schritt 3: Hat das Kind (auch) eine Leseschwäche?

Maria versucht seit 15 Minuten, sich durch die Geschichte über den Fuchs und die Räuber buchstäblich hindurchzukämpfen. Sie liest langsam, dabei übersieht sie Buchstaben und Wortendungen und lässt diese einfach weg. Drei Mal hat sie sogar Wörter verwechselt. Sie stottert und stolpert die Sätze entlang, ganz hölzern und ohne Betonung. Fragt ihre Mutter sie nach dem Inhalt der Geschichte, kann das Kind diesen nur vage erzählen.

*

Frau Wichert muss mit Maria lesen üben, weil sie nie freiwillig ein Buch in die Hand nehmen würde. Allein gelassen würde Maria die ganze Zeit nur vor dem Fernseher sitzen.

*

Frau Braun vermutet, dass Philipp unter Konzentrationsschwäche leidet. Sie haben miteinander Biologie gelernt. Immer wieder hat Philipp Wörter aus dem Biologiebuch falsch abgeschrieben. Anstatt *Blume* hat er *Blune* und für *Erde* hat er *Erbe* und bei *Welt* hat er *Wel* geschrieben. Muss er selbst Texte schreiben, ohne abzuschreiben, dann bekommt er es besser hin.

*

Eigentlich liest Marc recht gut vor und nimmt immer mal wieder ein Buch in die Hand – er liest es aber nicht immer zu Ende. Wenn ihn ein Buch wirklich fesselt – wie bei *Harry Potter* –, liest er es komplett durch, auch wenn es länger dauert. Viel lieber aber liest er seine Micky-Maus-Hefte, davon hat er ein Regal voll!

*

Die Merkmale für eine Leseschwäche sind:

- Nichterkennen von Fehlern
- Mühsames Zusammenlesen von Buchstaben und Silben
- Verwechseln ähnlich aussehender Wörter (*Hans* und *Haus*, *schneiden* und *scheiden*, *schrieben* und *schieben*, *mahlen* und *malen* usw.)
- In den Fremdsprachen häufiges Verwechseln, Übersehen oder Weglassen entscheidender Endungen, etwa wie bei *he smile* statt *he smiles*
- Verwechseln von Wörtern, die ähnlich geschrieben und gesprochen werden: *here/hear/her*, *where/were/wear*, *your/you're*, *they/their/there*; Nichtunterscheiden von ähnlich klingenden Verbformen wie *meet/met*, *build/built*
- *Ungenaues* Lesen von Texten oder „Lesen“ mit Fantasiewörtern (anstelle der korrekten Wörter), die ähnlich sind und zum Text passen
- Wiederholtes Nichtbegreifen des Inhalts
- Abneigung / Unlust zu lesen

Vor allem sind es die Abneigung gegen das Lesen und das Bevorzugen von Bildergeschichten, die auf eine Leseschwäche hinweisen. Liest Ihr Kind *ungern* Bücher mit überwiegendem Textanteil, dafür aber lieber Comics, oder sieht es sehr viel fern, so ist dies nicht die Ursache seiner Leseschwäche, sondern höchstwahrscheinlich die Folge. Wenn es zwar nicht ungern liest, aber mehrere der anderen aufgeführten Merkmale zeigt, hat es höchstwahrscheinlich ebenfalls eine Leseschwäche.

Aufmerksam sollten Sie auch dann werden, wenn Ihr Kind gut vorlesen kann und Texte versteht – und trotzdem insgesamt ungern liest. Es kann sein, dass es unverhältnismäßig viel Energie aufwenden muss, um zu lesen. Und zwar deswegen, weil die Funktion Lesen sich in seinem Gehirn noch nicht automatisiert hat. Wer lesen lernt, erfasst ja zunächst einmal die Buchstaben einzeln; mit der Zeit prägen sich die Wörter als Gesamtbild ein. Sicherlich sind Sie im Internet oder auf einer Postkarte bereits einmal auf den folgenden Text gestoßen:

„Gmäeß eneir Sutide eneir elgnihcesn Uvinisterät ist es nchit witihcg, in wlecehr Rneflogheie die Bstachuebn in eneim Wrot snid, das ezniige was wcthiig ist, dass der estre und der leztte Bstabchue an der ritihcegn Pstoiion snid. Der Rset knan ein ttoaelr Bsinöldn sien, tedztorm knan man ihn onhe Pemoblre lseen. Das ist so, wiel wir nciht jeedn Bstachuebn enzelin leesn, snderon das Wrot als gseatems."

Er geht zurück auf die Doktorarbeit mit dem Titel *The significance of letter position in word recognition* des Psychologen Graham Ernest Rawlingson aus dem Jahr 1976; er fand heraus: Ein *geübter* Leser liest nicht mehr einzelne Buchstaben. Er liest den ersten und letzten Buchstaben eines Wortes und erfasst im Überblick, welche Buchstaben sonst noch darin enthalten sind, egal, in welcher Reihenfolge – dann baut das Gehirn daraus schon das richtige Wort. Deswegen lesen Geübte viel schneller als Leseanfänger. Das Lesen hat sich automatisiert und muss nicht mehr bewusst gesteuert werden. Wenn Ihr Kind nur mühsam und langsam liest, ist das ein deutliches Zeichen dafür, dass es das Lesen noch nicht automatisiert hat.

Fazit

Haben Sie anhand dieser Beispiele und Kriterien bei Ihrem Kind eine Leseschwäche und/oder eine Rechtschreibschwäche feststellen können, dann müssen Sie handeln! Sie haben zwei Möglichkeiten:

1. Sie wenden sich an die Fachlehrer der Schule Ihres Kindes und besprechen mit ihnen anhand dieser Erkennungsmerkmale, was getan werden kann.
   Konkret sollten Sie darauf hinwirken, dass bei Ihrem Kind die Regelung zum Nachteilsausgleich angewendet wird. Durch diese Regelung können Sie Ihr Kind in Schutz nehmen. Notfalls können Sie von einem Spezialisten ein Gutachten anfertigen lassen. Aber Vorsicht, auch Spezialisten erkennen LRS nicht immer ganz zuverlässig. Hier hilft nur: Dranbleiben und es notfalls bei einem anderen Spezialisten versuchen.

2. Sie lesen weiter in diesem Buch und erfahren, wie Sie eine Lese-Rechtschreib-Schwäche durch gezieltes Üben überwinden können.

4. Tipp dich stark!

Wie Ihr Kind bis zu drei Noten besser wird – bei Diktaten und Aufsätzen, bei den Hausaufgaben und in Fremdsprachen

Frau Straubinger geht immer wieder angestrengt ihren Wochenplan durch, hin und her, vorwärts und rückwärts:

„Irgendwo muss doch eine Lücke frei sein für einen Termin mit der Psychologin, Frau Dehmer!" Frau Straubinger hat ihrer Freundin Marianne erzählt, dass Timo in der Schule so schlecht ist, und Marianne hat ihr den Tipp gegeben, ihn bei Frau Dehmer auf Lese-Rechtschreib-Schwäche testen zu lassen. LRS – das fehlte gerade noch!

Klar, es wäre schon gut, Sicherheit zu haben, was mit Timo los ist. Aber wann soll sie das nur machen? Morgens muss sie arbeiten gehen, nachmittags den Kindern, hauptsächlich Timo, bei der Hausaufgaben helfen, manchmal stundenlang. Die Hausarbeit muss aber auch erledigt werden! Nicht zu vergessen: Timo zweimal wöchentlich nachmittags zur Nachhilfe fahren. Bücher lesen mit Timo, ihm erklären, wie man einen Aufsatz schreibt, ihm sagen, wie die Rechtschreibregeln heißen – zum hundertsten Mal ...

„Kapiert er es denn nie?!", denkt Frau Straubinger verzweifelt. „Wir üben und üben und üben auch das Lesen, täglich. Er wird nicht besser, und ihm gehts dabei auch nicht gut, er hat kaum Freizeit – ich natürlich auch nicht. Es ist zu viel, wir beide sind dauernd erschöpft! Ich kann einfach nicht

	Mo	Di	Mi	Do	Fr	Sa	So
12.00 Uhr	Kochen u. essen	Kochen u. essen	Kochen u. essen	Kochen u. essen	Kochen u. essen	Kochen u. essen	Kochen u. essen
14.00 Uhr	Hausaufgaben Kinder	Hausaufgaben Kinder	Hausaufgaben Kinder	Hausaufgaben Kinder	Hausaufgaben Kinder	Gartenarbeit	
15.00 Uhr	Waschen		Bügeln	Einkauf	Kieferorthopäde Timo	Kuchen backen	Fußball Timo
16.00 Uhr	Zahnarzt Julia	Timo Nachhilfe	Schuhe kaufen Kinder	Timo Nachhilfe	Julia Ballett	Timo Aufsatz	
17.00 Uhr	Einkauf	Julia Musikschule			Bügeln		
18.00 Uhr	Abendessen	Abendessen	Abendessen	Abendessen	Abendessen		Besuch von Oma und Opa
19.00 Uhr	Timo Fußball		Fitness	Nähen + Flicken	Joggen	Grillen bei Uli	
20.00 Uhr	Lesen Timo	Elternabend Julia	Lesen Timo	Lesen Timo	Lesen Timo	Lesen Timo	Lesen Timo

mehr und Timo weint die ganze Zeit! Mir kommt es so vor, als ob eine dunkle Wolke über unserer Familie hängt ...“

*

Einsatz maximal – Ergebnis minimal

Solche erschöpften und frustrierten Familien erlebe ich beinahe täglich. Engagierte, schwer arbeitende Mütter geben *alles* für ihre Kinder, die aufgrund einer Lese-Rechtschreib-Schwäche nicht mit der herkömmlichen Art zu üben zurechtkommen. Um so mehr strengen sich die Eltern an, Verbesserungen zu erzielen. Sie üben die Rechtschreibregeln, auch in den Fremdsprachen, noch häufiger und intensiver. Sie erklären immer wieder die Grammatikregeln. Sie reservieren noch mehr Zeit, um Diktate und

Aufsätze mit ihren Kindern zu schreiben. Sie kaufen ihren Kindern Bücher und üben mit ihnen das Lesen. Die Ergebnisse sind aber meist sehr enttäuschend. Dann wird noch intensiver und länger geübt, Nachhilfelehrer werden engagiert – und wiederum sind die Ergebnisse schlecht. Das Kind, die Mutter und die ganze Familie sind überfordert. Schlicht formuliert: Die Investition an Zeit, Energie und nicht selten viel Geld zahlt sich nicht aus.

Viele Eltern fragen sich: Geht es überhaupt anders? Gibt es eine Lösung, wie man beim Überwinden von LRS mit *weniger* Energieeinsatz *bessere* Ergebnisse erzielen kann? Die gute Nachricht für Sie: Ja, die gibt es!

Neuronale Verknüpfungen

Sie erinnern sich, dass LRS darauf zurückzuführen ist, dass das betreffende Gehirnareal noch nicht ausgereift ist. Aber was bedeutet „nicht ausgereift" oder „unreif"? Ganz einfach: Die Nervenzellen, die im Gehirn für Lesen und Schreiben zuständig sind, sind noch nicht ausreichend miteinander vernetzt.

> Das Lese-Rechtschreib-Zentrum arbeitet mit verschiedenen anderen Gehirnarealen zusammen, die für Sehen, Bilderkennung, Sprache und Feinmotorik zuständig sind. Diese Gehirnareale müssen miteinander verknüpft werden; außerdem muss sich die Verbindung der einzelnen Nervenzellen untereinander deutlich ausbilden. Erst dann kann ein Mensch gut lesen und schreiben lernen. Die Verknüpfungen im Gehirn reifen nur dadurch aus, dass sie immer wieder und wieder *aktiviert* werden.

Das erreichen Sie bzw. Ihr Kind, indem es die Buchstaben über die Sinne Sehen, Hören und Tasten kontinuierlich immer wieder aufnimmt und sich einprägt. Auf verschiedenen „Kanälen" wird so die neuronale Vernetzung gestärkt. Nur über *einen* Sinn, also nur über das Sehen oder nur über das Hören zu arbeiten, das erzielt bei Weitem nicht so gute Ergebnisse. Je vielfältiger die Impulse, desto tiefer prägt sich der Buchstabe ein.

Klingt das kompliziert und aufwendig? Das ist es aber nicht, im Gegenteil: Das Nachreifen des „Lese-Schreib-Zentrums" im Gehirn in die Wege zu leiten ist ganz einfach. Ihr Kind muss dazu nur Texte aus einem Buch auf der Tastatur eines PCs abtippen und dabei die Buchstaben laut aussprechen. So werden alle drei genannten Sinne beteiligt.

Buchstaben tippen – was passiert dabei im Gehirn?

Hier möchte ich Ihnen Schritt für Schritt aufschlüsseln, was im Gehirn Ihres Kindes passiert, wenn es einen beliebigen Text abtippt:

- Ihr Kind schaut auf den ersten Buchstaben des ersten Wortes, zum Beispiel das H von „Hans“. *Das Auge sieht* im Buch den Buchstaben H; dieser Impuls wird über das Sehzentrum an das „Lese-Schreib-Zentrum“ geschickt und dort gespeichert. Aber *nicht nur ein Ma*l! Ihr Kind schaut danach ja auf die Tastatur und sieht den Buchstaben H noch einmal – nun hat es schon das H schon zwei Mal visuell aufgenommen. Ein drittes Mal tut es das, wenn es diesen Buchstaben auf dem Bildschirm erkennt.

- Gleichzeitig wird der *Tastsinn* angesprochen: Das Kind drückt mit dem Schreibfinger auf die H-Taste. Dieser Impuls wird über das motorische Zentrum ans Lese-Schreib-Zentrum weitergeleitet und dort zusätzlich abgespeichert.

- Außerdem werden der *Gehörsinn* und das Sprachzentrum aktiviert. Und zwar, indem das Kind beim Antippen der H-Taste den Buchstaben H *phonetisch* ausspricht. Es ist sehr wichtig, dass es die genauen Lautwerte der Buchstaben sagt, also nur „Hö“ und nicht „Ha“, „n“ und nicht „en“, „b“ und nicht „be“, „ts“ und nicht „zett“. Dabei wird über das Hörzentrum also der Laut, der zu dem jeweiligen Buchstaben gehört, ausgesendet, zugeordnet und im „Lese-Schreib-Zentrum“ gespeichert.

Auf diese Weise prägt Ihr Kind sich die einzelnen Buchstaben von „Hans“ über die Sinne Sehen, Hören und Tasten *fünf Mal* ein. Damit hat es das Wort gehirngerecht zerlegt und wieder zusammengefügt.

Nun könnten Sie fragen: „Warum denn *tippen* und nicht von Hand schreiben? Wenn das Kind die Buchstaben mit der Hand schreibt, prägt sich ihre Form doch motorisch noch besser ein!“

Fehlanzeige! Das Kind *verbindet* die Buchstaben dabei miteinander (in

Schreibschrift), die einzelnen Buchstaben sind dadurch nicht deutlich erkennbar. Und dabei *nimmt* es die Buchstaben nicht auf, sondern gibt sie sozusagen auf das Papier. Es findet dabei keine *Aufnahme, sondern eine (schwache) Wiedergabe* statt. Außerdem: Manche Kinder mit LRS schreiben *spiegelverkehrt* oder auf andere Weise nicht ganz exakt. In solchen Fällen prägen sie sich die *falschen* Formen ein und diese Übung wird damit kontraproduktiv. Beim Tippen dagegen sieht das Kind den Buchstaben in der Vorlage, auf der Tastatur und im getippten Text *drei Mal richtig*. Das ist viel wichtiger als eine zusätzliche *motorische* Übung.

Zerlegt Ihr Kind das Wort mithilfe der Tastatur in die einzelnen Buchstaben, so passiert dabei „gehirntechnisch" eine ganze Menge: Die im Lese-Schreib-Zentrum ankommenden Buchstabenimpulse verursachen ein „Feuern" von Nervenimpulsen am synaptischen Spalt zwischen den Gehirnzellen. Durch diese Stimulation werden die Synapsen immer stärker aktiviert, bis die Verknüpfungen zwischen den Nervenzellen die Stärke und Leistungsfähigkeit erreicht haben, die für gutes Lesen und Schreiben nötig sind.

Ohne diese Verknüpfungen kann das Kind üben und nochmals üben, bis es verzweifelt – und trotzdem wird es so nicht lesen und schreiben lernen. Es findet einfach nicht die Verbindung zwischen Zeichen, Laut und Bewegung. Es kann sich die einzelnen Buchstaben, die ja aus einer Kombination dieser Elemente bestehen, nicht einprägen. Eine echte Entwicklung erreichen Sie nur durch das Aufnehmen der einzelnen Buchstaben *mit verschiedenen Sinnen gleichzeitig*. Systematisches Tippen ist die einfachste Möglichkeit dazu. Das Resultat: Ihr Kind kann lesen und schreiben wie die anderen Kinder!

Mit 20 Minuten Tipptraining pro Tag erreichen Sie mehr als mit zahllosen Stunden, die das Kind mit anderen Übungen verbringt, die nachweislich keine messbaren Ergebnisse erzielen, weil sie nicht gehirngerecht und nicht kindgerecht sind. Ihr Kind muss sich die Buchstaben täglich mit den drei Sinnen Sehen, Hören und Tasten einprägen, damit sein Lese-Schreib-Zentrum nachreifen kann. Stupides Üben und Pauken ist nutzlos, wenn die Voraussetzungen für das Aufnehmen von Wort und Schrift nicht vorhanden sind.

Reife, Reife und nochmals Reife!

Nachhilfe und LRS-Kurse erzielen gelegentlich gute Ergebnisse. Und zwar nur dann, wenn die Kinder regelmäßig am PC tippen oder mit einer anderen Methode die Buchstaben regelmäßig mit allen drei Sinnen aufnehmen. In der Regel arbeiten die Kinder in solchen Kursen aber nur teilweise mit Buchstaben. Deshalb erzielen die meisten LRS-Kurse nur Teilerfolge – je nachdem, wie oft die Kinder sich die einzelnen Buchstaben einprägen.

Daher können Sie mit gutem Gewissen die Nachhilfestunden oder den LRS-Kurs Ihres Kindes kündigen. Dadurch sparen Sie nicht nur viel Geld, sondern Sie gewinnen auch mehr Zeit in Ihrem Wochenkalender. Ihr Kind hat endlich mehr Zeit, mit seinen Freunden zu spielen. Es wird dadurch entspannter, steht nicht mehr so unter Druck und kann sich in den 20 Minuten Übungszeit besser konzentrieren.

Bis das tägliche Tipptraining seine Wirkung zeigt, braucht es etwas Zeit. Bei manchen Kindern dauert es drei Monate, bei anderen ein halbes oder ganzes Jahr, in denen sich die Diktatnoten kaum verbessern. Aber dann plötzlich, wenn die notwendigen Verknüpfungen im Gehirn geschaffen sind, schießen die Leistungen und Schulnoten des Kindes steil nach oben! Seine Probleme mit dem Lesen und Schreiben lösen sich in Luft auf, als hätte es sie nie gehabt. Es ist dann kein „Legastheniker" mehr, sondern ein normales Kind ohne Lernschwierigkeiten. Und das alles durch 20 Minuten tägliches Tipptraining! Hier folgt die Anleitung dazu:

Die vier Schritte zum Erfolg beim Lesen und Schreiben

Schritt 1: Die Buchstaben tippen

Für das Tipptraining benötigen Sie einen PC oder Laptop oder eine mechanische Schreibmaschine. Mit der Schreibmaschine funktioniert es sogar noch besser, weil die Tasten dort kräftiger angeschlagen werden müssen. Dadurch ist der Impuls an das motorische Zentrum im Gehirn stärker. Aber wenn Sie keine mechanische Schreibmaschine (mehr) haben – keine Sorge: Mit dem PC funktioniert es auch gut!

Lassen Sie Ihr Kind täglich, auch samstags und sonntags, 20 Minuten lang einen von Ihnen ausgewählten Text mit dem Zeigefinger der Schreibhand aus einem Buch oder einer anderen schriftlichen Vorlage abtippen. *Der Text sollte niemals diktiert werden*! Ihr Kind muss die Texte selbst visuell buchstabenweise aufnehmen, um das Einprägen der Buchstaben sicherzustellen.

Ihr Kind wird bald merken, dass es weniger Fehler macht und besser liest, und es wird sich dann mit dieser Übung anfreunden – vor allem, wenn dafür langwierige Nachhilfestunden gestrichen werden und es feststellt, dass es mehr Freizeit hat.

Schritt 2: Die Buchstaben laut aussprechen

Während der ersten 5 Minuten soll das Kind beim Tippen jeden Buchstaben phonetisch aussprechen. Es sagt also „b“ und nicht „be“, „f“ und nicht „eff“.

Es gibt im Deutschen ein paar Buchstaben, denen nicht ein bestimmter Einzellaut entspricht, sondern die für eine *Folge* von Lauten stehen oder in unterschiedlichen Zusammenhängen *verschieden* ausgesprochen werden. In diesen Fällen nehmen Sie die *häufigste* Verwendung des Buchstabens: Das c soll das Kind als „ts“ aussprechen, q als „kw“, v als „f“, x als „ks“, z als „ts“ und y so, wie es am Wortanfang ausgesprochen wird: als „j“. Das s wird *stimmhaft* ausgesprochen wie in „summen“, die Vokale e und o werden *geschlossen* gesprochen, also wie in „See“ und „Boot“.

(Die phonetische Aussprache der Buchstaben können Sie sich im Internet unter diesem Link anhören:
http://www.crealern.de/mp3/Phonologische_Aussprache.m3u)

Buchstabengruppen, die zusammen einen völlig neuen Lautwert haben, zum Beispiel sch, ch oder eu, sollte das Kind in ihre Einzelbuchstaben auflösen und zu jedem Einzelbuchstaben seinen Lautwert sagen. Dadurch gewährleisten Sie, dass im Lese-Schreib-Zentrum mit der *Form* jedes Buchstabens das korrekte *Phonem* verknüpft wird.

Auf diese Weise erreichen Sie mit einem Minimum an Aufwand ein Maximum an Effektivität, nämlich Nachreifung. Professor Wolfgang Schneider vom Psychologischen Institut der Universität Würzburg hat in einer Studie zur phonologischen Bewusstheit festgestellt, dass die phonetisch so geförderten Kindern signifikante Verbesserungen im Lesen und Rechtschreiben erzielten – im Vergleich zu Kindern, die *nicht* gefördert wurden.

Aber Vorsicht: Länger als 5 Minuten Üben der phonetischen Aussprache macht den meisten Kindern zu schaffen, weil dies das Arbeitstempo verringert. Und noch wichtiger ist, dass Ihr Kind ja anschließend weitere 15 Minuten lang die Buchstaben visuell und motorisch speichert.

Schritt 3: Zahlen und Rechenzeichen üben

Am Ende der 20 Minuten Tipptraining lassen Sie Ihr Kind einige Minuten lang die Zahlen von 1 bis 10 und die Rechenzeichen für plus und minus, für Multiplizieren und Dividieren abtippen (+ / – / x / :).

Legastheniker neigen dazu, mehrstellige Zahlen seitenverkehrt zu lesen oder zu schreiben, zum Beispiel 41 statt 14 oder 526 statt 625. Durch das Einprägen der Ziffern mit dem Tipptraining kann dieses Problem behoben werden.

Schritt 4: Korrigieren

Korrigieren Sie dann gemeinsam mit Ihrem Kind den getippten Text (– sofern nötig!). Entweder drucken Sie den fertig getippten Text aus und korrigieren ihn mit einem grünen Stift. (Grün deshalb, weil Rot die Korrekturfarbe der Lehrer ist, die für Ihr Kind mit zu vielen negativen Erfahrungen verbunden ist.) Oder Sie markieren die falsch geschriebenen Wörter direkt am PC mit der Option „Textmarker“.

Falsch getippte Wörter werden sofort nach der Übung noch einmal korrekt getippt, sonst erscheinen sie im nächsten Diktat, Vokabeltest oder in der nächsten Übersetzung unweigerlich wieder falsch. Die Prägewirkung ist so effektiv, dass aufgrund der Unsicherheit des Kindes die falsch getippten Wörter genauso gespeichert werden wie die korrekten – es sei denn, das Kind überlagert die falsche Prägung mit der richtigen! Es ist wichtig, dass das Kind dabei nicht die Korrekturfunktion des PCs benutzt, sondern das fehlerhafte Wort *insgesamt* noch einmal tippt. Sonst prägt sich das Wort als Ganzes nicht richtig ein.

Es muss also nach den 20 Minuten noch etwas Zeit aufwenden, um die falsch geschriebenen Wörter noch einmal richtig zu schreiben. Falls es dabei wieder Fehler macht, muss es diese Wörter erneut schreiben.

Ein Vorteil: Hausaufgaben können gleich mit erledigt werden

Ihr Kind wird bald merken, dass es mit zunehmender Übung *mehr* Text in kürzerer Zeit tippen kann, *weniger* Fehler macht und besser liest. So gewinnen Sie Ihr Kind für diese wichtige Übung. Es liegt in der Natur des Nachreifungstrainings, dass gute Ergebnisse sich nicht immer von heute auf morgen einstellen. Es kann ein paar Wochen oder Monate dauern, bis Sie und das Kind einen deutlichen Unterschied bemerken.

Um das Kind dennoch weiter zu motivieren und damit das Tipptraining nicht eine zusätzliche Belastung zu den Hausaufgaben ist, können Sie beides miteinander kombinieren. Die Hausaufgaben in Deutsch, in den Nebenfächern und den Fremdsprachen können gleich beim Tippen mit erledigt werden (– jedenfalls immer dann, wenn die Hausaufgaben einen Text zum Abschreiben beinhalten). Damit spart das Kind nicht nur Zeit, sondern wird auch in den Hausaufgaben und damit in allen Fächern besser.

Somit schlagen Sie zwei Fliegen mit einer Klappe: Wenn Ihr Kind tippt, speichert es die Buchstaben und sein „Lese-Schreib-Zentrum" reift nach. Wenn es dabei zum Beispiel Englischvokabeln abtippt, lernt es diese schneller und zuverlässiger und erzielt bessere Noten!

Im Folgenden zeige ich Ihnen verschiedene Möglichkeiten, wie Sie die Hausaufgaben mit dem Tipptraining kombinieren können.

Hausaufgabe: Text abschreiben

Manchmal müssen die Schüler als Hausaufgaben Texte zu einem bestimmten Thema abschreiben, um den Inhalt zu lernen. Zum Beispiel muss Ihr Kind im Fach EWG vielleicht einen Text über die „Wüstengegenden der Erde" abschreiben. Dann lassen Sie es diesen Text einfach mit dem Zeigefinger der Schreibhand abtippen, statt dass es ihn von Hand abschreibt. Anschließend kann das Kind den Text ausdrucken und ins entsprechende Heft einkleben (oder in einem Ordner abheften). So können Sie auch in anderen Nebenfächern verfahren.

Vorher sollten Sie natürlich mit den Lehrern absprechen, dass diese abgetippten Texte in das Heft geklebt oder in den Ordner eingeordnet werden dürfen. Leider stimmen dem nicht alle Lehrer zu. Aber einen Versuch ist es auf jeden Fall wert! Falls der Lehrer nicht zustimmt, sollte das Kind den Text zuerst von der Vorlage abtippen und dann dieses Getippte ins Heft abschreiben. Somit hat Ihr Kind seine Hausaufgabe erledigt und gleichzeitig seine tägliche Tippübung absolviert.

Hausaufgabe: Aufsatz schreiben

Muss Ihr Kind als Hausaufgabe einen Aufsatz schreiben (zum Beispiel anhand einer Bildergeschichte), haben Sie vielleicht schon festgestellt, dass es einfach losschreibt, ohne in Ruhe zu überlegen, wie und was es schreiben will. Manche Bilder werden zu ausführlich mit vielen Sätzen beschrieben, andere wieder zu kurz. Vielleicht stimmen die Gedankengänge Ihres Kindes nicht mit den Bildern überein. Dazu kommen die vielen Rechtschreibfehler ... Die Folge ist oft ein verwirrendes Durcheinander und eine schlechte Note als Ergebnis.

In einem solchen Fall gehen Sie folgendermaßen vor: Besprechen Sie gemeinsam mit Ihrem Kind, was in der Geschichte passiert. Halten Sie die Struktur des Aufsatzes *einfach*: Einleitung – Hauptteil – Schluss. Bei Bildergeschichten sind drei prägnante Sätze pro Bild in der Regel ausreichend.

Lassen Sie Ihr Kind anschließend die Sätze formulieren und tippen Sie selbst diese am PC gleich mit – so hat das Kind eine richtig geschriebene Vorlage. Passen Sie dabei aber auf, dass Sie dem Kind nicht ihre eigenen Ideen in den Mund legen oder seine Formulierungen beim Aufschreiben zu sehr „verbessern“! Der Aufsatz muss schon vom Kind selbst stammen. Sie helfen nur beim methodischen Vorgehen und beim Aufschreiben, aber nicht beim Text. Sonst würde das Kind nicht lernen, selbst Aufsätze zu schreiben; und dem Lehrer fällt es sicherlich auf, wenn da Formulierungen stehen, die nicht dem Alter des Kindes entsprechen.

Danach kann Ihr Kind den gemeinsam erarbeiteten Aufsatz von Ihrer Vorlage abtippen. Hierbei werden die einzelnen Buchstaben wieder kontinuierlich gespeichert und eingeprägt.

Mit dieser Methode trainieren Sie Ihr Kind darin, einen Aufsatz Schritt für Schritt zu erarbeiten. Es lernt, seine Gedanken beim Erzählen einer

Geschichte, bei einer Bildbeschreibung oder Erörterung auf den Punkt bringen. Seine Sorge und Unsicherheit in Sachen Rechtschreibung können Sie mit dem Tipptraining überwinden. Mit der Zeit braucht Ihr Kind Sie nicht mehr, sondern kann diese Aufgabe selbstständig bewältigen.

Diese Methodik ist für Aufsätze in jedem Alter gleich effektiv: Ob Ihr Kind in der zweiten oder zwölften Klasse ist – so bekommt es Struktur in seine Aufsätze.

Um seine sprachliche Ausdrucksfähigkeit zu verbessern, können Sie weitere Übungen anwenden – die Sie auch gleich mit dem Tippen verbinden. Dazu im Folgenden Näheres.

Abwechslungsreiche Sprache

Gerade Kinder mit einer Lese-Rechtschreib-Schwäche tun sich oft schwer damit, Aufsätze abwechslungsreich und spannend zu schreiben. Häufig fangen ihre Sätze mit „Dann …" an. Dieses Phänomen ist hauptsächlich auf die Leseschwäche zurückzuführen. Der Wortschatz und die Varianzbreite im Satzbau sind nicht so groß wie bei Kindern, die viel lesen. Kurz: Legasthenische Kinder haben Schwierigkeiten, ihre Gedanken mit den entsprechenden Wörtern und Begriffen auszugestalten. Die Angst, Rechtschreibfehler zu machen, hindert sie daran, zu versuchen, schwierige Wörter zu schreiben. Die wiederholten Misserfolge „drücken" und beeinträchtigen das Selbstvertrauen des Kindes und damit seine Leistung.

Mein Vorschlag: Erarbeiten Sie mit Ihrem Kind verschiedene Möglichkeiten, wie Satzanfänge abwechslungsreicher gestaltet werden können, damit der Aufsatz spannend bleibt. *Loben* Sie Ihr Kind und ermutigen Sie es, weitere Begriffe und Wörter zu finden. Lassen Sie Ihr Kind den Aufsatz *erzählen*. Erarbeiten Sie mit ihm gemeinsam Verbesserungsvorschläge und loben Sie seine Beiträge. Erstellen Sie eine Tippvorlage für die neuen Formulierungen und lassen Sie es abtippen – immer wieder. Sie können diese Vorlage ausdrucken und als „Plakat" in seinem Zimmer aufhängen.

Ihr Ziel ist zweierlei: Durch das Erzählen, das Anreichern des Wortschatzes und das Stimulieren seiner Fantasie bekommt Ihr Kind mehr Mut, zu schreiben. Und zum Zweiten werden die neuen Begriffe durch das Tipptraining im Gedächtnis korrekt verankert.

So können Sie beispielsweise eine Liste mit Alternativen für das Wort

„dann" erstellen: nun, jetzt, plötzlich, anschließend, zuerst, auf einmal ... Nicht nur am Satzanfang, auch bei Verben und Adjektiven verwenden Legastheniker oft immer wieder dieselben Ausdrücke. Besonders das Verb „sagen" findet sich oft in jedem Satz wieder. Aufsätze werden aber erst durch das Verwenden abwechslungsreicher, ausdrucksstarker Verben lebendig. Alternativen zu „sagen" wären: meinen, flüstern, schreien, reden, unterhalten, erklären ... Auch in diesem Fall erarbeiten Sie die verschiedenen Verben gemeinsam im Gespräch mit Ihrem Kind und lassen es diese von Ihrer getippten Vorlage anschließend abtippen. Diese Liste drucken Sie als Plakat aus und hängen Sie an einer Stelle auf, wo das Kind sie immer wieder sehen kann.

Anstatt immer nur das Adjektiv „schön" zu verwenden, finden Sie mit Ihrem Kind vielfältige Alternativen wie: herrlich, außergewöhnlich, faszinierend, bezaubernd, attraktiv, hübsch, farbenfroh ... Drucken Sie diese Liste ebenfalls als „Plakat" aus.

Ein heißer Tipp für Sie persönlich: Im Computerprogramm WORD *markieren* Sie ein Wort, klicken darauf mit der rechten Maustaste und fahren mit dem Cursor auf die Zeile „Synonyme". Dann erscheint eine Liste mit sinnverwandten Wörtern zur Auswahl.

*

Lese-Rechtschreib-Schwäche wirkt sich oft auch auf die *Fremdsprachen* aus. Dabei kommt es nicht nur zu Rechtschreibfehlern, sondern durch die Leseschwäche auch zu Grammatik- und Übersetzungsfehlern. Denn grammatikalisch wichtige Wortendungen werden häufig falsch oder gar nicht gelesen, und Wörter, die man *ähnlich* schreibt, werden verwechselt.

Das Tipptraining können Sie für die Fremdsprachen einsetzen, um das Aufnehmen der Vokabeln zu festigen, ebenso bei den Zeitformen der unregelmäßigen Verben, bei Grammatiklektionen und Texten aus einem Buch, die gelesen werden sollen. Hervorragend geeignet ist die Tippübung für das Lernen der Konjugation der Verben.

Hausaufgabe: Vokabeln lernen

Ihr Kind erstellt eine Tabelle mit den aktuellen Vokabeln aus seinem Schulbuch.

Englisch	Deutsch
to see	sehen
tree	Baum
...	...

Mal ist die erste Spalte in Englisch, mal ist sie in Deutsch. Die Abwechslung sorgt dafür, dass Ihr Kind mitdenkt, was die Wörter tatsächlich bedeuten, und diese sich in seinem Langzeitgedächtnis besser einprägen. Das gibt Ihrem Kind Sicherheit für den nächsten Vokabeltest!

Vor einem Vokabeltest werden die Vokabeln täglich abgetippt. Bitte achten Sie darauf, dass sich die Reihenfolge immer wieder ändert, damit die geistige Flexibilität gefördert wird und nicht das stumpfe Auswendiglernen nach Schema F. Denn: Wird Ihr Kind dann nach einem Wort gefragt, das aus der Reihe fällt, sind die Chancen größer, dass es die Antwort weiß – auch später im Leben! Diese Vorgehensweise empfehlen wir für alle Tabellen, die Sie hier sehen: für Vokabeln, Stammformen unregelmäßiger Verben und beim Konjugieren von Verben.

Hausaufgabe: Stammformen unregelmäßiger Verben

Ihr Kind erstellt wieder eine Tabelle, dieses Mal mit den Stammformen der unregelmäßigen Verben.

Grundform (GF)	Simple Past	Past Participle	GF deutsch
to go	went	gone	gehen
to eat	ate	eaten	essen
...			

Nun tippt Ihr Kind alle unregelmäßigen Verben aus seinem Englischbuch in die Tabelle ab. *Kontrollieren* Sie bitte, ob alle Verbformen richtig abgetippt wurden.

Achtung: Die unregelmäßigen Verben sollten Sie täglich abtippen lassen, so lange, bis sie sicher „sitzen“! Wenn gleichzeitig Vokabeln gelernt werden müssen, lassen Sie Ihr Kind während der Woche abwechselnd die unregelmäßigen Verben und die Vokabeln tippen.

Häufig verwendete Verben verankern sich schneller im Gedächtnis als andere und die Verben am Anfang und am Ende der Liste prägen sich stärker ein als die in der Mitte. Aus diesem Grund sollten Sie nach einiger Zeit die Reihenfolge der Verben ändern. Auch hier gilt wieder: Lassen Sie Ihr Kind solche Tabellen in einer extra großen Schriftgröße schreiben und fett ausdrucken. Anschließend hängen Sie sie gemeinsam mit Ihrem Kind als „Lernplakate" an verschiedenen Stellen im Haus auf; so prägen sie sich besser bei ihm ein.

Hausaufgabe: Verben konjugieren:

Auch um das Konjugieren von Verben (zum Beispiel in Französisch) zu unterstützen, kann die Tippmethode hervorragend eingesetzt werden.

être	**sein**
je suis	ich bin
tu es	du bist
il / elle / on est	er / sie / es / man ist
nous sommes	wir sind
vous êtes	ihr seid / Sie sind
ils / elles sont	sie sind

Hausaufgabe: Grammatikregeln lernen

Das Tippen eignet sich gleichermaßen dafür, Grammatikregeln zu verinnerlichen. Zum Beispiel tippt Ihr Kind aus dem Englischbuch die Regeln für das *Simple Past* ab:

Simple Past

Verwendung: für Handlungen, die in der Vergangenheit abgeschlossen sind

Beispiel: *I visited my aunt last week.*

(„Ich besuchte letzte Woche meine Tante", oder: „Ich habe letzte Woche meine Tante besucht.")

Signalwörter für das *Simple Past: yesterday, last week, a month ago, in 2002*

Ihr Kind tippt nun mehrmals in der Woche die Signalwörter für das *Simple Past* von der Vorlage ab. Anschließend drucken Sie dieses Blatt auch wieder als Plakat aus, damit Ihr Kind es zum Beispiel im Bad aufhängen kann. So prägen sich die Signalwörter etwa beim Zähneputzen ganz nebenbei ein.

Wenn Ihr Kind beim Tipptraining auf diese Weise Vokabeln und Grammatik lernt, wird es in den Übersetzungen immer besser werden. Diese können Sie mit der Tippübung auch direkt angehen – systematisch und zeitsparend.

Hausaufgabe: Übersetzen

Fünf Schritte zum Gelingen von Übersetzungen:

1. Lassen Sie sich von Ihrem Kind die einzelnen Sätze vorlesen und übersetzen.
2. Hat Ihr Kind Schwierigkeiten damit, dann lesen *Sie* ihm den Text zuerst vor.
3. Falls es an Textverständnis fehlt, nehmen Sie ein Vokabelheft hinzu und erarbeiten Sie gemeinsam mit Ihrem Kind den Text.
4. Lassen Sie Ihr Kind die Übersetzung formulieren und schreiben Sie diese am PC gleich mit.
5. Anschließend kann Ihr Kind den gemeinsam erarbeiteten Text von Ihrer Vorlage *abtippen*.

Hierbei werden die einzelnen Buchstaben kontinuierlich gespeichert und eingeprägt. Gleichzeitig entwickelt Ihr Kind die Fähigkeit, eine Übersetzung Schritt für Schritt zu erarbeiten.

Hausaufgabe: Texte lesen und zusammenfassen

Die meisten Eltern versuchen, die Lesefähigkeit ihres LRS-Kindes durch Lesen zu verbessern. Das ist falsch – Lesen nützt da nichts! Das unter LRS leidende Kind liest und liest und nimmt doch nie freiwillig ein Buch in der Hand. Und zwar deshalb, weil es beim Lesen mit *ganzen Wörtern* konfrontiert wird, die es mühsam buchstabenweise zu entziffern versucht. Dies ist eine natürliche Folge der Unreife des „Lese-Schreib-Zentrums", das wie ein zu schwacher Muskel den Alltagsanforderungen nicht gerecht werden *kann*.

Stellen Sie sich vor, Ihr Kind hat eine Zerrung im Oberschenkel und es muss jeden Tag einen 100-Meter-Lauf absolvieren. Es versagt dabei, jedes Mal! Alle Leute, auch Sie, sagen ihm: „Wenn du mehr *üben* würdest, dann kämst du besser und schneller ins Ziel!" Es rennt und rennt, dabei schmerzt sein gezerrter Muskel und es kommt nicht voran. Das bringt nichts als Entmutigung. Genauso ist es, wenn Ihr LRS-Kind versucht, zu lesen (und zu schreiben): Die Voraussetzungen sind nicht vollständig vorhanden. Mit dem Tipptraining können Sie diese Voraussetzungen schaffen – mit wenig Aufwand.

Bei der Tippübung wird durch das Zerlegen der Wörter in die einzelnen Buchstaben und deren Einprägen im Lese-Schreib-Zentrum das automatische Wiedererkennen von Wörtern gewährleistet. Die Reihenfolgen von Buchstaben werden mit der Zeit automatisch zusammengezogen und als Wort erkannt. Dies funktioniert so, weil die Natur immer der Reihe nach arbeitet, und zwar mit den kleinsten Bestandteilen zuerst, in diesem Fall mit einer „Garnitur" von Buchstaben.

Das passiert vollkommen unbewusst und automatisch. Denken Sie einmal nach: Müssen Sie sich beim *Sehen* überlegen, wie Sie ein Bild Ihrer Umgebung zusammenstellen? Dass Sie Laute zu Wörtern und diese zu Sätzen und Argumenten zusammenführen können, ist für Sie selbstverständlich, weil diese Hintergrundfunktionen automatisch ablaufen, damit das Gehirn mehr Zeit hat, zu denken und Ihre Aktivitäten gezielt zu steuern.

Lassen Sie die Leseübungen beiseite und lassen Sie Ihr Kind dafür *tippen*, damit diese Funktion der Worterkennung, also des Zusammenziehens von Buchstaben, nachreift und automatisch ablaufen kann, wie von der Natur vorgesehen.

Sie können Ihr leseschwaches Kind unterstützen, indem Sie selbst als Elternteil den Text, den es für die Schule lesen muss, *vorlesen* und anschließend dessen Inhalt nochmals mit Ihrem Kind besprechen. Auf diese Weise hat Ihr Kind eine Chance, den Inhalt des Textes besser und vor allem schneller zu verstehen. Es muss auch *mitdenken* – das ist der eigentliche Sinn dieser Übungen. Dabei wird sein Geist angereichert und Sie und Ihr Kind verschwenden keine Zeit mit langwierigen Korrekturen seiner Lesebemühungen. Lassen Sie Ihr Kind eine Zusammenfassung formulieren und tippen Sie diese am PC gleich mit.

Anschließend kann Ihr Kind den gemeinsam erarbeiteten Text von Ihrer sauber getippten Vorlage abtippen. Hierbei werden die einzelnen Buchstaben kontinuierlich gespeichert und eingeprägt. Gleichzeitig entwickelt Ihr Kind die Fähigkeit, Schritt für Schritt eine Zusammenfassung zu erarbeiten.

Wenden Sie diese Methode immer dann an, wenn Ihr Kind als Hausaufgabe einen großen Textabschnitt lesen und zusammenfassen muss. Als optimal hat sich dieser Ablauf für „Lesefächer“ wie Deutsch, Biologie und Geschichte erwiesen.

Wie Sie Ihr Kind für das Tipptraining motivieren

Die meisten Kinder wollen nicht tippen? So ist es! Schade, nicht wahr? Die Kinder sehen in der Tippübung oft einen zusätzlichen Zeitaufwand, der zusammen mit, vor oder nach den Hausaufgaben erledigt werden muss. Außerdem ist sie monoton. Daher müssen Sie entweder gleich zu Beginn oder spätestens nach einem Monat mit Widerstand rechnen, nicht immer, aber immer öfter ...

Erklären Sie Ihrem Kind, dass es nicht dumm ist, sondern nur die Buchstaben nicht richtig speichern kann. Er wird vielleicht antworten, dass er diese könne. Reagieren Sie positiv: „Ja, du kannst die Buchstaben. Und wenn du sie dir noch tiefer und fester einprägst, wirst du noch sicherer und besser beim Lesen und Schreiben."

Zeigen Sie Ihrem Kind also auf, welche Vorteile das Tippen hat:

- Seine Noten in Deutsch und in den Fremdsprachen werden sehr viel besser.
- Es wird nicht mehr als einer der schlechtesten Schüler in der Klasse dastehen, sondern locker mithalten können. Es kann allen zeigen, dass es nicht dumm ist, und wird endlich den Erfolg und die Anerkennung bekommen, die es verdient.
- Es hat mehr Spaß in der Schule, weil alles nicht mehr so anstrengend ist.
- Es braucht nicht mehr frustriert zu sein, weil es sich immerzu ohne Erfolg anstrengt. Mit dieser Methode ist der Erfolg garantiert. Sagen Sie dem Kind aber offen, dass es eine Weile dauern kann, bis der Erfolg eintritt. Sonst ist es bald entmutigt.
- Langwierige Rechtschreib- und Leseübungen werden sofort gestrichen, die Nachhilfe auch. Es hat von Anfang an mehr Freizeit, und wenn es die Lese-Rechtschreib-Schwäche dann überwunden hat, noch viel mehr.
- Es kann gleichzeitig mit dem Tippen seine Hausaufgaben machen, spart Zeit und wird dadurch auch bei den Hausaufgaben besser.
- Es kann *die* Ausbildung machen und *den* Beruf ergreifen, die es möchte, und ist nicht mehr durch schlechte Schulleistungen eingeschränkt.

All diese Argumente werden Ihr Kind wahrscheinlich im Moment überzeugen. Aber wenn das *Durchhaltevermögen* Ihres Kindes mit den Tippübungen auf die Probe gestellt wird, kann es sein, dass sie nicht mehr ausreichen. Es liegt in der menschlichen Natur, dass wir uns nur schwer überwinden können, uns für einen *zukünftigen* Nutzen jetzt anzustrengen oder jetzt auf etwas zu verzichten. Sie wissen selbst, wie oft Sie es *nicht* geschafft haben, zum Joggen zu gehen. Ihr Kind wird also wahrscheinlich nach einer Weile ungeduldig und unzufrieden werden und immer wieder das Tippen vergessen oder versuchen, ihm aus dem Weg zu gehen. Das können Sie ein Stück weit verhindern, indem Sie gleich zu Beginn mit Ihrem Kind eine Vereinbarung treffen.

Die Tippvereinbarung

Das Projekt Tipptraining betrifft nicht nur Sie und Ihr Kind, sondern die ganze Familie. Deshalb ist es notwendig, dass die ganze Familie mitzieht. Diese erreichen Sie am besten, wenn beide Elternteile und die Geschwister beim ersten Gespräch über die Tippübungen anwesend sind. Das Gespräch sollte in einer angenehmen Atmosphäre stattfinden, vielleicht „versüßt" mit dem Lieblingsgebäck und -getränk Ihres Kindes. Rügen, Kritik und Hadern sind hier fehl am Platz! Es geht um einen neuen Aufbruch in die Zukunft und Ihr Kind ist die Hauptperson.

Bei diesem Gespräch erklären Sie die Vorteile, die regelmäßiges Tipptraining für Ihr Kind hat. Dann fragen Sie es: „Du bist sicher bereit mitzumachen?" Wenn es ja sagt, haben Sie schon zusammen so gut wie gewonnen. Jetzt gilt es aber noch, diese Vereinbarung abzusichern. Das geht am besten, wenn Sie aus dem Tippen ein *Ritual* machen und es fest im Tagesablauf verankern.

Vereinbaren Sie also mit Ihrem Kind, zu welcher Uhrzeit es täglich tippt. Dies soll Ihr Kind Ihnen sagen. Prüfen und diskutieren Sie seine Vorschläge auf ihre Tauglichkeit. Schlägt Ihr Kind vor, dass es immer am späten Abend vor dem Zubettgehen tippen will, lehnen Sie dies etwa so ab: „Klar, tippen, bevor du ins Bett gehst, das wäre eine Möglichkeit. Anderseits, wenn du müde bist, hast du keine Lust. Und du machst dann mehr Fehler und musst öfter Wörter neu schreiben. Du könntest stattdessen gleich nach dem Mittagsessen tippen, dann ist die Sache erledigt. Okay, einverstanden?"

Ein praxisbewährter Zeitpunkt ist am frühen Abend, bevor die Familie zur Ruhe kommt. Zum Beispiel vor dem Abendbrot oder bevor das Kind fernsieht. Das ist deshalb gut, weil das Kind dann in einem bestimmten Rhythmus arbeitet und eine „Belohnung" für die Mühe unmittelbar danach folgt. Das Kind gewöhnt sich daran, dass vor dem Fernsehen das Tipptraining ansteht – und Sie auch. Dieses Ritual wird zum festen Bestandteil des Familienlebens.

Sie beenden dieses Gespräch mit einer Zusammenfassung der Ergebnisse: „Jonas tippt also jeden Abend um 17 Uhr 20 Minuten lang aus dem Buch ab, am *Wochenende* gleich nach dem Frühstück. Das Getippte wird Mama oder Papa sofort danach zur Kontrolle gezeigt. Wir treffen uns wieder heute in einer Woche, um festzustellen, wie es geklappt hat. Das schreiben wir so auf, ich habe dazu eine Mappe angelegt. Bei Meinungsverschiedenheiten können wir einfach reingucken, um zu sehen, was wir miteinander vereinbart haben. Okay, einverstanden?"

Haben Sie das Gespräch geschickt und fair geführt und zusammengefasst, dann müssen Sie keinen Einspruch erwarten.

Erfolgskontrolle ist besser

Die Erfolgskontrolle ist für Sie und Ihren Sprössling entscheidend. Dabei zeigen Sie auf, was gut war und was künftig besser werden muss. Sie gehen immer positiv heran. Hat Ihr Kind in der vergangenen Woche nur an vier von sieben Tagen getippt, machen Sie es so:

„Jonas, du siehst ja, in letzter Zeit liest du schon ein bisschen besser. Wenn du so weitermachst, ist Lesen bald kein Thema mehr für dich, bravo! Pass aber auf, wir haben ein Problem: Du hast letzte Woche an vier Tagen getippt, das ist sehr wichtig und gut so. Leider hast du an den anderen drei Tagen gar nicht getippt und noch dazu herumgemeckert. Schade, das war gegen unsere Vereinbarung. Darüber bin ich enttäuscht."

Ihr Sohn antwortet darauf möglicherweise patzig. Aber bleiben Sie gelassen und argumentieren Sie weiter: „Du weißt doch, damit dir das Üben richtig hilft, musst du *jeden Tag* tippen. Du hast bestimmt einen Vorschlag, wie es diese Woche besser klappt?!"

Sie bleiben so lange dran, bis die Sache erledigt ist. Nachgiebigkeit ist hier fehl am Platz, es geht um das Wohlergehen und die Zukunft Ihres Kindes.

To-do-Checkliste

- Das Tipptraining hat die Priorität Nr. 1, nichts ist wichtiger. Musik, Hobbys, Sport und Spielen sind wichtig und haben ihren Platz im Leben Ihres Kindes. Zuerst aber kommen Lesen und Schreiben.
- Vereinbaren Sie mit Ihrem Kind, dass es 20 Minuten täglich tippt, auch in den Fremdsprachen. Setzen Sie diese Vereinbarung durch und kontrollieren Sie sie. Ihr Kind wird Ihnen dafür später danken.
- Achten Sie darauf, dass beide Elternteile an diesem Vorhaben beteiligt sind und dass die anderen Familienmitglieder informiert sind.
- Verdeutlichen Sie die Vorteile, die Ihr Kind hat, wenn es regelmäßig tippt.
- Setzen Sie das Tipptraining für Diktate, Aufsätze, Lernwörter, Vokabeln und Grammatik (in den Fremdsprachen) ein. Das ist wesentlich effektiver und Sie werden viel Freude an den Ergebnissen haben!
- Achten Sie immer darauf, dass korrekt von einer Vorlage abgetippt wird: buchstabenweise mit dem Schreibfinger.
- Falsch geschriebene Wörter sollten Sie buchstabenweise korrekt tippen lassen.

Das Tippen ist ein äußerst effektives Training. Im Grunde brauchen Sie nichts anderes, um die Lese-Rechtschreib-Schwäche Ihres Kindes zu überwinden. Aber ich gebe zu, auf die Dauer wird es für das Kind ziemlich langweilig, immer das Gleiche zu tun. Deswegen habe ich noch andere Methoden entwickelt, die Abwechslung bringen. Mit ihnen kann Ihr Kind dieselben tollen Erfolge erreichen – und hat auch noch Spaß dabei.

Die anderen Methoden bestehen hauptsächlich aus *Spielen*. Aber natürlich sind es nicht irgendwelche Spiele, sondern solche, bei denen sich das Kind die einzelnen Buchstaben mit allen Sinnen einprägt. Einen bunten Strauß solcher Spiele beschreibe ich im nächsten Kapitel.

5. Buchstabensuppe

Spiele für bessere Noten

„Opa, hör auf, mich zu kitzeln!", ruft der zehnjährige Jens und windet sich auf dem Sofa.

„Opa, kitzelst du *mich* auch noch?", fragt seine siebenjährige Schwester Iris.

„Sagt mal, könnt ihr zwei Hüpfer nicht stillsitzen?! Ich kitzele dich nicht, Jens, ich male nur auf deinen Rücken, und zwar den Buchstaben ..."

„Nicht verraten, Opa! Nicht verraten! Das ist unfair!", unterbricht ihn Iris wieder. „Jens soll selber raten, danach kannst du *mich* kitzeln! Juchhu!"

Iris springt auf und rast im Wohnzimmer herum, dicht gefolgt von Jens, der Iris zu Boden ringt, auf ihren Rücken einen Buchstaben malt und schreit: „Da hast du es! K wie kitzeln, k wie kitzeln …!"

*

Diese Kinder albern mit größter Freude herum. Aber gleichzeitig tun sie etwas anderes: Sie *speichern Buchstaben* über die drei Sinne Sehen, Hören und Tasten. Spielen Jens und Iris so weiter, dann sorgen sie dafür, dass sie in etwa *einem* Jahr ihre Lese-Rechtschreib-Schwäche überwunden haben.

Ich werde nicht müde zu betonen: Dyslexie lässt sich nur durch das Aufnehmen von Buchstaben mit verschiedenen Sinnen überwinden. Ich sage *nicht*, dass das Buchstabenüben nur mit *Tipptraining* und Fleißübungen funktioniert. Es gibt auch kreativere Wege, sich Buchstaben einzuprägen. Zum Beispiel über *Spiele*.

Es gibt einige gute Buchstabenspiele zu kaufen (etwa *Junior Scrabble*, *Wortfix*, *Boggle* oder *Letramix*). Wir haben an der *Kennedy-Schule* aber auch *eigene* Buchstabenspiele zur Überwindung der Lese-Rechtschreib-Schwäche entwickelt, die die Prägung über die Sinne optimal gewährleisten. Im Unterschied zum Tipptraining können sie in einer lustigen Gruppenrunde gespielt werden. Sie machen Spaß und wirken deshalb motivierend auf Ihr Kind. Diese Spiele können Sie mit ganz einfachem Material spielen: mit einem Spielplan, für den Sie eine Kopiervorlage hinten im Buch finden, mit Zettel und Stift und ein paar Markersteinen – zum Beispiel mit Knöpfen, Legosteinen, Nüssen oder Spielsteinen aus einem anderen Spiel. Manche Spiele können Sie auch ganz *ohne* Material spielen. Buchstabenspiele lassen sich kreativ erweitern, leicht erfinden Sie selbst neue Möglichkeiten. Gut sind alle Varianten, bei denen einzelne Buchstaben über die Sinne Sehen, Tasten und Hören eingeprägt werden.

Buchstabenspiele sind Motivation pur. Wenn Sie mit Ihrem Kind die Hausaufgaben zu erledigen versuchen, wird es besonders bei Lesen und Schreiben immer wieder die Erfahrung machen, dass es „versagt". Beim Spielen hingegen kann es *gewinnen*! Dann drehen sich die Verhältnisse um. Stellen Sie sich vor, Sie spielen mit Ihrem Kind ein Buchstabenspiel und Ihr Kind besiegt Sie dreimal hintereinander! Sie können dabei Ihre schauspielerischen Talente ausleben und spielen ganz verzweifelt und hilflos. Ihr Kind sagt dann vielleicht: „Na, Mama, keine Bange, es wird schon irgendwann mal klappen, ich zeige dir das nächste Mal, wie das geht!" Das ist toll für sein Selbstbewusstsein! Auch, wenn es nicht gewinnt, spürt es, dass es die gleiche Chance hat wie Sie, das nächste Mal zu siegen.

Ob Sie ein klassisches Tischspiel oder ein lockeres Gesellschaftsspiel spielen, ist egal – es fällt nicht auf, dass Ihr Kind beim Lesen und Schreiben Schwierigkeiten hat. Ihr Kind spielt auf der gleichen Ebene wie seine Mitspieler. Es kann Erfolge erleben und Niederlagen einstecken, wie es bei unbeschwerten Spielen eben normalerweise so passiert. Dadurch fühlt sich das Kind sicher und anerkannt.

Nutzen Sie dieses Prinzip der Gleichheit und des Spaßes beim Spielen in der Familie voll aus! Das legasthenische Kind spielt mit und gegen Mama, Papa, Oma und Opa, seine Geschwister und sogar seine Freunde. Das macht Spaß und es wird immer wieder nach einem Buchstabenspiel verlangen.

Spielen – *zusätzlich* zum Tippen oder *stattdessen*?

Kombinieren Sie diese Buchstabenspiele täglich mit der Tippübung, dann wird Ihr Kind mit deutlich mehr Freude und Motivation gegen seine LRS angehen. Damit es Ihrem Kind nicht langweilig wird, kann es das Tippen durch solche Spiele *ergänzen*, zum Beispiel: immer abwechselnd an *einem* Abend tippen, am *nächsten* Abend spielen. Oder es kann das Tippen auch ganz weglassen. Sie erzielen tatsächlich dieselben guten Ergebnisse beim Lesen und Schreiben, wenn Ihr Kind die einzelnen Buchstaben ständig durch *Spiele* über die Sinne Sehen, Hören und Tasten aufnimmt. 20 Minuten Spielen täglich ist genauso effektiv wie 20 Minuten tippen. Es kann passieren, dass Ihr Kind gar nicht mehr aufhören will mit dem Spielen – um so besser!

Das Gute daran: Sie können überall und jederzeit mit Ihrem Kind spielen. Die Spielvorlagen und das einfache Material können Sie problemlos überallhin mitnehmen.

Buchstabenspiele – flexibel einsetzbar

Nutzen Sie jede Gelegenheit, mit Ihrem Kind so oft wie möglich Buchstabenspiele zu spielen. Nicht nur zuhause, sondern auch sonst, wenn sich eine günstige Situation anbietet. Stellen Sie sich vor, Sie sind im Wartezimmer des Kinderarztes und, na ja, Sie warten. Aber Langeweile kommt nicht auf: Sie haben eine Spielvorlage dabei und spielen mit Ihrem Kind. Wenn Sie keine Vorlage dabei haben, spielen Sie einfach die Spiele, für die Sie keine Materialien brauchen, davon gibt es genügend in diesem Kapitel.

Oder Sie sind mit dem Auto oder Zug unterwegs … und spielen Buchstabenspiele. Oder Sie sind zu Besuch bei Verwandten oder Freunden ... Oder das Kind ist bei seinen Freunden und spielt mit diesen. Die Freunde Ihres Kindes merken dabei gar nicht, dass Ihr Kind Legastheniker ist. Falls die Freunde ebenfalls Schwierigkeiten mit Lesen und Schreiben haben, profitieren sie gleich mit!

Sie können auf Teppichboden spielen oder im Garten, auch bei Partys! Dafür eignet sich zum Beispiel die *Buchstabenscharade* sehr gut. Im Urlaub spielen Sie am Strand im Sand oder mit Muscheln. Wenn Sie mit Ihrem Kind in der Stadt unterwegs sind, können Sie es einfach Gegenstände anhand ihrer Anfangsbuchstaben erraten lassen – auch in Fremdsprachen!

Unsere Erfahrung in der Praxis zeigt, dass die meisten Legastheniker die einzelnen Buchstaben relativ gut erkennen können, sodass den Spielen nichts im Wege steht. Merken Sie, dass Ihr Kind nicht so weit ist, mit anderen mithalten zu können (unabhängig von seinem Alter), dann spielen Sie (oder eine Person Ihres Vertrauens) so lange mit ihm, bis es selbst sicher Buchstaben erkennen und mitspielen kann. Das geht in der Regel schnell.

Über die verschiedenen Sinne speichert und prägt, speichert und prägt … das Kind die Buchstaben immer wieder – tagein, tagaus. So lange, bis Sie die Lese-Rechtschreib-Schwäche Ihres Kindes dorthin geschickt haben, wo sie hingehört: in die Vergangenheit! Ob über eine Tastatur oder im Spiel, das ist zweitrangig. Hauptsache, die Buchstaben werden gespeichert!

Das gilt allerdings mit *einer* Differenzierung: Wenn Lernwörter, Übungsdiktate oder Fremdsprachen gelernt werden müssen, ist das Tippen die bessere Wahl, weil es zwei Dinge gleichzeitig sichert: das Auswendiglernen der Inhalte und das Einprägen der Buchstaben. Darüber hinaus ist das Tipptraining in diesem Fall ökonomischer – Sie sparen Zeit und erzielen schneller bessere Ergebnisse.

Spiele selbst erfinden

Sie können auch Spiele erfinden, mit denen das Kind zusätzlich zum Buchstabenspeichern seinen Lernstoff durchgeht. Für Geografie beispielsweise kann es die Hauptstädte Europas durchgehen und dabei ihre Anfangsbuchstaben üben: Ihr Kind malt ein P in der Luft und sagt dabei „P“ (in der phonetischen Aussprache). Dann nennt es eine Hauptstadt, die mit diesem Buchstaben anfängt: „Paris“. Zuletzt muss es einen lustigen Satz mit „Paris“ bilden. Dann macht es mit weiteren Hauptstädten das Gleiche.

Im Fach Geschichte: Ihr Kind schreibt nach Vorgabe einen Buchstaben in die Luft, zum Beispiel N, und spricht ihn phonetisch richtig aus. Dann nennt es eine historische Figur oder ein Ereignis mit diesem Anfangsbuchstaben. Für N findet es zum Beispiel Napoleon. Dann stellen Sie Fragen rund um Napoleon, aus jeder Frage entwickelt sich die nächste, und bei jeder wird der wichtigste Buchstabe in die Luft geschrieben. Wann hat Napoleon gelebt? Zur Zeit der Französischen Revolution, also: Schreib ein R in die Luft! – Wie kam Napoleon an die Macht? Schreib ein M in der Luft! – Und so weiter.

In dieser Art können Sie für jedes Fach Spiele erfinden. So trainiert Ihr Kind seine verbalen Fähigkeiten und erweitert gleichzeitig sein Wissen. Achten Sie immer darauf, dass die Buchstaben *phonetisch* ausgesprochen und mit dem Zeigefinger der Schreibhand in die Luft geschrieben werden.

11 kreative ABC-Spiele

Im Folgenden beschreibe ich für Sie elf Spiele, die Ihrem Kind garantiert Spaß machen und ganz einfach sind. Wichtig ist, dass die Buchstaben immer zugleich mit dem Schreiben *ausgesprochen* werden, und zwar phonetisch (also b und nicht be, f und nicht ef), wie es im letzten Kapitel beschrieben ist. Dann werden die Buchstaben richtig eingeprägt und Ihr Kind kann seine LRS spielend überwinden!

1. ABC-Raupe

Dieses Spiel kann man allein, zu zweit oder mit *mehreren* Mitspielern spielen. Sie können damit auch einen „Familienwettbewerb" veranstalten.

Lernziele:

- Einprägen der Buchstaben über die Sinne Sehen, Hören und Fühlen
- Fördern des Buchstabengedächtnisses
- Ergänzen des Wortschatzes
- Automatisieren der Buchstabenreihenfolge

Material:

- Spielplan „ABC-Raupe" (Vorlage im Anhang des Buches)
- 26 Spielsteine, zum Beispiel Legosteine, Knöpfe, Nüsse

Die phonetische Aussprache der Buchstaben finden Sie im Internet unter: ttp://www.crealern.de/mp3/Phonologische_Aussprache.m3u

Ziel des Spiels:

Alle Buchstaben der ABC-Raupe sollen abgedeckt werden. Wer die meisten passenden Wörter findet und damit die meisten Buchstaben abdeckt, hat gewonnen.

Vorgehensweise:

Legen Sie die Spielvorlage in die Mitte des Tischs. Nun überlegt sich der erste Spieler ein Wort, das mit dem Anfangsbuchstaben A beginnt. Als Beispiel nehmen wir das Wort „Auto". Der Spieler *sagt* zuerst das Wort, dann spricht er den Anfangsbuchstaben phonetisch aus und schreibt ihn dabei mit dem Finger auf den Tisch. Danach belegt er den Buchstaben A auf der Spielvorlage mit einem Spielstein und der nächste Spieler ist an der Reihe.

Wenn Sie *bunte* Spielsteine (zum Beispiel Legosteine) haben, kann jeder Spieler sich eine Farbe aussuchen und damit die Buchstaben belegen. Ansonsten bestimmen Sie einen Spielführer, der für jeden Spieler die Anzahl der gesetzten Steine in einer Strichliste einträgt.

Sobald das A belegt ist, darf keines der nachfolgenden Wörter mit A beginnen oder enden. Jedes neue Wort muss immer mit dem Endbuchstaben des vorausgehenden Wortes beginnen! Beim Beispiel A = Auto muss das nächste Wort also mit O beginnen. Es darf jedoch nicht auf A oder O enden, denn diese beiden Buchstaben sind nun bereits belegt. Daher heißt unser nächstes Wort zum Beispiel „Ochse".

Nun sind die Buchstaben A, O und E auf der Spielvorlage mit einem Spielstein belegt. Das neue Wort muss also mit E beginnen und darf nicht mit A, O oder E enden. Wir entscheiden uns als Nächstes für den Begriff „Essen", anschließend für das Wort „niemand", usw. Fällt einem Spieler kein Wort ein, darf der nächste es versuchen. (Wie viel Zeit jeder Mitspieler zum Überlegen bekommt, das wird vor dem Spiel gemeinsam festgelegt.)

Ende des Spiels:

Die ABC-Raupe ist fertig, wenn alle Buchstaben auf der Spielvorlage mit Spielsteinen belegt sind. Wenn jeder Spieler seine eigene Farbe für Spielsteine verwendet hat, können diese nun ausgezählt werden. Ansonsten wird die Strichliste ausgezählt. Wer die meisten Buchstaben belegt hat, ist der Gewinner.

Bitte beachten: Dieses Spiel ist auch für Fremdsprachen geeignet. Im Zweifelsfall die Schreibweise im Wörterbuch nachschlagen.

2. Buchstabenjagd

Das ist ein Spiel für zwei Personen. Dabei „jagt" ein Partner den anderen – wer hat das beste Buchstabengedächtnis?

Lernziele:

- Einprägen der Buchstaben über die Sinne Sehen, Hören, Fühlen
- Fördern des Buchstabengedächtnisses

Material:

- Spielplan mit Großbuchstaben (Vorlage im Anhang des Buches)
- Spielplan mit Kleinbuchstaben (Vorlage im Anhang)
- 30 Knöpfe, Legosteine oder Spielsteine (Verwenden Sie, was Sie zu Hause haben.)

Ziel des Spiels:

Bei diesem Partnerspiel geht es darum, sich die vom „Gegner" genannten Buchstaben möglichst gut zu merken. Denn wer sie sich nicht merken kann, verliert dieses Spiel.

Vorgehensweise:

Jeder Spieler erhält einen Spielplan „Buchstabenjagd" mit Kleinbuchstaben *oder* mit Großbuchstaben (bitte nicht mischen!) und 15 Spielsteine. Zwischen den beiden Spielern wird eine „Mauer" als Sichtschutz aufgebaut (zum Beispiel aus senkrecht stehenden Büchern), damit der Gegenspieler nicht auf den Spielplan seines Mitspielers schauen kann. Nun kann das Spiel beginnen.

Spieler 1 nennt einen beliebigen Buchstaben seines Spielfelds und deckt diesen auf *seinem* Spielplan mit einem Spielstein zu. Er spricht dabei den Buchstaben phonetisch aus. Um mit den „Verwechslungsbuchstaben", zum Beispiel b und d, keine Probleme zu haben, kann ein zu dem jeweiligen Buchstaben passendes Wort genannt werden (d wie decken, b wie baden).

Spieler 2 muss sich den Buchstaben, den Spieler 1 genannt hat, *merken*! Die Buchstaben des Gegenspielers darf er nämlich nicht mit Spielsteinen bei sich selbst markieren. Dann nennt Spieler 2 phonetisch einen Buchstaben seines Spielplans und belegt diesen bei sich mit einem Spielstein ...

Ende des Spiels:

Das Spiel geht so lange hin und her, bis einer der beiden Spieler einen Buchstaben nennt, der schon von seinem Gegenspieler belegt ist. Um dies zu beweisen, wird die „Mauer" auf die Seite geschoben und der Buchstabe kontrolliert. Diese Spielrunde ist damit beendet und die zweite Runde beginnt. Das Spiel wird so lange wiederholt, wie beide Lust dazu haben.

Bitte beachten: Es dürfen wirklich nur die selbst genannten Buchstaben mit den Spielsteinen belegt werden. Die Buchstaben, die der Gegner nennt, muss sich der Spieler alle merken! Die visuelle und phonetische Prägung der einzelnen Buchstaben wird dadurch optimal gewährleistet.

3. Buchstaben anstreichen

Adlerauge aufgepasst, hier ist eine sehr gezielte Unterscheidung notwendig! Es ist ein Spiel zu zweit: Das Kind jagt nach Verwechslungsbuchstaben und Sie helfen ihm, zu überprüfen, ob es alle gefunden und richtig erkannt hat. Sie können dieses Spiel aber auch als Partnerübung oder Gruppenwettbewerb einsetzen: Wer die meisten Buchstabenpaare im Text erkennt, der gewinnt!

Lernziel:

Sicheres Unterscheiden von Buchstaben, die ähnlich aussehen, ähnlich klingen oder seitenverkehrt geschrieben werden.

Material:

- 2 bunte Farbstifte, zum Beispiel ein roter und ein blauer
- Kopie einer Textseite, zum Beispiel aus dem Lesebuch, dem Erdkunde- oder Biologie- oder Englischbuch. Ist der Text auf der Kopie zu klein, bitte vergrößern!

Ziel des Spiels:

Das Kind soll möglichst alle im Text vorkommenden Buchstaben aus dem Kreis derjenigen, die leicht verwechselt werden, sicher erkennen.

Vorgehensweise:

Suchen Sie einen Lesetext heraus und kopieren Sie ihn – wenn nötig, mit Vergrößerung.

Als „Verwechslungsbuchstaben" bezeichnen wir die folgenden: a und o, i und l, f und t, f und r, h und k, g und k, d und t, b und p, m und w, m und n, n und u, s und z, p und b, d und b, g und b, ei und ie.

Sie wählen nun *ein* Paar leicht verwechselbarer Buchstaben aus, zum Beispiel d und b. Dann nehmen Sie die beiden Farbstifte und schreiben das d in Rot und das b in Blau *über* den Text.

Nun ist Ihr Kind an der Reihe. Es nimmt den roten Farbstift und kennzeichnet alle d, die es im Text findet, indem es sie anstreicht. Anschließend nimmt Ihr Kind die blaue Farbe und streicht alle b im Text an. Hierbei kann es ruhig mehrere Durchgänge machen, falls es dadurch noch vergessene Buchstaben findet.

Ende des Spiels:

Ist Ihr Kind fertig, gehen Sie den Text nochmals durch und streichen selbst alle Buchstaben an, die Ihr Kind eventuell übersehen hat. Benutzen Sie dabei eine andere Farbe als die, die Ihr Kind verwendet hat. Unter den Text schreiben Sie dann die Zahl der korrekt erkannten Buchstaben und die Fehlerzahl (zum Beispiel d = 3 und b = 7). Dabei zählen Sie zusammen, …

- wie viele der gesuchten Buchstaben Ihr Kind *nicht* angestrichen hat,
- wie viele es angestrichen hat, obwohl es *nicht* der gesuchte Buchstabe war, und
- wie viele es mit der *falschen Farbe* angestrichen hat.

Bitte beachten: Fangen Sie bitte mit kurzen Texten an, sonst verliert Ihr Kind schnell die Lust daran. Sie können zu Beginn auch zwei oder drei Mal denselben Text verwenden und unterschiedliche Buchstabenpaare darin suchen. Mit der Zeit wird Ihr Kind immer weniger Buchstaben übersehen, dann können Sie längere Texte verwenden.

Bewahren Sie die bearbeiteten Kopien in einem Schnellhefter auf. So können Sie Ihrem Kind zeigen, dass es mit der Zeit immer weniger Buchstaben übersieht. Das bereitet Ihrem Kind große Genugtuung.

Improvisieren Sie! Dieses Spiel können Sie im Zug, im Wartezimmer, bei Fremdsprachen und bei Lesetexten für die Nebenfächer einsetzen.

4. Buchstaben raten

Ein klassisches Familienspiel – alle können mitspielen! Das Spiel wird zu zweit oder in Paaren gespielt. Am Anfang ist es am besten, wenn der Vater oder die Mutter mit dem Kind spielt. Später können auch Geschwister miteinander spielen.

Lernziele:

- Einprägen der Buchstaben über die Sinne Sehen, Hören, Fühlen
- Fördern des Buchstabengedächtnisses

Material:

Wird nicht benötigt.

Ziel des Spiels:

Buchstaben über den Tastsinn erraten

Vorgehensweise:

Sie schreiben dem Kind einen Buchstaben in Druckschrift groß auf den Rücken. Das Kind muss den Buchstaben nun erraten und nennen – natürlich in phonetischer Aussprache. Anschließend darf Ihr Kind *Ihnen* einen Buchstaben auf den Rücken schreiben, den Sie erraten und benennen.

Dieses Spiel lässt sich gut steigern. Nehmen Sie, wenn Ihr Kind schon geübt ist, einfach die Kleinbuchstaben in *Druckschrift*, die Großbuchstaben in *Schreibschrift* und für besonders gut Geübte die Kleinbuchstaben in Schreibschrift hinzu.

Ende des Spiels:

Das Spiel dauert so lange, wie die Beteiligten Lust dazu haben.

Variante als Familienspiel:

Alle Familienmitglieder stehen hintereinander in einer Reihe. Je mehr Personen mitmachen, desto lustiger wird es:

Die hintere Person (am besten Sie selbst) beginnt und schreibt ihrem Vordermann einen Buchstaben in Druckschrift groß auf den Rücken. Dieser muss den Buchstaben durch Fühlen erraten und *seinem* Vordermann auf den Rücken schreiben. Der Letzte in der Reihe schreibt den Buchstaben auf ein Blatt Papier und zeigt dieses der Person, die begonnen hat. Wenn der korrekte Buchstabe auf dem Papier steht, wird die Reihenfolge der Mitspieler gewechselt, damit alle einmal mit dem Buchstabenschreiben beginnen dürfen.

Weitere Variante:

Der vorderste Teilnehmer in der Reihe schreibt den erfühlten Buchstaben nicht (nur) auf ein Blatt Papier, sondern überlegt sich ein Tier, das mit diesem Buchstaben anfängt. Dieses Tier stellt er pantomimisch dar.

Beispiel: Der erratene Buchstabe ist E. Ein Elefant wird pantomimisch dargestellt und die anderen Mitspieler müssen das dargestellte Tier erraten.

Steigerung: Spielen Sie mit Vokabeln einer Fremdsprache (statt mit Tiernamen)!

5. Wörterparade

Dieses spannende Spiel ist für einen und für mehrere Spieler geeignet.

Lernziele:

- Einprägen der einzelnen Buchstaben über die Sinne Sehen und Hören

- Fördern des Buchstabengedächtnisses
- Fördern des Wortschatzes

Material:

- Spielplan „Wörterparade“ (Vorlage im Anhang)
- Pro Spieler 1 Arbeitsblatt zur Wörterparade (Vorlage im Anhang)
- Pro Spieler 1 Würfel, 1 Spielfigur, 1 Stift

Ziel des Spiels:

Es geht darum, möglichst schnell die beiden Kästchen „Großbuchstaben“ und „Kleinbuchstaben“ im eigenen Arbeitsblatt zu füllen.

Vorgehensweise:

Wenn ein Spieler *allein* spielt, hat er eine Zeitvorgabe von circa 20 Minuten. *Mehrere* Spieler spielen im Wettbewerb gegeneinander – wer ist der schnellste?

Der Spielplan „Wörterparade“ wird in die Tischmitte gelegt. Auf dem gemeinsamen Spielplan befinden sich Groß- und Kleinbuchstaben und verschiedene Zahlen. Jeder Spieler erhält ein eigenes Arbeitsblatt zur Wörterparade.

Die Spieler stellen ihre Spielfiguren auf das Feld „A 1x“, oben links auf dem gemeinsamen Spielplan. Nun würfelt jeder Spieler einmal und schiebt die Spielfigur auf das entsprechende Feld vor.

Erste Möglichkeit: „Kleinbuchstaben“

In dem Feld, auf das der Spieler zieht, stehen jeweils ein Buchstabe und eine Zahl daneben, zum Beispiel „f 2x“. Das heißt für den Spieler, dass er sich zwei kleingeschriebene Wörter (Adjektive oder Verben) mit dem Anfangsbuchstaben f überlegen muss. Diese beiden Wörter schreibt der Spieler in Druckschrift in die rechte Spalte seines Arbeitsblatts („Wörter“). In die Tabelle „Kleinbuchstaben“ trägt er die beiden f ein.

Kleinbuchstaben	Wörter
f	faulenzen
f	fischen

Zweite Möglichkeit: „Großbuchstaben“

Kommt ein Spieler auf ein Feld mit einem Großbuchstaben, zum Beispiel „K 1x“, muss er sich *ein* Hauptwort überlegen, das mit dem Buchstaben K beginnt. Dieses Wort schreibt er in Druckschrift in die Spalte „Wörter“. In die Tabelle „Großbuchstaben“ trägt er das K ein.

Großbuchstaben	Wörter
K	Königin

So würfeln die Spieler nacheinander und tragen die Wörter und Buchstaben in die Arbeitsblätter ein. Jedes Wort darf nur einmal vorkommen.

Ende des Spiels:

Der Erste, der seine Kästchen entweder bei Groß- oder bei Kleinbuchstaben voll hat, ist der Gewinner.

Variante:

Sie können dieses Spiel auch mit den Fremdsprachen Englisch und Französisch spielen. Hierfür können die Spieler gerne ihre Schulbücher verwenden.

Bitte beachten: Achten Sie immer darauf, dass die Spieler die Buchstaben *phonetisch* aussprechen. Die Kinder schreiben die Wörter immer in *Druckschrift.*

Haben die Spieler Schwierigkeiten mit den Begriffen Hauptwort, Adjektiv und Verb, erklären Sie anhand von Beispielen, was sie bedeuten.

Dieses Spiel sorgt dafür, dass Ihr Kind sein Vokabular ständig ergänzt, da es immer wieder nach neuen Wörtern und Begriffe suchen muss; es spürt buchstäblich, wie es sein Wissen erweitert! Dafür sollten sie immer ein Wörterbuch zur Verfügung stellen.

6. Buchstabendetektiv

Ein Spiel zum Alleinspielen oder für eine beliebig große Gruppe. Ihr Kind nimmt ein Wörterbuch zur Hand und sucht, ersetzt oder erfindet Wörter schneller und besser als die anderen Mitspieler.

Lernziele:

- Speichern und Einprägen der Buchstaben über die Sinne Sehen, Hören und Tasten
- Fördern der Konzentration
- Erweitern des Wortschatzes

Material:

- Spielplan „Buchstabendetektiv“ (Vorlage im Anhang)
- Bleistift und Radiergummi

Ziel des Spiels:

Bei diesem Spiel geht es darum, aus den Buchstaben eines langen Wortes möglichst viele neue Wörter zu bilden.

Vorgehensweise:

Ein langes Wort wird in die karierte Vorlage eingetragen. Achten Sie bitte darauf, dass Ihr Kind das Wort nie in Schreibschrift schreibt, sondern jeden Buchstaben einzeln in ein Kästchen einträgt und dabei jeden Buchstaben phonetisch richtig ausspricht. Damit sichern Sie eine „saubere“ Speicherung der einzelnen Buchstaben.

Lassen Sie Ihrem Kind genug Zeit, nach neuen Wörtern zu suchen. Dabei muss die Reihenfolge der Buchstaben im vorgegebenen Wort beibehalten werden!

Beispiel: Aus „Streichen“ können zum Beispiel die Wörter „Reich“, „Eiche“ und andere gebildet werden.

S	T	R	E	I	C	H	E	N
			E	I				
			E	I				N
				I	C	H		
S			E	I				
			E	I	C	H	E	
		R	E	I	C	H	E	
		R	E	I	C	H	E	N
	T		E	I	C	H		
			E			H	E	

Ende des Spiels:

Wenn Ihr Kind alle seine neuen Wörter Buchstabe für Buchstabe in das Blatt eingetragen hat, liest es sie vor. Bestehen Sie darauf, dass jedes Wort von Ihrem Kind phonetisch buchstabiert wird.

Steigerung für ältere Kinder:

Wenn Sie dieses Spiel schon mehrmals mit Ihrem Kind gespielt haben, können Sie es auch als Wettspiel spielen, vielleicht im Familienkreis oder wenn ein Freund Ihres Kindes zum Spielen kommt. Beim Wettspiel geht es darum, in einer vorher vereinbarten Zeit so viele Wörter wie möglich zu finden. Wer die meisten neuen Wörter findet, hat gewonnen.

Sie können dieses Spiel auch im Zug, im Sommer auf der Terrasse oder gemütlich auf dem Teppichboden spielen.

Variation für die Fremdsprachen:

Für diese Variation brauchen Sie ein langes Wort in der jeweiligen Fremdsprache. Hier gelten dieselben Spielregeln wie oben. Das Kind muss seine gefundenen Wörter richtig schreiben und so korrekt wie möglich aussprechen. Beim phonetischen Buchstabieren ist die Aussprache der Einfachheit halber immer in Deutsch.

Bitte beachten: Kontrollieren Sie, ob die gefundenen Wörter richtig geschrieben wurden. Verwenden Sie hierfür einen Duden und für die Fremdsprachen ein Wörterbuch.

Verwenden Sie immer wieder neue Wörter für dieses Spiel. Greifen Sie Ideen Ihres Kindes auf. Lassen Sie es im Wörterbuch nach neuen Wörtern suchen, wenn es selbst nicht weiter weiß.

*

„Urlaubsspiele“: Ob Sie unterwegs bei einer langen Autofahrt, am Strand oder in der Ferienwohnung sind: Die nachfolgenden Spiele können Sie überall spielen. Sie sind lustig, sorgen für gute Laune und bringen die Familie zusammen.

7. Buchstaben im Sand

Ein Spiel für den Strand: Lassen Sie Ihr Kind Buchstaben in den Sand malen. Zum jeweiligen Buchstaben müssen Hauptwörter, Verben oder Adjektive gefunden werden.

Lernziele:

Speichern und Einprägen der Buchstaben über die Sinne Sehen, Hören und Tasten

Buchstaben mit Wörtern und deren Bedeutung verknüpfen

Variante 1: Jetzt suchen wir Substantive

Ihr Kind schreibt das große A in Druckschrift in den Sand und überlegt sich ein Substantiv dazu, zum Beispiel Ameise. Dann schreibt es B in Druckschrift und überlegt sich ein weiteres Substantiv, zum Beispiel Bratwurst. …

Lassen Sie Ihr Kind den Buchstaben immer laut aussprechen – aber bitte phonetisch.

Variante 2: Jetzt suchen wir Verben

Ihr Kind malt ein kleines a in Druckschrift in den Sand und sucht nach einem Verb, das mit a anfängt. Beispiel: angeln.

Variante 3: Jetzt suchen wir Adjektive

Ihr Kind malt ein kleines a in Schreibschrift in den Sand und sucht nach einem passenden Adjektiv, das mit a anfängt. Beispiel: aufmerksam.

Variante 4: Jetzt geht es darum, Dinge zu entdecken

Sie sagen beispielsweise zu Ihrem Kind: „Suche mir etwas, was mit dem Buchstaben R anfängt!“ Dann schreibt Ihr Kind zuerst den Buchstaben R oder r in den Sand und fängt an zu suchen. Vielleicht sieht es einen roten Bikini. (Es muss das Gefundene nicht herbeibringen, nur darauf zeigen.)

Variante 5: Bring mir etwas, was mit dem Buchstaben F anfängt!

Ihr Kind schreibt F in den Sand und geht dann auf die Suche. Vielleicht bringt es eine Feder zurück. Sie können einen Wettbewerb daraus machen: Wer die *meisten* Wörter und Gegenstände (zum Beispiel mit F) gefunden hat, darf bestimmen, wer als Nächster im Sand eingegraben wird! Da die Kinder dabei ständig in Bewegung sind, macht es ihnen besondere Freude.

Sie können solche Spiele auch im Garten, in einem Park und sogar im Wohnzimmer spielen.

8. Buchstabenscharade

Dieses Spiel eignet sich besonders gut für den Urlaub oder das Wochenende, denn je mehr Personen mitspielen, desto interessanter wird das Ganze

Lernziele:

- Systematisches Speichern der einzelnen Buchstaben durch die Sinne Sehen und Hören
- Fördern der Wortbildung durch Verknüpfen der einzelnen Buchstaben
- Erweitern des Wortschatzes

– Fördern der Kreativität

Material:

– Zeichenblock und dicker Filzschreiber
– 10 Spielsteine (Natursteine, Legosteine oder Ähnliches)

Ziel des Spiels:

Erraten, was der andere Mitspieler vorspielt, und die Tätigkeit dem richtigen Anfangsbuchstaben zuordnen.

Vorgehensweise:

Zuerst schreiben Sie mit Ihrem Kind verschiedene Kleinbuchstaben auf den Zeichenblock. Sie können die Schriftarten „Schreibschrift“ und „Druckschrift“ mischen oder zuerst eine Runde mit Druckschriftbuchstaben spielen und anschließend eine Runde mit den Schreibschriftbuchstaben. Das Zeichenblockblatt mit den Kleinbuchstaben wird in die Tischmitte gelegt.

Der erste Spieler, der eine Tätigkeit vorspielen möchte, schaut sich die Buchstaben an und überlegt sich eine passende Tätigkeit zu einem dieser Anfangsbuchstaben.

Beispiele:

b wie bedienen

z wie zuschauen

v wie verkaufen

ü wie überlegen

Jetzt beginnt dieser Spieler, die Tätigkeit pantomimisch, also ohne Worte, darzustellen. Da manche Tätigkeiten auch verschieden gedeutet werden können, kommt es zu lustigen Irrtümern. Die gleiche Bewegung kann beispielsweise als Gehen, Laufen oder Joggen verstanden werden.

Die Mitspieler raten, indem sie blitzschnell eine Hand auf den gefundenen Buchstaben legen (auf dem Zeichenblatt in der Tischmitte), den Buchstaben mit dem Zeigefinger der Schreibhand auf den Tisch malen, ihn phonetisch aussprechen und dann die Tätigkeit nennen.

Bei der Wahl eines falschen Buchstabens sagt der Darsteller: Nein!

Das Spiel geht so lange weiter, bis der richtige Buchstabe und die passende Tätigkeit genannt wurden. Wer eine Tätigkeit richtig errät und dabei auch die Hand auf dem richtigen Buchstaben hat, erhält einen Stein als Gewinn dieser Spielrunde. Dann wird der Buchstabe von allen Mitspielern mit dem Zeigefinger der Schreibhand auf den Tisch geschrieben und phonetisch ausgesprochen. Danach geht es weiter mit dem nächsten Spieler und der nächsten Scharade.

Ende des Spiels:

Wer zuerst 5 Steine hat, ist Sieger.

Variationen für die Fremdsprachen:

Das Spiel wird genau gleich gespielt, nur werden Wörter aus der betreffenden Fremdsprache verwendet. Beispiele:

Englisch	Französisch
to make	faire
to come	venir
to look	regarder

Bitte beachten: Die Buchstaben können in jeder Spielvariante, auch bei den Fremdsprachen, phonetisch ausgesprochen und mit dem Zeigefinger der Schreibhand auf den Tisch geschrieben werden. Der Einfachheit halber wird dabei die deutsche Aussprache verwendet.

9. Nummernschilderspiel

Ein Spiel für eine lange Autofahrt

Lernziel:

- Systematisches Speichern der einzelnen Buchstaben durch die Sinne Sehen und Hören
- Steigern der Kreativität

Material:

Wird nicht benötigt.

Ziel des Spiels:

Wer aus den Buchstaben auf den Nummernschildern der vorbeifahrenden Autos die meisten Wörter bilden konnte, der hat gewonnen.

Vorgehensweise:

Alle Familienmitglieder bis auf den Fahrer versuchen, aus den Buchstaben der Nummernschilder von vorbeifahrenden Autos Wörter zu bilden. Aber: Immer zuerst die Buchstaben auf dem Nummernschild laut und phonetisch aussprechen und in die Luft schreiben! Erst dann Wörter suchen.

Beispiel: Ein Nummernschild mit „KA“ . Alle sprechen und schreiben K, A und dann sucht jeder nach einem Wort, zum Beispiel „Kasper“.

Ende des Spiels:

Wer nach 7 Minuten die *meisten* Wörter mit Buchstaben der vorbeifahrenden Nummernschilder gefunden hat, der hat gewonnen.

10. „Ich seh etwas, was du nicht siehst“ – einmal anders!

Ein Spiel für eine Autofahrt, einen Spaziergang oder beim Aus-dem-Fenster-Schauen.

Lernziel:

- Systematisches Speichern der einzelnen Buchstaben durch die Sinne Sehen, Hören und Tasten
- Erweitern des Wortschatzes

Material:

Wird nicht benötigt.

Ziel des Spiels:

Die Kinder finden zu den Buchstaben des Alphabets Dinge (bzw. die entsprechenden Wörter), die sie im Vorbeifahren draußen entdecken.

Vorgehensweise:

Die Kinder gehen in alphabetischer Reihenfolge vor und suchen zuerst Wörter bzw. Dinge, die mit A anfangen, dann mit B und so weiter. Auch hier wird wieder der Buchstabe zuerst phonetisch ausgesprochen und dann in die Luft geschrieben. Danach geht's auf die Suche nach Wörtern, die mit dem jeweiligen Buchstaben beginnen. Es dürfen aber *nicht beliebige* Wörter genannt werden, sondern gesucht werden Gegenstände, die draußen zu sehen sind:

A wie Ausfahrt, B wie Brückenpfeiler …

Bei einer *schnellen* Autofahrt oder Zugfahrt sagt das Kind, das ein Ding entdeckt hat, einfach das Wort und die anderen Kinder müssen den Gegenstand in der Landschaft finden, bevor er am Fenster vorbeigezogen ist. Bei einem Spaziergang oder einer *langsamen* Fahrt sagt das Kind das gefundene Wort nicht, sondern *beschreibt* den Gegenstand. Die anderen Kinder müssen ihn erraten und in der Umgebung entdecken.

Steigerung:

Die Spieler setzen Wörter aus einer oder zwei Fremdsprachen ein; der Einfachheit halber wird die deutsche Aussprache der Buchstaben verwendet.

v wie voiture, b wie baguette …

11. Wörterkette

Dieses Gruppenspiel lässt sich überall ohne Material spielen.

Lernziel:

- Erweitern des Wortschatzes
- Einprägen der Buchstaben durch die Sinne Hören, Fühlen und Sehen

Material:

Wird nicht benötigt.

Ziel des Spiels:

Zusammengesetzte Wörter finden.

Vorgehensweise:

Der erste Spieler nennt ein Wort, das aus zwei Wörtern zusammengesetzt ist, also zum Beispiel „Autofahrt". Dann sagt er A für Auto und schreibt gleichzeitig den Buchstaben in die Luft; er sagt F für Fahrt und schreibt wieder den Buchstaben in die Luft.

Der nächste Spieler muss nun ein zusammengesetztes Wort finden, das mit „Fahrt" beginnt – also zum Beispiel „Fahrtwind".

Jetzt werden die Buchstaben F für Fahrt und W für Wind ausgesprochen und gleichzeitig in die Luft geschrieben. Dann ist „Wind" der erste Teil des neuen Wortes ...

Wer drei Mal nicht weiter weiß, hat verloren und scheidet aus.

Ende des Spiels:

Es wird gespielt, bis nur noch *ein* Spieler übrig ist – dieser ist der Sieger.

*

Sie sehen: Diese Spiele sind ganz einfach und machen den Kindern richtig Spaß, da sie dabei kreativ sein können. Kombiniert mit der Tippübung sind diese Spiele sehr effektiv. Sie werden die Verbesserungen Ihres Kindes messen können: anhand der abnehmenden Fehlerzahl in der Rechtschreibung und durch verbessertes Lesen.

Über die letzten 22 Jahre haben mir sehr viele Mütter und Väter geschrieben, wie sie als Familie durch diese einfachen Buchstaben- und Tippübungen gemeinsam die Misere der Lese-Rechtschreib-Schwäche überwunden haben. Diese Familien haben gelernt, wie wichtig es ist, bei aufkommenden Schwierigkeiten durchzuhalten und zueinander zu stehen. Ihre Kinder sind gestärkt und geläutert und selbstbewusster aus diesen buchstäblich „prägenden" Erfahrungen hervorgegangen. Solche Ergebnisse können auch Sie erzielen, nicht nur bei der Verbesserung der Schulnoten, sondern auch für Ihr Familienleben. Es ist so einfach!

Ihre Kinder werden verstehen, dass Sie ihnen helfen wollen und müssen.

Sie sollten sie zielstrebig und konsequent zum Erfolg führen. Wie Sie dies geschickt und erfolgreich machen können, erfahren Sie im nächsten Kapitel.

6. „Alles Roger, Mama!“

Wie Sie Ihr Kind motivieren

Das Englischbuch wirbelt durch die Luft und klatscht gegen die Wand. Toni schreit: „Jetzt reicht's mir! Ich will diese Vokabeln nicht tippen, ich habe gestern und vorgestern getippt, ich will jetzt mit Beni Fußball spielen!“

„Du weißt aber, dass du die Tippübung und die Buchstabenspiele machen musst. Das habe ich dir mehrmals gesagt!“, sagt seine Mutter. Toni marschiert zur Tür. Seine Mutter versucht, ihn aufzuhalten, aber er lässt sich nicht bremsen und knallt die Tür hinter sich zu.

„Toni, komm sofort zurück!“, schreit sie verärgert. Als Antwort hört sie ein dumpfes Geräusch, als auch die Haustür mit großem Schwung zugemacht wird. „Haustür zu, Übungen zu Ende, Toni weg“, sagt sie leise.

*

Wenn Fußball die Welt regiert

Es gibt Situationen, da sind die spannendsten Buchstabenspiele nicht einmal mehr halb so spannend wie sonst: wenn die Freunde mit dem Fußball in der Hand, mit einer Einladung ins Schwimmbad oder zu gemeinsamen Computerspielen an die Tür klopfen. Es müssen nicht immer konkrete Beschäftigungen sein, viele Jungs und Mädchen wollen sich unterhalten und einfach zusammen sein, ohne Erwachsene und ohne Pflichten. Das ist normal und verständlich. Solche Situationen lassen sich meist abfangen, indem für das Tipptraining ein geeigneter Zeitpunkt ausgesucht wird, zu dem sich die Kinder sowieso nicht oder selten mit Freundinnen und Freunden treffen.

Schwieriger wird es für die Eltern, wenn auch nach wochenlangem Üben keine sichtbaren Erfolge zu sehen sind. Dann verlieren die Kinder die Motivation, mit dem Tipptraining und den Buchstabenspielen weiterzumachen. Das Kind reagiert mit zunehmender Unlust und je nach Temperament mit Trotz, Aufsässigkeit, Aggression, Clownerien oder Angeberei. Die sanfteren Gemüter reagieren mit großer Unsicherheit und Weinerlichkeit auf die ausbleibenden Erfolge.

Bei der Mehrzahl der Kinder sind Verbesserungen im Lesen und Schreiben bereits in den ersten vier Wochen festzustellen. Je nach Ausprägung der Lese-Rechtschreib-Schwäche kann es aber auch bis zu zwölf Wochen dauern, bis erste Fortschritte sichtbar werden. Etwa 10 Prozent der Kinder brauchen 12 Monate oder länger, bis die Lese-Schreib-Funktion nachreift und gute Ergebnisse liefert. Aber auch *nachdem* sich erste Erfolge gezeigt haben, dauert es noch eine Weile, bis das Lese-Schreib-Zentrum vollständig nachgereift ist. Insgesamt sollte Ihr Kind mindestens *ein* Jahr lang Tippen und Buchstabenspiele spielen.

Da kann den Kindern schon mal die Lust ausgehen. In einer solchen Situation ist die übliche Reaktion vieler Eltern der Versuch, sich mit Befehlen, Erpressung oder Belohnungen durchzusetzen: „Egal, warum – es wird getippt und damit basta!“ – „Wenn du nicht die Buchstabenspiele spielst, dann gehst du auch nicht zur Geburtstagsfeier deines Freundes!“ – „Mach bitte mit, dann kriegst du 2 Euro von mir ...“ Dies ist aber wenig zielführend, weil das Kind von sich aus eigentlich nicht dranbleiben will. Sie merken: Freiwillig tut es nichts, wenn Sie Ihr Kind nicht ständig daran erinnern, dass geübt und gespielt werden muss. Und wenn doch geübt und gespielt wird, dann oft lustlos und widerwillig.

Falls auch Befehle, Erpressung oder Bestechung nicht funktionieren, geben manche Eltern nach – und beeinträchtigen damit ihre Beziehung zum Kind nur noch mehr, indem sie zusätzlich zur schlechten Stimmung auch an Autorität verlieren.

Auf lange Sicht gesehen werden die Probleme dadurch nur schlimmer: Die Draufgänger reagieren auf die schulischen Misserfolge und auf Kritik der Eltern und Lehrer mit Trotz und Aufsässigkeit; nicht selten mündet dieses

Verhalten auch in Aggression gegenüber den Autoritätspersonen. Schüler, die viel Anerkennung brauchen, werden oft zum Klassen- und Familienclown. Das Kind versucht, sich durch Auseinandersetzungen mit den Eltern und vor allem mit den Lehrern zu profilieren. Jugendliche suchen die Bewunderung, die sie so dringend benötigen, auch in anderen Bereichen, zum Beispiel beim Rauchen und Alkoholtrinken.

Die zarteren Gemüter werden durch ihre Misserfolge zunehmend unsicher und ängstlich; es besteht die Gefahr, dass sie in die Außenseiterrolle geraten: Andere Schüler (und Geschwister) spüren diese Unsicherheit und reagieren häufig mit Ablehnung; nicht selten werden solche Schüler zu Mobbingopfern. Der bisherige Freundeskreis des Kindes wendet sich gegen es und schließt das Kind aus. Es leidet natürlich darunter. Äußerungen wie „Ich will nicht mehr leben" sind dann immer wieder zu hören. Bei diesen Kindern besteht die Gefahr einer Depression; in diesem Fall ziehen Sie sicherheitshalber einen Facharzt zu Rate.

Diese bedrohlichen Situationen müssen nicht sein! Es liegt an Ihnen, das Schlimmste zu verhindern. Was also können Sie tun, wenn Ihr Kind nicht mehr üben will? Sie müssen irgendwie Zugang zu Ihrem Kind finden, damit es seinerseits Zugang zum Tipptraining findet und auch bei den Buchstabenspielen dranbleibt. Sie müssen also Brücken bauen. Das geht in drei Schritten: Herausfinden, was Ihr Kind motiviert – seine Lust am Üben wecken – bei Rückschlägen positive Kritikgespräche führen.

Schritt 1: Herausfinden, was Ihr Kind motiviert

Wann tun die Menschen Dinge mit Elan? Wenn sie darum *gebeten* werden? Wenn sie *angetrieben* werden? Wenn sie *in die Ecke gedrängt* werden? Wenn sie *ignoriert* werden? Nein: Wenn sie es selbst *wollen*! Mit anderen Worten: wenn sie dazu motiviert sind.

Sie können Ihr Kind durch Befehle oder Betteln nicht wirklich motivieren. Der Antrieb, etwas zu tun, kommt immer von innen, von Ihrem Kind selbst. In diesem Sinne zeigt sich Motivation in freiwilligem, zielgerichtetem *Tun*. Deshalb: Wenn Sie wollen, dass Ihr Kind auf Sie hört und seine Übungen macht, reicht es nicht, ihm Befehle zu geben oder ihm das Tagesprogramm zu organisieren. Sondern: Ihr Kind muss es selbst wollen.

Motivieren Sie Ihr Kind, Ihre Ziele zu übernehmen, damit diese zu *seinen* Zielen werden und es bereit ist, diese freiwillig zu verfolgen! Ein Widerspruch? – Nein! Sie schaffen den Spagat, wenn Sie erfahren, was Ihr Kind im Innersten antreibt und bewegt. Dann können Sie nach Anknüpfungspunkten zwischen den Übungen und seiner eigenen Motivation suchen und die Verbindung herstellen. In diesem Kapitel möchte ich Ihnen zeigen, wie Sie Ihr Kind auf eine faire und offene Art und Weise gewinnen können.

> Jeder Mensch besitzt verschiedene angeborene Motive, Ihr Kind auch. Diese lassen sich in zwei Gruppen aufteilen: die *offensiven* Motive, die uns dazu antreiben, nach *Erfolg, Anerkennung und Erfüllung* zu suchen, und die *defensiven* Motive, die Sicherheit und soziale Akzeptanz in der Gruppe anstreben.

Ihre Aufgabe als Eltern ist es, zu gewährleisten, dass Ihr Kind seine angeborenen offensiven und defensiven Motive erfüllen kann, in diesem Fall durch die Tippübungen und die Buchstabenspiele. Motiverfüllung bedeutet für Ihr Kind Erfolg und Erfolg macht Spaß!

Das bedeutet für Sie: Sie sollten Ihr Kind beobachten, um festzustellen, welche Motive bei ihm am ausgeprägtesten sind. Dies können Sie im Alltag durch Beobachtung sehr einfach feststellen.

Schauen wir uns die drei *offensiven* Motive an:

Bleibt Ihr Kind bei einer von ihm ausgewählten Tätigkeit hartnäckig dran, trotz aufkommender Schwierigkeiten, und zeigt Ihnen stolz das *Ergebnis* seiner Arbeit? Solche „Selbstbestätiger“ erwarten Lob in der Sache für das Ergebnis ihrer Arbeit. Dieses Lob ist wichtig, aber zweitrangig: Hauptsache ist, dass sie ihr Ziel erreicht haben und sie sich selbstzufrieden auf die Schulter klopfen können!

Beobachten Sie, ob Ihr Kind *Bewunderung* vonseiten der Gruppe sucht, zu der es sich zugehörig fühlt – bei jeder Gelegenheit. Das Kind erwartet von dieser Gruppe *Anerkennung* für seine Leistungen. Dieses Verhalten spiegelt das zweite offensive Motiv wider, die soziale Repräsentanz. So motivierte Menschen nutzen jede Gelegenheit, um vor der Gruppe zu glänzen, und wählen Aufgaben nur nach diesem Kriterium.

Was andere Leute zu seinem Tun meinen, ist dem „Selbstverwirklicher" gleichgültig! Es ist das Tun an sich, das ihm Motiverfüllung bringt. Es ist die kreative Tätigkeit an sich, die ihn erfüllt. Lob und Anerkennung sind für ihn nicht vorrangig. Was um ihn herum passiert, ist ihm meist egal.

Die beiden defensiven Motive zeichnen sich aus durch eine schwach ausgeprägte Eigeninitiative und sind auf Risikovermeidung ausgerichtet.

Beim Motiv *Sicherheit* vermeidet Ihr Kind Unternehmungen, die Risiken bergen könnten. Diese Kinder fragen immer wieder nach, was sie tun sollten und ob sie es richtig machen, um sicherzugehen.

Das zweite defensive Motiv, die *soziale Akzeptanz*, ist wie die soziale Repräsentanz gruppenorientiert, mit einem sehr großen Unterschied: Der von der sozialen Akzeptanz Motivierte ordnet sich in die Gruppen seiner Wahl als Mitläufer ein. Er will unbedingt von den anderen akzeptiert werden, auch wider besseres Wissen. Selbst wenn er anderer Meinung ist als die Gruppenmehrheit, stimmt der so Motivierte den anderen zu, um nicht aus dem Rahmen zu fallen.

Wie kommt es dazu, dass Ihr Kind eine bestimmte Handlung – also in unserem Fall seine Tippübungen und Buchstabenspiele – aktiv angeht oder unterlässt? Das hängt davon ab, wie sehr die Handlung mit seinen Motiven übereinstimmt. Wenn es sich von einer bestimmten Handlung eine Erfüllung seiner Motive verspricht, wird es sie ausführen. Wenn es glaubt, dass die Handlung nichts zur Erfüllung seiner Motive beitragen wird oder sogar seinen Motiven zuwiderläuft, wird es sie unterlassen.

Also sollten Sie als Eltern dafür sorgen, dass Ihr Kind das Tipptraining und die Buchstabenspiele als Handlungen erkennt, die seinen Motiven Erfüllung bringen.

Das Motivprofil

Um Ihr Kind motivieren zu können, müssen Sie wissen, welches Verhalten auf welche Motive schließen lässt. Dies herauszufinden ist mithilfe eines Motivprofils möglich.

Der Psychologe Herbert Leger hat zum Erkennen der von ihm so genannten drei offensiven und zwei defensiven Motive eine Liste der Erscheinungsformen der Motive erarbeitet, die unser Handeln im Alltag antreiben. (Im Folgenden beziehe ich mich auf unveröffentlichte Unterlagen aus Fortbildungskursen, die H. Leger – der inzwischen verstorben ist – in den Jahren 1980 bis 1989 im Berufsförderungszentrum Möhringen gehalten hat, dessen pädagogischer Leiter ich damals war.)

Offensives Motiv: Selbstbestätigung

Der „Selbstbestätiger“ muss sich selbst beweisen, setzt eigene Ziele und misst sich daran, ob er diese erreicht oder nicht. Entscheidend ist hier der Erfolg im Sinne der Zielerreichung:

Er oder sie erwartet auch Anerkennung von Ihnen: „Mama, Papa schau, ich habe einen Kran aus tausend Legosteinen gebaut! Mama schau, wie ich dieses Puzzle fertig gemacht habe! Ist das nicht super?“ Hauptsache ist, dass das Kind sein Ziel erreicht hat: Den Kran hat es alleine hingekriegt! Ein Mädchen, das so lange dranbleibt, bis ihre Puppenecke perfekt zu ihrer eigenen Zufriedenheit geordnet ist, ist ebenso motiviert. Es hat sein Ziel für sich erreicht und kann sich selbstzufrieden auf die Schulter klopfen.

Weitere Erkennungsmerkmale des Motivs „Selbstbestätigung“:

Ihr Kind …

- entwickelt Ehrgeiz, orientiert sich am Erfolg in der Sache und fühlt sich von Schwierigkeiten persönlich herausgefordert
- steht zu Entscheidungen und zieht sie durch, wenn es sich erst einmal mit ihnen identifiziert hat
- bevorzugt eigenes Denken und Selbstständigkeit
- entwickelt starke Beharrlichkeit beim Verfolgen eigener Zielsetzungen (insbesondere, indem es bei drohendem Scheitern Dickköpfigkeit und Aggressivität zeigt, den Gesprächspartner ohne Rücksicht auf die Folgen für sich selbst „nervt“ (vor allem, wenn es dessen Entscheidungen und Verhalten als Hindernis für einen optimalen Erfolg in der Sache erkannt zu haben glaubt) und auf seine Ideen und Vorschläge immer wieder zurückkommt und sie doch noch durchzusetzen versucht)
- ist sich seines Wertes und seiner Leistung bewusst (Es erwartet Lob in der Sache und die Einhaltung ihm gegenüber gemachter Zusagen.)

- unterstellt häufig, dass alle anderen denken wie es selbst, und lässt dadurch Einfühlungsvermögen, Feingefühl und Toleranz vermissen
- neigt immer wieder zu einem „Dampfwalzen-Verhalten“ um der Sache willen (weil es das eigene Engagement bei den anderen wie selbstverständlich voraussetzt)
- lebt von Erfolgserlebnissen (Bei anhaltenden Misserfolgen oder spürbarer Erfolgsverweigerung kann es unter Umständen so weit gehen, Misserfolge anderer wider besseres Wissen zuzulassen, nur um nicht schlechter dazustehen als diese.)
- neigt zur Selbstüberschätzung (Gerät das Kind als Folge seiner Handlungen in Schwierigkeiten, versucht es sich „mit Gewalt“ durchzukämpfen. Größere Flurschäden sind dann häufig das Ergebnis.)

Offensives Motiv: Soziale Repräsentanz

Dieses Motiv orientiert sich an den Normen und Wertvorstellungen jener Soziogruppe, die Ihrem Kind wichtig und als Maßstab erscheint. Es strebt stets danach, eine Position an der oberen Grenze dieser Soziogruppe einzunehmen. Bewunderung in der von ihm ausgewählten Soziogruppe wird erwartet und verlangt. In diesem Fall will es den *besten* Kran oder die *schönste* Puppenecke in seinem gesamten Freudenkreis gemacht haben.

Weitere Erkennungsmerkmale des Motivs „soziale Repräsentanz“:

Ihr Kind ...

- entwickelt Dynamik und Engagement bei allen Aufgaben und Tätigkeiten, die einen Status signalisieren (Bei allen anderen Aufgaben und Tätigkeiten, insbesondere bei Routine, neigt es zu Verschleppung, Weitergabe an Dritte oder Vernachlässigung.)
- selektiert Aufgaben und Tätigkeiten nach diesen Kriterien
- sucht „spektakuläre Erfolge“ in den für es interessanten, weil Status bestätigenden Bereichen (gegebenenfalls auch auf Kosten anderer)
- neigt dazu, solche Ergebnisse deutlich vorzuzeigen und bei jeder Gelegenheit darauf zu verweisen

- versucht andere herabzuwürdigen, vor allem im Fall von „Statuskonkurrenz“
- sieht in Konflikten mit Eltern oder Lehrern eine gute Möglichkeit für eigene Profilierung (wobei es auch vor unfairen Mitteln nicht zurückschreckt)
- stürzt sich auf jede Gelegenheit, nach außen für die Gruppe aufzutreten
- neigt dazu, sich Kompetenzen anzumaßen
- ist wenig empfänglich für Kritik und Korrekturen
- holt sich seine Profilierung in jedem Fall (Ergibt sich im Rahmen der funktionalen Gegebenheiten keine Möglichkeit hierzu, profiliert es sich mit Banalitäten und Absurditäten.)

Offensives Motiv: Selbstverwirklichung

Für so motivierte Menschen ist *das kreative Tun an sich* ausschlaggebend. Zielerreichung und Erfolge sind sekundär. Diese Individualisten sind oft kreativ und basteln, malen, dekorieren, bauen, schreiben, denken, gestalten um und verschönern ganz allein. Sie probieren viele verschiedene Möglichkeiten aus und werden oft nicht fertig, weil sie nicht ergebnisorientiert arbeiten.

Weitere Erkennungsmerkmale des Motivs „Selbstverwirklichung“:

Ihr Kind …

- lebt eigene Ziele und Ideen möglichst in gestalterischer Form aus, orientiert sich konsequent an ihnen und verfolgt sie konstant trotz Widerständen und Misserfolgen, gegebenenfalls über einen längeren Zeitraum
- konzentriert sich auf das Tun im Sinne seiner Ziele und Ideen. (Ob dieses Tun auch zu greifbaren Erfolgen führt, ist sekundär.)
- fühlt sich durch das Neue, das Andersartige herausgefordert (Solche Dinge reizen das Kind, hier tätig zu werden, zu experimentieren, etwas zu versuchen.)

- will einem Bild in seiner Vorstellung Gestalt geben (Hierbei zieht es das Kreative dem Althergebrachten vor. Es neigt zum Basteln und Tüfteln.)
- vergisst oft die funktionalen Anforderungen, also die Realität, beim Lösen von Aufgaben und Ausgestalten von Ideen
- erweist sich dadurch zumeist als „ideenfixiert“ (Es löst sich nur widerwillig von dem ihm wichtig erscheinenden Tun zugunsten anderer Tätigkeiten.)
- empfindet zusätzliche systemorientierte Anforderungen als unnötig und als Ballast (In seinen Augen gelten sie für alle anderen, nur nicht für es selbst.)
- glänzt mit vielfältigen Anregungen und Vorschlägen
- ist von seinem Weg und seinen Vorstellungen kaum ernsthaft abzubringen
- fühlt sich durch Desintegration, mangelnde Akzeptanz oder Anfeindungen wenig gestört, solange es seinen Ideen und Vorstellungen nachgehen kann.

Bei den bisher beschriebenen drei Grundmotiven spricht man also von *offensiven* Motiven: Es sind Motive, die aus sich heraus zu Aktivitäten drängen.

Defensives Motiv: Soziale Akzeptanz

Dieses Motiv zielt darauf ab, eine Außenseiterposition zu verhindern. Es orientiert sich ebenfalls an den Normen und Wertvorstellungen der Soziogruppe, der Ihr Kind sich verpflichtet fühlt. Im Gegensatz zur „sozialen Repräsentanz“ strebt dieses Motiv jedoch nach *Einordnung* in diese Soziogruppe, also nach Vermeiden einer irgendwie gearteten Außenseiterposition. Die Rangposition innerhalb der Gruppe ist nicht so wichtig.

Auf diese Weise wirkt das Motiv „soziale Akzeptanz“ – oft auch als Akzeptanz *in der Gruppe* bewusst ausgelebt – eher defensiv: Ihr Kind *unterlässt* Aktivitäten, um nicht aus der Gruppe hinauszugeraten. Die Gruppennorm gilt: Ziehen die anderen Gruppenmitglieder alle grüne Schuhe an, dann auch Ihr Kind. Empfindet der Gruppenführer plötzlich Technomusik als

„Mist“, dann findet das auch Ihr Kind, obwohl es die Musik eigentlich mag.

Weitere Erkennungsmerkmale des Motivs „soziale Akzeptanz“:

Ihr Kind …

- stimmt laufend zu, wiederholt die Argumente anderer, führt sie von sich aus fort und verstärkt sie dadurch
- vermag es kaum, jemandem nein zu sagen, vor allem in Situationen, in denen es vernünftigerweise gar nicht ja sagen dürfte (wegen deutlich erkennbarer negativer Konsequenzen für sich selbst, wegen eindeutiger Überforderung durch eine Aufgabe oder wegen von vornherein erkennbarer Nichtrealisierbarkeit)
- passt sich immer wieder allgemeinen Stimmungen und Meinungen an, auch entgegen vorher deutlich geäußerten eigenen Meinungen
- geht Konflikten möglichst aus dem Wege, stimmt zu, verspricht vieles bis alles (Zur Konfliktvermeidung macht es dann vieles selbst, versucht „unter der Hand“ eigene Wege zu gehen, leidet oft unter Überbelastung und mangelnder Arbeitssystematik bei den Hausaufgaben oder beschwichtigt andere mit Vertröstungen und Zusagen.)
- versteckt eigene Kritik hinter Aussagen Dritter oder hinter scheinbar objektiven Tatbeständen (wie Erfahrungen, Schlussfolgerungen aus früheren ähnlichen Situationen, bewährten Rezepten, allgemein zutreffenden Aussagen)

Defensives Motiv: Sicherheit

Ist Ihr Kind überwiegend so motiviert, dann strebt es stets nach Risikovermeidung. Beispielsweise nimmt es immer Ihre Hand, wenn es die Straße überquert. Es schaut den anderen Kindern aus dem Fenster lange, lange zu und fragt seine Mutter, ob es mitspielen soll, bis es wagt, sich vorsichtig vorzutasten und zu fragen, ob es mitspielen darf. Dieses Motiv führt also häufig eher zum Unterlassen von Aktivitäten als zum Tun. Das Kind fragt immer wieder nach.

Weitere Erkennungsmerkmale des Motivs „Sicherheit“:

Ihr Kind …

- fragt lieber einmal zu viel als zu wenig, auch bei ihm an sich bekannten Tatbeständen
- schätzt Routineaufträge und Routineabwicklung
- verlangt nach Regelungen
- versucht, schwerwiegendere, neuartige oder risikoreichere Entscheidungen zu verschleppen
- lässt sich Entscheidungen gern zusätzlich absegnen

*

Wie Sie jetzt unschwer erkennen können, ist es von großer Bedeutung, dass Sie verstehen, wie Ihr Kind zu motivieren ist. Die Draufgänger brauchen Erfolge, Anerkennung, Zeit und Platz, um ihre Kreativität spielen zu lassen. Wenn Ihr Kind eher ein Bedürfnis nach Sicherheit und Akzeptanz hat, ist es auch Ihre Aufgabe, diese zu gewährleisten. Sind diese defensiven Motive erfüllt, können Sie mit Ihrem Kind gemeinsam nach Möglichkeiten des Erreichens von Erfolg und Anerkennung suchen.

> Um mit den Motiven Ihres Kindes richtig umgehen zu können, erstellen Sie zunächst ein Motivprofil für Ihr Kind. Das komplette Motivprofil berücksichtigt alle fünf Motivkategorien, denn jeder Mensch trägt alle diese Motive in sich, die einen stärker, die anderen schwächer. (Ich stütze mich hier weiterhin auf die Erkenntnisse des Psychologen Herbert Leger.)

Um das Motivprofil für Ihr Kind zu erstellen, müssen Sie es gut beobachten. Erstellen Sie eine Liste von den Aktivitäten Ihres Kindes, damit Sie sein Verhalten je nach Motiv zuordnen können. Stellen Sie sich dabei folgende Fragen:

- Was macht es gerne?
- Spielt es allein? Manchmal, immer?
- Was spielt es?
- Wann wird es frech, aggressiv?
- Erwartet es Lob in der Sache?
- Erwartet es Bewunderung?
- Will es vor anderen glänzen?
- Ist es kreativ, erfinderisch?
- Vergisst es dabei die Außenwelt?
- Mit wem spielt es?
- Wie kommt es mit seinen Freunden aus?
- Worüber freut es sich?
- Was ärgert es?
- Was unterlässt es?
- Welche Meinungen vertritt es?
- Wessen Meinung vertritt es?
- Was macht Ihr Kind unsicher?
- Was macht Ihr Kind ängstlich?
- Fragt es immer wieder nach?

Als Nächstes vergleichen Sie Ihre Beobachtungen mit den nachfolgenden Beispielen. Jedes davon spiegelt ein bestimmtes Motiv wieder. Die Reihenfolge habe ich vertauscht, damit es nicht ganz so offensichtlich ist und Sie unvoreingenommen beobachten können. Abschließend folgt dann die Auflösung. In welcher dieser Szenen finden Sie Ihr Kind am ehesten wieder?

Beispiel 1

Sven ist heute endlich zum ersten Mal in der Nachhilfe. Nach langer Verhandlung musste seine Mutter mit ihm gehen, sonst wäre er vor lauter Furcht nicht hingegangen. Ihr ist es ein bisschen peinlich, weil er darauf bestanden hat, dass sie im Unterricht dabeisitzt. Letztlich sind sie so verblieben, dass sie vor der Tür des Unterrichtsraums sitzen bleibt. Sven hat sie wiederholt gefragt, ob sie auch bestimmt die ganze Zeit vor dem Raum auf ihn wartet.

*

Beispiel 2

Der zwölfjährige Lionel will mit seinen Freunden jeden Nachmittag immer Fußball spielen. Er spielt sehr gut und seine Mitspieler sagen ihm wiederholt, dass er Profi werden könne. Lionel erzählt dies bei jeder passenden Gelegenheit weiter. Im Fußballverein ist er Kapitän seiner Jugendmannschaft. In letzter Zeit wollen seine Freunde aber lieber Fahrradjagd anstatt Fußball spielen. Bei diesem Spiel ist er nicht so gut und rechtfertigt dies mit der Erklärung, dass sein Vorderrad zu sehr „eiere". Er hält seine Freunde für langweilig und sagt ihnen dies. Von da an spielt er mit den Jungs vom Fußballverein täglich Fußball.

*

Beispiel 3

Christine ist zur Geburtstagsfeier von Barbara eingeladen. Frau Fischer hat für sie einen hübschen Rock ausgesucht, der Christine sehr gut steht und den sie gerne trägt. Heute will sie ihn aber nicht tragen und weint beinahe, als ihre Mutter versucht, sie zu überzeugen: „Chris, du weißt, wie hübsch du drin aussiehst, du trägst ihn sonst immer so gerne!“

„Aber heute nicht, Barbara und ihre Freundinnen tragen alle enge Hosen und ich hab keine!“

„Aber du magst diesen Stil gar nicht, dass hast du mir letzte Woche gesagt – vor der Einladung!“, sagt Frau Fischer nachdenklich.

„Ja, aber ich will eine Hose zur Party von Barbara anziehen, sie und die anderen finden solche Hosen richtig cool und ich will nicht als einzige in einem blöden Mädchenrock dastehen. Du willst doch auch, dass ich Freundinnen habe, oder, Mama?“

*

Beispiel 4

Anja, 9 Jahre, malt gerne Farbbilder. Sie sitzt allein in ihrem Zimmer und malt fröhlich vor sich hin. Sie will das Bild eines Mädchens auf dem Schaukelstuhl genau hinbekommen. Ihre Mutter ruft sie zum Tischdecken. „Das ist jetzt nicht so wichtig“, antwortet Anja frech. Daraufhin kommt es zum Streit mit der Mama. Nach dem Essen entschuldigt Anja sich bei ihrer Mutter und zeigt ihr stolz das fertige Bild. Mama lobt sie und Anja hüpft fröhlich davon.

*

Beispiel 5:

Tagein, tagaus schneidet und klebt Teresa, stickt und näht und fügt die verschiedensten Materialien zusammen. Die Muster, die sie für ihren Indianerteppich entworfen hat, sind farbenreich, abwechselnd und ungewöhnlich. Jedes Mal, wenn ihre Eltern bei ihr hereinschauen, hat sie den Teppich wieder geändert! „Ja, Schatz, wann wird dein Teppich denn fertig?“, fragt Mama. „ Weiß ich nicht, irgendwann halt“, erwidert Teresa beinahe uninteressiert. „Ich will zuerst diese Himmelsfarbe mit anderen Stoffen noch mal ausprobieren.“

Die Auflösung: Beispiel 1 = Sicherheit, Beispiel 2 = soziale Repräsentanz, Beispiel 3 = soziale Akzeptanz, Beispiel 4 = Selbstbestätigung, Beispiel 5 = Selbstverwirklichung.

*

Manchmal lässt sich allerdings aus dem Verhalten eines Menschen schwer erkennen, warum genau er das tut, was er tut. Klarer werden seine Motive aus seiner Reaktion, wenn er seine Ziele nicht erreicht. Die Tabelle auf Seite 122 zeigt, wie nach dem Leger-Modell ein Kind je nach seinen Motiven reagiert, wenn Hindernisse auftreten oder die Motiverfüllung ausbleibt. Sie ist ein zusätzliches Hilfsmittel, die Motive Ihres Kindes klarer zu erkennen.

Motiv	1. Stufe	2. Stufe	3. Stufe
Selbst-bestätigung	Ablehnung Aggressivität	Trotz Aufsässigkeit	Aggression gegen die kritisierende Person. zum Beispiel Mutter, Lehrer
Soziale Repräsentanz	Selbstrechtferti-gung Kompensation	Kritik an der Gruppe	Anerkennung wird in der Gruppe gesucht
Selbst-verwirklichung	Beharrung	Heimliches Tun	Anderer Bestätigungsort oder Desinteresse
Sicherheit	Ausweichen Abschieben	Formalisierung (Absicherung)	Sich fügen oder Aggressivitiät gegen sich selbst
Soziale Akzeptanz	Rechtfertigung Ausreden Schein-anpassung	Ausweichen Flucht	Resignation Selbstmitleid Aggression oder Frustration

Auf dieser Basis können Sie nun ein Motivationsprofil für Ihr Kind erstellen. Schätzen Sie bei jedem einzelnen Motiv, zu wie viel Prozent die betreffenden Eigenschaften zutreffen. Die Stärke jedes Motivs wird mit einer Prozentzahl zwischen 0 und 100 eingeschätzt. (Dabei muss die Summe aller Motive nicht 100 Prozent ergeben, sondern jedes Motiv wird für sich gewertet.)

Beispiel: Einschätzung für Martin (12 Jahre alt)

Selbstbestätigung: 80 %

Soziale Repräsentanz: 70 %

Selbstverwirklichung: 15 %

Soziale Akzeptanz: 30 %

Sicherheit: 10 %

In diesem Fall müssen die Eltern von Martin dafür sorgen, dass er in der Sache Erfolge erleben kann (Selbstbestätigung 80 %) und vor seinen Freunden, also in seiner Soziogruppe, glänzen kann (soziale Repräsentanz 70 %).

Nehmen wir an, Sie kennen nun die Hauptmotive Ihres Kindes. Dann geht es darum, diese Motive und die Umsetzung des Tipptrainings und der Buchstabenspiele von Anfang an zur Deckung zu bringen. Im Folgenden zeige ich Ihnen, wie Sie bereits beim Vereinbarungsgespräch Ihrem Kind gegenüber motivgerecht argumentieren können und wie Sie dieses Gespräch am besten aufbauen.

Schritt 2: Ihrem Kind das Üben schmackhaft machen

Dies erreichen Sie mit dem *Motivationsgespräch*. Bei dieser Gesprächsform wollen Sie von Ihrem Kind etwas Zusätzliches zum Bisherigen. Ihr Kind reagiert mit: „Warum?“ Es geht hier darum, dieses „Warum?“ so überzeugend zu beantworten, dass Ihr Kind künftig enthusiastisch tippt und Buchstabenspiele spielt.

Das Motivationsgespräch: So machen Sie es falsch

„Hör zu, Christian! Ich habe ein tolles Buch gelesen, da steht drin, dass du nur die Buchstaben speichern musst und schon bist du besser im Lesen und Schreiben! Das geht auch durch Spielen. Wir können das gemeinsam machen!“, sagt Frau Kimmich und schaut ihren elfjährigen Sohn erwartungsvoll an.

„Was sagst du? Buchstaben? Ich *kann* die Buchstaben, ich bin doch kein Baby und ich bin auch nicht blöd!“

„Nein, nein, das hast du falsch verstanden, es geht darum, dass diese Funktion bei dir im Gehirn besser nachreift. Es deutet alles darauf hin, dass sie bei dir noch unreif ist. Diese Methode führen wir bei dir durch, komme was wolle!“

„Mit meinem Gehirn ist alles in Ordnung, danke Mama, und wir werden sehen, was kommt!“ Christian rennt aus dem Zimmer und knallt die Tür hinter sich zu.

*

Was ist in diesem Gespräch falsch gelaufen? – Die Antwort: so ziemlich alles!

Eine *Gesprächsstruktur* mit Einstieg, Problemansprache, Lösung, Zusammenfassung und Ausstieg war nicht vorhanden.

Die *Kommunikationsart*: Es fand eigentlich keine echte Kommunikation zwischen den beiden statt. Die Mutter hat losgeredet, was sie von Christian will, und ist auf seine Reaktion kaum eingegangen. Er hat trotzig darauf reagiert.

Die *Argumentationstechniken*: waren kaum vorhanden. Frau Kimmich hat ihren Sohn nur dann in den Mittelpunkt gestellt, als es darum ging, ihm zu erklären, dass irgendetwas mit seinem Gehirn nicht stimme. Kein Wunder, dass er sich angegriffen fühlte!

Das Motivationsgespräch: So machen Sie es richtig

Im Gegensatz zur Unterhaltung oder Plauderei ist ein Gespräch immer zielorientiert. Ihr Ziel ist es, Ihr Kind für regelmäßige Tippübungen und Buchstabenspiele zu gewinnen. Daher sollte das Gespräch einem strukturierten Aufbau folgen:

Positiver Einstieg

Bei einem Motivationsgespräch steigen Sie immer *positiv* ein. Sie zeigen Ihrem Kind anhand eines Beispiels, was es imstande ist zu leisten. An dieser Leistungsbereitschaft wollen Sie anknüpfen und sie abrufen.

Das ist wichtig, denn allzu oft wird das *Problem* sofort zu Gesprächsbeginn angesprochen und das Kind fühlt sich gleich angegriffen. Beim positiven Einstieg wird Ihr Kind positiv in den Mittelpunkt gestellt.

Ansprechen des Problems

Vermeiden Sie Vorwürfe. Sie stellen das Problem als ein *gemeinsames* dar und benennen es klar. Auf Einwände Ihres Kindes gehen Sie ein und zeigen Verständnis für seine Haltung, ohne sie zu verstärken.

Gemeinsame Lösungssuche

Diese Phase des Gesprächs ist oft die längste; hier kommt es ganz besonders darauf an, dass Sie entsprechend der *Motivation* Ihres Kindes argumentieren. Sie zeigen ihm also, dass die Tippübungen und Buchstabenspiele zu seiner Motiverfüllung beitragen. Dabei stülpen Sie dem Kind nichts über. Sie arbeiten mit Vorschlägen und Beispielen. Die Einwände Ihres Kindes nehmen Sie verständnisvoll auf und argumentieren nach dem Muster „wenn – dann“: Wenn wir dieses tun, wird jenes die Folge sein.

Lassen Sie auch Ihr Kind Lösungsvorschläge machen, damit es sich damit identifizieren kann. Sie prüfen dann, ob seine Vorschläge zur Zielerreichung beitragen. Wenn ja, übernehmen Sie sie unbedingt; wenn nicht, begründen Sie das mit dem Muster „wenn-dann“ und bringen einen Gegenvorschlag. Wenn die Lösungsvorschläge des Kindes zur Zielerreichung beitragen, aber ungenügend sind, ergänzen Sie sie mit Ihren eigenen Vorschlägen.

Zusammenfassung

Die Ergebnisse des Gesprächs fassen Sie zusammen und sichern sie mit „Okay?“ oder „Einverstanden?“, um sich zu vergewissern, ob das Kind und eventuelle andere Beteiligte dahinterstehen. Wenn Sie das Gespräch bis dahin offen geführt und geschickt argumentiert haben, sollte das der Fall sein. Dann können Sie dieses Ergebnis schriftlich festhalten.

Erfolgskontrolle

Sichern Sie die Maßnahmen ab, indem Sie von Anfang an eine Erfolgskontrolle vereinbaren und einen festen Zeitpunkt dafür festlegen, zum Beispiel jeweils nach *einer* Woche.

*

Als Beispiel beschreibe ich hier ein Motivationsgespräch mit einem „offensiv motivierten“ Kind. Angenommen, die Ergebnisse der Motivanalyse für das Kind ergeben diese Werte:

- Selbstbestätigung: 80 %
- Soziale Repräsentanz: 65 %
- Selbstverwirklichung: 15 %
- Soziale Akzeptanz: 40 %
- Sicherheit: 30 %

Sie stellen fest: Erfolge sind für Ihr Kind wichtig, es will sie für sich erzielen. Zweitrangig, aber auch von Bedeutung: Es braucht Anerkennung und Bewunderung in der Gruppe. Jetzt gilt es, das Motivationsgespräch entsprechend dieser offensiven Motivation zu führen.

Zum Beispiel: Christian

Wie das gehen könnte, zeigt das folgende Gespräch der Eltern mit dem offensiv motivierten elfjährigen Christian.

Positiver Einstieg:

Mutter: „Christian, setzt dich einen Moment zu uns. Du, erinnerst du dich, wie du damals im Garten ein Häuschen bauen wolltest, mit Zweigen, Blättern und sogar mit Holzdielen aus der Werkstatt? Du hast beinah geweint vor Wut, als es immer wieder auseinanderfiel. Aber du bist drangeblieben, bis die Hütte stand. Deine Freunde waren begeistert, Papa und ich auch.“

Ansprechen des Problems:

Vater: „Pass auf, wir brauchen deine Entschlossenheit auch jetzt wieder! Wir haben ein Problem. Du weißt ja: In der Schule könntest du in Lesen und Schreiben wesentlich besser sein, obwohl wir alles ausprobiert haben, dir zu helfen.“

Gemeinsame Lösungssuche:

Mutter: „Ich glaube, ich habe eine gute Lösung für dich entdeckt, gerade für so einen entschlossenen Kerl wie dich, der nicht so schnell die Flinte ins Korn wirft. Dabei ist diese Methode zur Verbesserung deiner Lese-und Rechtschreib-Fähigkeit sehr einfach. Du brauchst nur jeden Tag Texte abzutippen und Buchstabenspiele zu spielen."

Christian: „Warum Buchstabenspiele?

Mutter: „An den Buchstaben liegt es, die hast du nicht richtig gespeichert."

„Jetzt aber! Ich bin kein Baby und außerdem *kann* ich alle Buchstaben. Soll ich dir das Alphabet jetzt vor deinen Augen aufschreiben?"

Mutter: „Ich kann dich sehr gut verstehen, Christian. Natürlich kannst du die Buchstaben. Tatsächlich ist es so, dass diese noch tiefer und fester in dein Langzeitgedächtnis eingeprägt werden müssen – wie die Programme auf der Festplatte deines Computers. Wenn diese Prägung sicher ist, dann läuft das Programm, die richtigen Buchstaben in der korrekten Reihenfolge zu setzen und zu erkennen, vollständig automatisch ab. Stell dir vor, du schreibst eine 1 im Diktat und kannst noch besser lesen als die anderen Kinder. Du schaffst das! Du kannst dir selbst und allen anderen beweisen, was in dir steckt! Dafür brauchst du nur zwanzig Minuten täglich."

Christian: „Ich weiß nicht, die Hausaufgaben muss ich doch auch machen, dann jeden Tag noch zwanzig Minuten dazu, da bleibt mir ja gar keine Zeit übrig."

Mutter: „Ja, deine Bedenken kann ich gut verstehen. Pass auf, wir machen das so: Ab sofort lassen wir alle Lese- und Rechtschreibübungen beiseite. Zweitens, bei den Nebenfächern lese ich dir alles vor und wir machen ein Frage- und Antwortquiz daraus. Drittens meckere ich bei den Aufsätzen nicht mehr rum, nachdem du sie geschrieben hast, sondern helfe dir beim Aufbau, dazu ist diese Methode auch Spitze! So sparst du am Ende Zeit."

Vater: „Du hast bestimmt auch Ideen, wie wir diese Tippübungen bei den Hausaufgaben zu deinem Vorteil einsetzen können? Überlege mal!"

Christian: „Ja, ich weiß nicht, könnte ich Englisch auch abtippen?"

Mutter: „Ja, eine tolle Idee! Du wirst so schneller bessere Ergebnisse erzielen! *Last but not least* rede ich mit deinem Klassenlehrer, ob du deine

‚Hausis' nicht *getippt* abgeben darfst.

Christian: „Ja, dazu wünsche ich dir viel Glück, Mama!"

Vater: „Also, Chris, wann legen wir los?"

Christian: „Also, heute bestimmt nicht! Morgen vielleicht?"

Zusammenfassung:

Vater: „Jawohl, ein Mann – ein Wort! Morgen und jeden Tag um 15 Uhr tippst du und spielst Buchstabenspiele zwanzig Minuten lang, einverstanden? "

Christian: „Ja, ja, ist gut, aber jetzt hab ich was anderes vor ..."

Erfolgskontrolle:

Mutter: „Also, zu dieser Zeit heute in einer Woche prüfen wir, wie gut wir uns an diese Abmachung gehalten haben. Okay?"

Christian: „Okay, Mama."

Mutter: „Super, ich bin stolz auf dich!"

Strahlen Sie Zuversicht aus, die springt auf Ihr Kind über! Halten Sie diese Vereinbarung schriftlich fest und lesen Sie sie beim nächsten Termin vor.

*

In diesem Beispiel habe ich bewusst ein offensiv motiviertes Kind gewählt, weil solche Kinder am schwierigsten zu überzeugen sind. *Defensiv* motivierten Kindern liegt mehr daran, das zu tun, was die Eltern von ihnen wünschen. Bei ihnen läuft das Gespräch im Grunde nach demselben Muster ab, nur wählen Sie andere Argumente und verbringen mehr Zeit damit, das Kind zu *ermutigen* und ihm das Gefühl von Sicherheit und Unterstützung zu geben. Ziel ist es dabei, in Ihrem Kind auch die Anteile an *offensiven* Motiven, die es in sich trägt, zu wecken und es aus der defensiven in die offensive Motivation zu bringen. Es soll ja *nicht für Sie* trainieren, sondern für sich selbst.

In der nachfolgenden Tabelle (vgl. Seite 130 – 131) habe ich für jedes Motiv die wichtigsten Argumente aufgeführt, mit denen Sie ein so motiviertes Kind überzeugen können. Außerdem Einwände, die von dem Kind kommen können, und geeignete Antworten, mit denen Sie diese Einwände positiv aufnehmen und weiterführend argumentieren.

Schritt 3: Ihr Kind zurechtweisen, ohne es zu demotivieren

Für die Erfolgskontrolle notieren Sie, wie oft Ihr Kind gemäß der Vereinbarung übt und wie oft nicht. Ganz wichtig: Notieren Sie dazu unbedingt auch seine Verbesserungen im Lesen und Schreiben (auch kleine)! So erhalten Sie und Ihr Kind zunehmend den Beweis dafür, dass Sie das Problem im Griff haben und nicht umgekehrt.

Wir stellen immer wieder fest, dass Kinder tagein, tagaus tippen und spielen – und sie schreiben immer noch die Note Sechs, leider! Bei genauerem Hinsehen stellen wir aber fest, dass das Kind im Diktat keine 30 Fehler mehr macht, sondern vielleicht nur noch 21 – und kein Mensch sagt etwas dazu! Es ist also ein deutlicher Fortschritt zu verzeichnen, er wird aber von den Lehrern nicht offiziell wahrgenommen. Umso wichtiger ist es, dass Sie selbst das anerkennen. Bei der Rechtschreibung ist es die Fehlerzahl, die ausschlaggebend für die Fortschritte Ihres Kindes ist. In einem solchen Fall heißt es: loben und noch mal loben!

Die Betonung beim Gespräch zur Erfolgskontrolle liegt immer auf dem, was Ihr Kind gemacht hat. Hat es zum Beispiel an vier Tagen getippt und an drei Tagen nicht, dann werten Sie das positiv: „Du hast an vier Tagen getippt, das ist prima!“ Die anderen drei Tage stellen Sie als verpasste Gelegenheit dar, noch mehr zu erreichen und die Vereinbarung vollständig einzuhalten. Sagen Sie Ihrem Kind, dass Sie enttäuscht sind – nicht vom Kind persönlich, sondern von seinem Verhalten. Rufen Sie Vorschläge zur Besserung von ihm ab. Diese werden wiederum für das nächste Gespräch notiert.

Das Kritikgespräch: So machen Sie es falsch

„Also, Christian, du alter Faulpelz!“, wirft der Vater dem Jungen entgegen. „Was meckerst du ewig und drei Tage herum wegen dieser Tippübung? Deine Mutter hat dir tausendmal gesagt, dass du die machen musst. Dieses Geschrei jeden Abend geht mir auf den Nerv. Weißt du, wie hart und lange *ich* jeden Tag arbeite, damit du einen I-Pad, ein I-Phone und jetzt gerade ein neues Fahrrad haben kannst? Hmm? Weißt du das überhaupt zu schätzen? Deine Mutter arbeitet auch jeden Tag und du rennst dauernd weg wie ein kleines Kind. Ab jetzt wird getippt und von mir aus werden die komi-

Motiv:	Argument der Eltern:	Einwand des Kindes:	Positives Aufnehmen / weiterführendes Argumentieren:
Selbstbestätigung	Du kannst mit dieser Methode Erfolg erzielen.	Kriege ich nicht hin.	Doch, das traue dir zu, wir helfen dir. Wenn wir es zusammen anpacken, dann bist du unschlagbar!
	Zeige deinen Klassenkameraden, was in dir steckt!	Diese Idioten sind mir so was von egal.	Ich kann verstehen, dass die anderen dich nerven. Beweise dir selbst, dass du es kannst!
	Zehn Fehler weniger im Diktat, das ist ein lohnendes Ziel für dich.	Du willst immer so viel von mir!	Weil du mir so wichtig bist. Wenn einer das hinkriegt, dann du. Zeige, was in dir steckt.
Soziale Repräsentanz	Du gehörst zu den Besten der Klasse.	Die Klasse stinkt.	Ich kann deine Enttäuschung verstehen. Wenn du dranbleibst, kommst du dorhin, wo du hingehörst: Ganz oben!
	Mit besseren Noten in Deutsch macht dir die Schule mehr Spaß.	Das ist mir wurscht, Spaß habe ich in der Disko.	Das verstehe ich. Spaß und Anerkennung in der Disko *und* in der Schule - das wäre optimal, und du schaffst beides!
	Du willst doch auf das Gymnasium (oder an die Uni, je nach Alter des Kindes).	So toll ist das Gymnasium / die Uni auch wieder nicht.	Vielleicht hast du recht. Wenn du regelmäßig tippst, dann kannst du *auswählen*, wohin du willst.
Selbstverwirklichung	Mit dieser Methode kannst du dich weiterentwickeln.	Das ist nicht so wichtig, die Lese-Rechtschreib-Schwäche stört mich nicht.	Deine Gelassenheit ist super! Wenn du sie mit der Tippübung verbindest, dann kannst du deine Ideen besser ausdrücken. Ich helfe dir dabei.

Motiv:	**Argument der Eltern:**	**Einwand des Kindes:**	**Positives Aufnehmen / weiterführendes Argumentieren:**
	Du bist ein kreativer Mensch. Die vielen Fehler drücken deinen Leistung nach unten, das kannst du ändern.	Jeden Tag tippen und die gleichen Spiele, das wird langweilig - jeden Tag dasselbe.	Du kannst sehr kreative Buchstabenspiele spielen und dir selbst ausdenken. Durch das bessere Lesen und Schreiben wirst du deine Ideen besser entwickeln können und hast mehr Freiheit in deinen Gedanken und Ideen.
Soziale Akzeptanz	Mit dieser Methode erzielst du genauso gute Noten wie deine Freunde /Freundinnen.	Ja, okay, *noch mehr* Arbeit. Alle wollen nur, dass ich keinen Spaß habe im Leben.	Du Arme! Kopf hoch! Wenn du regemäßig dranbleibst, hast du am Schluss Erfolg und mehr Freizeit. Wir machen das miteinander.
	Du kannst wie die anderen aufs Gymi / an die Uni gehen.	Das krieg ich nicht hin, es ist alles zu viel.	Ich kann dich verstehen, dass es dir viel vorkommt. Wenn du es schrittweise anpackst, dann kriegst du es gut hin und die Erfolge werden dich begeistern.
	Tippen und Buchstabenspiele verschaffen dir bessere Noten, das macht Spaß.	Noch mehr Arbeit! Ich habe jetzt schon so viele Hausis, die ich richtig und gut machen muss - wie kriege ich das hin?	Ich verstehe deine Sorgen, keine Bange, das machen wir zusammen. Und ich rede mit deinem Klassenlehrer.
Sicherheit	Mit dieser Methode kannst du dich richtig absichern und mehr Spaß an der Schule haben.	Okay, mache ich irgendwann mal.	Genau, und zwar jetzt. Packen wir es an!

schen Buchstabenspiele auch täglich gemacht. Jetzt lass mich in Ruhe, verschwinde auf dein Zimmer und überleg dir, wie du dich bessern kannst!“

Vor seiner Zimmertür begegnet Christian seiner Mutter. Sie ist den Tränen nahe. „Lieber Chris, stell dich bitte nicht so an, ja? Wir wollen nur das Beste für dich, du willst doch nicht abstürzen und nach der Schule für den Rest deines Lebens irgendwelche Aushilfsjobs machen, oder? Weißt du, was? Wenn du mitmachst, kannst du dir einen neuen Fernseher für dein Schlafzimmer, aussuchen, okay?“, sagt sie mit zittriger Stimme.

Christian strafft seine Schultern: „Wenn schon, dann möchte ich aber die Megapreis-3D-Spielkonsole noch dazu!“, erwidert er forsch.

*

In diesem etwas übertriebenen Beispiel sehen wir sehr schön, welche Fehler Eltern oft machen.

Die *Kommunikationsart*: Der Vater redet unentwegt, macht Vorwürfe und gibt Befehle. Er lässt Christian gar nicht zu Wort kommen. Er prüft nicht nach, ob das, was er sagt, bei Christian angekommen ist und verstanden wurde. Die Mutter lässt Christian erst zu Wort kommen, nachdem sie ihn mit ihrem Bestechungsangebot in die Machtposition versetzt hat – was er natürlich sofort ausnutzt.

Die *Argumentationstechniken*: Eigentlich waren solche gar nicht vorhanden. Der Vater hat eine Rede gehalten, besser: einen ziellosen Monolog. Die Mutter hat den Rest ihrer schwindenden Autorität hergeschenkt, indem sie nicht argumentiert, sondern gebettelt hat.

Eine *Gesprächsstruktur* mit Einstieg, Problemansprache, Lösung, Zusammenfassung und Ausstieg war auch nicht vorhanden. Abgesehen davon wurde keine Erfolgskontrolle vereinbart.

Das Kritikgespräch: So machen Sie es richtig

Kritikgespräche setzen Sie ein, wenn Ihr Kind Vereinbarungen nicht einhält. In diesem Fall also dann, wenn das gemeinsame Vorhaben, die regelmäßige Durchführung der Tippübung und der Buchstabenspiele, gefährdet ist. Der Ablauf eines Kritikgesprächs ist wie beim Motivationsgespräch eine gemeinsame Suche nach Lösungen. Auch die Struktur ist gleich mit

Einstieg, Problemdarstellung, gemeinsamer Lösungssuche, Zusammenfassung und Erfolgskontrolle.

Zum Beispiel: Kritikgespräch mit dem offensiv motivierten Christian

Positiver Einstieg

Mutter: „Chris, schön! Setz dich mal, möchtest du ein Glas Apfelsaft? Das war ein tolles Pokalspiel am Samstag! Ihr habt euch wacker geschlagen und, obwohl der Gegner eine Liga höher spielt, beinah gewonnen! Dabei hast du deine Mannschaft vorbildlich geführt. Papa und ich sind stolz auf dich, bravo, Chris!“

Christian: „Danke Mama, danke Papa, es ist auch schön, dass ihr zum Spiel gekommen seid, eure Unterstützung finde ich prima!“

Ansprechen des Problems

Mutter: „Gerne, Junge! Pass auf, Christian, wir haben ein Problem.“

Christian: „Was ist denn los, Mama?“

„Ja, Chris, gestern Nachmittag hast du deine Tippübung nicht machen wollen, und als ich dich darauf angesprochen habe, bist du in die Luft gegangen und bist dann abgezogen und hast mit deinen Freunden Fußball gespielt! Offen gesagt: In letzter Zeit willst du oft weder tippen noch die Buchstabenspiele spielen. Das hat mich enttäuscht.“

Christian: „Ja, es war doch nicht so gemeint, Mama, aber das Tipptraining geht mir auf den Keks!“

Mutter: „Kann ich verstehen, Chris, nur: Alles hat seinen Preis. Wenn du nicht dranbleibst, dann bleiben deine Noten in Deutsch und Englisch schlecht. Ob du dein Abitur mit einem guten Durchschnitt schaffst, ist dann fraglich. Sogar, ob du es überhaupt schaffst, ist unsicher. Was meinst du, was für Folgen das hat, wenn du ein schlechtes Abi machst oder es gar nicht schaffst?“

Christian: „Nix da! Ich will Ingenieur werden und dazu brauche ein gutes Abi!“

Gemeinsame Lösungssuche

Vater: „Siehst du, und deshalb sitzen wir zusammen, um dir zu helfen. Auch Ingenieure müssen viele Bücher lesen. Wenn du deine eigenen Ziele nicht erreichen kannst, dann wirst du selber sehr, sehr enttäuscht sein.“

Christian: „Ja, und ich will bestimmt nicht der schlechteste in meiner Clique sein, der mit dem kläglichsten Abi!“

Vater: „Gut, dann musst du tippen und dir die Buchstaben kontinuierlich einprägen.“

Christian: „Das mach ich doch seit Monaten und es bringt nichts!“

Mutter: „Nur langsam, schauen wir das miteinander mal genauer an. Du machst in der Rechtschreibung jetzt wesentlich weniger Fehler. Früher waren es über dreißig im Aufsatz, letzte Woche nur zwölf! In Englisch machst du auch gute Fortschritte und verstehst die Grammatik viel besser.“

Christian: „Ja, so gesehen hast du vielleicht recht, Mama, aber die Note im Aufsatz war nicht besser als sonst.“

Mutter: „Ich kann deine Enttäuschung verstehen. Aber wenn du dranbleibst, dann wird die Note auch im Aufsatz mit der Zeit besser. Das hängt auch mit dem zu seltenen Lesen zusammen. Du merkst aber selber, du nimmst jetzt immer wieder mal ein Buch in der Hand. Das ist absolut super! Und es wird sich bald auszahlen.“

Nachdem die Einwände des Kindes beantwortet sind, wird die gemeinsame Lösungssuche fortgesetzt.

Mutter: „Jetzt also, Christian: Du hast sicher einen Vorschlag, wie wir dieses Problem mit der Tippübung und den Buchstabenspielen aus der Welt schaffen können.“

Christian: „Ja, ja, gut, ich tippe, ohne zu meckern, oder wir machen ein Spiel. Können wir nicht *Scrabble* anschaffen? Es ist ein bisschen anspruchsvoller!“

Vater: „Das können wir gerne.“

Zusammenfassung

Mutter: „Super, Christian! Ich fasse zusammen, was wir festgestellt und vereinbart haben: Du hast dich in der Rechtschreibung stark verbessert und du liest mehr. Du machst weiterhin täglich die Buchstabenübungen, ohne zu meckern und zu schimpfen."

Christian: „Einverstanden, Mama. Und es tut mir leid wegen gestern."

Mutter: „Sehr gut. Wenn du dranbleibst. sicherst du damit dein Abi. Wir sind fest davon überzeugt, dass du es schaffst!"

Erfolgskontrolle

Vater: „Okay. Ich schlage vor, wir treffen uns in einer Woche zur gleichen Zeit, um zu schauen, wie gut es geklappt hat. Okay, einverstanden? Also Chris, Vollgas geben! Wenn du bis zum Ende des Jahres dranbleibst, dann können wir vielleicht über diesen neuen Fernseher für dich sprechen."

Fazit

Beim Führen dieser Gespräche streben Sie immer eine Lösung an, die von Ihrem Kind kommt. Kommt sie nicht, dann machen Sie einen verbindlichen Vorschlag, der ihm die Erfüllung seiner Motive in Aussicht stellt. Bei negativem Verhalten stellen Sie dieses als ein Selbsthindernis für Ihr Kind da. Zeigen Sie anhand positiver Vergleichsbeispiele auf, in welchen Bereichen Ihr Kind gut dasteht (sportliche Leistungen, handwerkliches Geschick, Talent beim Spielen, Malen und Puzzeln usw.). Suchen Sie auch im sozialen Verhaltensbereich nach Beispielen wie: liebvoller Umgang mit Tieren oder Geschwistern; Gelegenheiten, bei denen Ihr Kind sich als freundlich und hilfsbereit gezeigt hat, usw. Ziehen Sie ein oder zwei Beispiele als Gegenpol zum Kritikpunkt heran.

Fassen Sie die vereinbarten Maßnahmen zusammen und legen Sie fest, wann diese kontrolliert werden. Diese Erfolgskontrolle ist immer *positiv* durchzuführen. Nach dem Motto: Was war gut, was könnte besser werden?

Mit Tipptraining und Buchstabenspielen sind die ersten Verbesserungen in der Regel nach 4 Wochen festzustellen. Meistens fängt das Kind an, besser zu lesen; auch die Zahl der Rechtschreibfehler vermindert sich. *Ihre* Aufgabe ist es, immer aufmerksam zu beobachten, um solche wenn auch noch so kleinen Verbesserungen festzustellen. Wenn Sie diese Ihrem Kind aufzeigen, dann hat es einen messbaren Beweis dafür, dass seine Bemühungen sich lohnen.

Ein Kind kann schnell die Lust verlieren, wenn es selbst keine Verbesserung feststellen kann. Also müssen Sie Ihr Kind weiter motivieren, bis die versprochene Verbesserung eintritt. Auch danach sollten Sie nach Beweisen suchen, die zeigen, dass Ihr Kind Fortschritte macht, und es dafür loben. Wenn es anfängt, etwas besser zu lesen als vorher, dann loben Sie es nachdrücklich: Sie und Ihr Kind sind auf dem richtigen Weg!

Erfahrungsgemäß braucht ein Kind mindestens *ein* Jahr, bis es seine Lese-Rechtschreib-Schwäche überwunden hat. Geben Sie acht bei der Einführung der ersten oder zweiten Fremdsprache, da kann es wieder zu Lese-Rechtschreib-Problemen kommen. In diesem Fall lassen Sie Ihr Kind wieder Tipptraining und Buchstabenspiele machen, am besten gleich bei der Einführung der neuen Fremdsprache.

Auf diese Weise gewinnen Sie die Kooperation Ihres Kindes. Aber was ist mit den Lehrern?

7. Partner oder Widerpart?

Wie Sie die Lehrer mit ins Boot holen – ohne zu kentern

„Mensch, der Herr Schubert sieht einfach Lars' Fortschritte nicht!" Frau Wilhelm reicht ihrem Mann das Diktatheft ihres Sohnes und setzt sich abwartend in ihrem Sessel zurück. Herr Schubert überfliegt die letzte Seite.

„Ja, das sieht nicht so gut aus. Er hat wieder eine ‚Sechs' bekommen!"

„Guck doch mal genau hin, Lars hat diesmal nur 13 Fehler gemacht!" Herr Wilhelm zählt extra noch einmal nach, dann nickt er beeindruckt.

„Wow! Vor vier Monaten hat er immer weit über 20 gemacht! Trotzdem: Er hat immer noch die Note Sechs. Was sagt denn Herr Schubert dazu?"

„Gar nichts, leider." Frau Wilhelm schenkt sich ein Glas Apfelsaft ein und bietet ihrem Mann auch eines an. Der schüttelt den Kopf: „Das ist ein Jammer. Und das, wo der Junge so gut mitmacht beim Tippen und Spielen!"

„Du sagst es! Und in diesem Augenblick liegt Lars auf seinem Bett und liest das Buch, das ihm die Oma geschenkt hat!"

„Super, endlich ein Durchbruch!", sagt Herr Wilhelm erleichtert und schaut seine Frau fragend an: „Wird es wohl reichen für's Gymi?"

„Ich meine schon", antwortet sie, „aber wir müssen seinen Klassenlehrer, Herrn Schubert, mit ins Boot holen. Es ist wichtig, dass er die Schwierigkeiten von Lars genauer einschätzen kann, damit er uns noch besser unterstützt. Er muss den Jungen anspornen, so weiterzumachen. Dazu kommt, dass Lars viele Hausaufgaben hat. Es wäre sehr hilfreich, wenn er diese auch abgetippt abliefern dürfte. Wenn die Schule mitmacht, dann kommen wir schneller und einfacher zum Ziel."

*

Sie sollten die *Zusammenarbeit* mit dem Lehrer Ihres Kindes suchen, damit er als Fachmann es unterstützt und anspornt, seine Übungen durchzuziehen. Spürt Ihr Kind, dass es von allen Seiten ermutigt wird, sind die Erfolgsaussichten wesentlich besser. Sie fahren dann mit voller statt mit nur halber Kraft voraus! Beide Seiten können die Fortschritte als „Kraftstoff" verwenden, um das Projekt „Überwindung der LRS" zu weiteren und besseren Erfolgen voranzutreiben.

In der heutigen Zeit haben Eltern bessere Chancen als noch vor ein oder zwei Jahrzehnten, den Lehrer ihres Kindes für ihr Anliegen zu gewinnen. Denn die Welt der Schulpädagogik befindet sich im Wandel. Früher wurden Kinder anhand der Diktatergebnisse und der Lesefähigkeit viel zu schnell als dumm oder gescheit eingeteilt. Heutzutage wissen Lehrer wenigstens grob, was Dyslexie ist. Sie haben nur oft keine Lösung dafür. Oder sie hängen an einer Methode, die nichts bringt.

Um sicherzustellen, dass Ihre Kinder gut Lesen und Schreiben lernen, müssen Sie als Eltern auf der Hut sein. Das Schulsystem kann sich drehen und wenden, wie es will – es bekommt das Problem der Lese-Rechtschreib-Schwäche nicht in den Griff. Dies bestätigen auch neuste Untersuchungen: Der Germanistikprofessor Wolfgang Steinig von der Universität Siegen hat in einer Studie Schulaufsätze aus drei Jahrzehnten miteinander verglichen. (Vgl. *Der Spiegel*, Ausgabe Nr. 25 vom 17.6.2013) Sein Fazit: Die Schüler von heute machen mehr als doppelt so viele Rechtschreibfehler in ihren Schulaufsätzen wie vor 40 Jahren. Er spricht von „dramatischen Ergebnissen". Positiv ist: Die Kinder schreiben viel fantasievoller und kreativer als früher, immerhin – so schrieb *Spiegel online* in der Reportage „Rechtschreibung bei Schülern: ‚Ich fant den Film gemein'", die im Juni 2013 erschien.

Interessant ist die Entwicklung der *durchschnittliche* Fehleranzahl pro 100 Wörter bei *allen* getesteten Kindern:

1972	2002	2012
6,94 Fehler	12,26 Fehler	16,89 Fehler

Leider hat sich laut Professor Steinig auch die Kluft zwischen den sozialen Schichten vergrößert: Kinder aus sogenannten „bildungsfernen Familien" machen heute wesentlich mehr Fehler als vor 40 Jahren. 1972 waren es durchschnittlich 7,23 Fehler, heute sind es 20,47 Fehler bei 100 Wörtern.

Die einfache Erklärung für diese Entwicklung ist: Bei den Aufsätzen wird in der Schule heute zunehmend mehr Wert auf die Kreativität und nicht so sehr auf die Rechtschreibung gelegt. Unglücklicherweise liegen keine Vergleichsergebnisse bei den ungeübten Diktaten vor. Es wäre dann möglich gewesen, einen direkten Vergleich der Rechtschreibfähigkeiten anzustellen. Immerhin zeigt diese Studie tendenziell, dass es mit der Rechtschreibfähigkeit der Schüler nicht gut bestellt ist.

In den Schulen werden heute viele neue Methoden ausprobiert. Viele Lehrer – nicht alle –, die heute an den Schulen unterrichten, sind flexibler und offener für neue Ideen. Auch die Einstellung gegenüber den Anliegen der Eltern wandelt sich zum Positiven. Anstatt, wie es früher so häufig der Fall war, die Anliegen der Eltern abzuweisen, ist man heute eher bemüht, deren Sorgen ernst zu nehmen.

Bedenken Sie auch, dass Lehrer oft überarbeitet sind. Sie haben alle Hände voll zu tun mit Unterrichtsvorbereitung und Korrektur der vielen Klassenarbeiten. Ein Elterngespräch wird nicht selten als zusätzliche Belastung gesehen.

Deshalb ist für das Erreichen Ihres Zieles sehr wichtig, dass Sie selbstbewusst und gut vorbereitet zum Gespräch antreten und den Lehrer als Partner, nicht als Gegner behandeln. Nur so können Sie die Möglichkeiten, Ihrem Kind zu helfen, voll ausschöpfen.

Bei einem solchen Gespräch haben die Eltern und der Lehrer unterschiedliche Ziele, die aber durchaus miteinander zur Deckung zu bringen sind.

> *Ihr* Ziel für das Gespräch ist:
>
> Der Lehrer erkennt die Vorteile der neuen Erkenntnisse über die Lese-Rechtschreib-Schwäche. Zusammen mit Ihnen motiviert er Ihr Kind weiterzumachen und lässt zu, dass es seine Hausaufgaben in getippter Form abgeben darf.

Ziel des Lehrers ist: Er möchte durch den Erfolg seines Schülers / seiner Schülerin als Lehrer gut dastehen. Außerdem wünscht er sich, ein Problem weniger in seiner Klasse zu haben.

Sie beide haben also ein Interesse daran, dass das Kind seine LRS überwindet. Das einzige Problem: Sie als Eltern sind durch dieses Buch besser informiert als er – das könnte an seiner Autorität kratzen. (Es sei denn, er hat das Buch ebenfalls gelesen …)

Die zentrale Frage lautet: Wie können Sie den Lehrer oder die Lehrerin für dieses Konzept gewinnen, ohne dass sie an Autorität verlieren?

Um dieses Ziel zu erreichen, können Sie wiederum das Motivationsgespräch einsetzen, wie im vorigen Kapitel beschrieben. Sie erstellen dafür eine Motivanalyse Ihres Gesprächspartners. Selbstverständlich behandeln Sie Ihren Gesprächspartner in diesem Fall als Autoritätsperson, deren Know-how Sie für Ihre gemeinsamen Ziele gewinnen wollen. Das Gespräch mit dem Lehrer Ihres Kindes findet also „auf Augenhöhe" statt.

Wie Sie die Motive des Lehrers erkennen

Grundsätzlich haben Erwachsene und also auch Lehrer dieselben Motive wie Kinder: Selbstbestätigung, soziale Repräsentanz, Selbstverwirklichung, soziale Akzeptanz und Sicherheit. Für viele Lehrer ist das Motiv der sozialen Repräsentanz zentral. Diese Menschen wissen viel und wollen dieses Wissen an Schülern weitergeben. Sie stehen täglich als Führungspersönlichkeit vor einer Klasse . Sie wollen und brauchen Anerkennung und Bewunderung. Der Lehrer weiß mehr als alle in der Klasse und steht auch vor den Eltern als Fachmann .

Aber trifft das so auch auf den Lehrer Ihres Kindes zu? Und welche anderen Motive sind für ihn (oder sie) noch wichtig? Um das schon vor dem

Gespräch wenigstens grob einschätzen zu können, ziehen Sie die Kommentare Ihres Kindes über das Verhalten seines Lehrers in Betracht, die es im Laufe der Zeit gemacht hat. Hier führe ich einige bewusst überzeichnete Beispiele an:

„Heute hat Frau Schmid ein Lied gesungen und einen Stepptanz vorgemacht, vor der ganzen Klasse! Es war richtig schön, Mama, wir haben alle geklatscht!“

Vor der Klasse vorzuführen, was sie besonders gut kann, auch wenn es mit dem Unterrichtsstoff gar nichts zu tun hat, und dafür Beifall einzufordern: Das ist ein Hinweis darauf, dass die soziale Repräsentanz für diese Lehrerin besonders wichtig ist. Sie will für ihre Leistungen bewundert werden und einen hohen Status haben.

„Heute hat der Herr Schubert den Heiko ganz schön angemotzt. Heiko hat immer wieder gestört, als er uns zeigen wollte, wie wir die Textaufgaben richtig machen sollen. Danach mussten wir das Ganze noch mal durchmachen, bis sogar der Heiko es kapiert hat.“

Dieser Lehrer will Ziele, die er sich selbst gesetzt hat, erreichen. Er misst sich selbst daran, ob er diese erreicht oder nicht. Er will und muss sich selbst bestätigen. Sieht er diese Zielerreichung zum Beispiel durch das schlechte Verhalten eines Schülers gefährdet, reagiert er ihm gegenüber „aggressiv“. Gleichwohl verfolgt er beharrlich seine Ziele. Ganz klar: Dieser Lehrer hat das Motiv der Selbstbestätigung.

„Herr Bremer hat uns heute in Geschichte gruselige Bilder von der Pest gezeigt und hat viel darüber erzählt, wie schlimm es für die Menschen damals war. Wir mussten uns auch Szenen ausdenken und vorspielen. Im Hintergrund hat er komische Musik von damals abspielen lassen. Die halbe Klasse hat nur herumgeblödelt, das war ihm völlig egal! Er hat einfach weitergemacht mit denen, die mitmachen wollten.“

Dieser Lehrer arbeitet kreativ und selbstsicher vor sich hin und lässt sich von einer unruhigen Klasse nicht aus dem Konzept bringen; er leidet auch nicht darunter. Das deutet darauf hin, dass er ein „Selbstverwirklicher“ ist.

„Elisabeth hat Theresa an den Haaren gezogen und zum Weinen gebracht. Frau Maier hat gar nichts gesagt, bei ihr kann man machen, was man will. Manchmal fragt sie uns, was wir machen wollen!“

Anscheinend ist diese Lehrerin sehr unsicher. Sie tritt gegenüber ihren Schülern nicht energisch auf, auch dort nicht, wo es angebracht wäre. Diese Unsicherheit bemerken Sie und vor allem die Kinder. Das ist ein Zeichen für ein starkes Motiv Sicherheit. Vielleicht fragt die Lehrerin auch ständig bei der Schulleitung an, ob und wie sie etwas machen darf.

„Herr Reichelt hat heute gesagt, dass jeder einen Abschnitt aus der Lesefibel vorlesen muss. Dann hat Robert ganz frech gesagt, wir könnten doch alle selbst lesen, ohne laut vorzulesen. Der Lehrer hat ihm recht gegeben und gesagt, dass jeder für sich allein lesen solle. Das ging dann auch nicht, weil Jens sagte, wir könnten doch alle zusammen laut vorlesen! Ja, dann haben sich alle gestritten, bis Herr Reichelt sagte, dass er es selber vorlesen würde. Die Jungs haben trotzdem dabei gestört!"

Dieser Lehrer stimmt anscheinend laufend zu, wiederholt die Argumente anderer, führt sie von sich aus fort und verstärkt sie dadurch. Zur Konfliktvermeidung macht er dann vieles selbst. Ganz klar, er ist vom Motiv soziale Akzeptanz bewegt.

Durch die Erzählungen Ihres Kindes und aufgrund eigener früherer Erfahrungen mit dem Lehrer oder der Lehrerin können Sie eine solche Motivanalyse erstellen, die als Basis für das Gespräch dient.

Die Motivanalyse für Herrn Schubert ergibt das folgende Profil: Selbstbestätigung 70 %, soziale Repräsentanz 60 %, Selbstverwirklichung 15 %, soziale Akzeptanz 50 %, Sicherheit 30 %.

Sie sehen: Erfolge sind für diesen Lehrer wichtig (Selbstbestätigung), er will diese für sich erzielen; zweitrangig, aber auch von Bedeutung: Er braucht Anerkennung und Bewunderung in der Gruppe (soziale Repräsentanz). *Last but not least* ist ihm auch wichtig, sich angenommen zu fühlen (soziale Akzeptanz).

Das Motivationsgespräch ist hier das Mittel der Wahl, um diese Motive zu erfüllen. Aus Kapitel 6 wissen Sie auch, dass Sie bei der Gesprächsführung die Struktur des Gesprächs, den Ablauf berücksichtigen müssen, damit Sie Ihre Absicht, Ihren Gesprächspartner für Ihre Ziele zu gewinnen, planmäßig erreichen. Der Aufbau des Motivationsgesprächs ist also wie gehabt: Einstieg – Ansprechen des Problems – gemeinsame Lösungssuche – Zusammenfassung – Erfolgskontrolle

Der Einstieg: So machen Sie es falsch

„‘n Abend, Herr Schubert, so sieht man sich wieder! Wir haben wieder mal Probleme, kommen wir gleich zur Sache.“

Bei einem so forschen und unvermittelten Einstieg ahnt Ihr Partner nichts Gutes; er hört außerdem das Wort Probleme und überlegt sich bereits, wie er sich zur Wehr setzen kann. Deshalb ist es vorteilhafter für Sie, immer positiv einzusteigen.

Der Einstieg: So machen Sie es richtig

„Guten Abend, Herr Schubert, schön, dass Sie Zeit für uns gefunden haben! Wir wissen das zu schätzen. Lehrer haben ja heutzutage immer weniger Zeit!“

„Gern geschehen, Herr Wilhelm, Frau Wilhelm. Bitte nehmen Sie Platz.“

„Bevor wir zur Sache kommen, Herr Schubert, wollten mein Mann und ich Ihnen sagen, wie schön wir die Waldbegehung mit dem Förster letzte Woche fanden. Lars war begeistert. Er will jetzt Förster werden! Ich habe mich auch gefreut, dass Sie uns Eltern dazu eingeladen haben. Das wissen wir sehr zu schätzen.“

„Danke, Frau Wilhelm, nett, dass Sie das so sagen. Nun, Sie haben wegen Lars um dieses Gespräch gebeten …“

Zu Gesprächsbeginn steigen Sie immer positiv ein. Sie können dies tun durch eine freundliche und aufrichtige Begrüßung auf Ihre Art. Verstellen Sie sich dabei nicht. Sie können ein Beispiel anführen, um die positive Stimmung zu verstärken und Ihren Gesprächspartner in den Mittelpunkt zu stellen. Es geht in diesem Gespräch darum, Ihren Gesprächspartner zu gewinnen, deshalb muss *er* im Mittelpunkt stehen, nicht Ihr Kind und nicht Sie.

*

Ansprechen des Problems: So machen Sie es falsch

„Sie haben unserem Heiko schon wieder eine Sechs reingeballert! Der Junge schuftet und schuftet und Sie ignorieren das total. Dabei ist die Schule selbst daran schuld, dass er solche Schwierigkeiten in der Rechtschreibung hat, und Sie auch. Können Sie immer nur das Gleiche machen?"

Greifen Sie den Lehrer an und weisen Sie ihm die Schuld am Problem zu, dann wird er sich heftig zur Wehr setzen. Bei dieser Problemansprache besteht die Gefahr, dass der Lehrer umso stärker auf seiner Vorgehensweise beharrt und einer Zusammenarbeit mit Ihnen, wenn überhaupt, nur oberflächlich zustimmt. Er wird sich kaum öffnen wollen für neue Ideen und dafür, Ihr Kind für eine neue Methode zu motivieren.

Ansprechen des Problems: So machen Sie es richtig

„Ja, Herr Schubert, wir haben ein Problem und Sie als Fachmann müssen uns helfen. Nach dem letzten Diktat war Lars wirklich niedergeschmettert, seit Monaten übt er und übt er und dann wieder eine Sechs!"

„Ja, Herr Wilhelm, das finde ich auch schade. Lars ist ein netter, aufgeschlossener Kerl. Er gibt sich viel Mühe, in Mathe schreibt er gute Noten, auch in den anderen Fächern. Deutsch liegt ihm einfach nicht so sehr."

Bei der Problemansprache wird das Problem als ein gemeinsames dargestellt. Dann ist die Chance viel höher, dass der Lehrer das Problem ebenfalls als gemeinsames sieht und nicht dem Kind oder den Eltern die Schuld daran zuschiebt.

*

Reaktion auf Einwände: So machen Sie es falsch

„Aber, Herr Schubert, dann gucken Sie mal ein bisschen genauer hin, er schreibt wesentlich weniger Fehler als früher, und nicht erst seit gestern."

Es besteht die Gefahr, dass Ihr Gesprächspartner sich brüskiert fühlt und sich rechtfertigen muss – das ist nicht gut! Er hat sich bei seinem Einwand etwas gedacht, er spricht aus *Erfahrung*. Sie haben einen *Wissensvorsprung*.

Reaktion auf Einwände: So machen Sie es richtig

„Vielleicht haben Sie recht, Herr Schubert. Tatsächlich ist es so, dass Lars seit Neuestem große Fortschritte macht bei der Verringerung der Zahl der Rechtschreibfehler. Im letzten Diktat waren es nur 13, vor vier Monaten hat er 25 Fehler gemacht!

„Ja, bei so vielen Arbeiten habe ich nicht alles im Kopf, aber wenn man es so betrachtet, ist das tatsächlich eine merkliche Verbesserung, hmm."

„Es wird noch besser, Herr Schubert: Lars ist dabei, sein zweites Buch innerhalb von drei Wochen zu lesen, freiwillig", sagt Frau Wilhelm mit Begeisterung.

Bei Einwänden nehmen Sie Ihren Gesprächspartner positiv auf. Äußern Sie Verständnis für seine Position. Verwenden Sie dabei Redewendungen wie: Vielleicht haben Sie recht, ich kann Sie verstehen, an Ihrer Stelle würde ich auch so denken ... Verstärken Sie den Standpunkt Ihres Gesprächspartners aber nicht. Verwenden Sie konkrete Beispiele, um Ihren Standpunkt zu belegen. Dann wird Ihr Gesprächspartner auch bereit sein, eigene Vorschläge zur Lösung des Problems anzubringen.

„Bücher sind Fenster zur Welt, hat die Historikerin Barbara Tuchmann gesagt, Frau Wilhelm", sagt Herr Schubert nachdenklich. „Um diese Verbesserung zu beschleunigen, schlage ich vor, dass Lars am neuen LRS-Kurs teilnimmt, er könnte es gut brauchen. Das ist eine qualifizierte Sache, die Methode ist nach Reuter-Liehr und wird empfohlen vom Bundesverband für Legasthenie und Dyskalkulie. Im Kurs wird Lars individuell auf seine Weise viel mit Silben trainieren. Ich glaube, dies ist der Schlüssel zum Erfolg. Was meinen Sie, soll ich Lars für Sie anmelden?"

*

Positives Aufnehmen von Vorschlägen: So machen Sie es falsch

„Aber ich habe gehört, dass die Kinder nicht viel besser werden. Hier, lesen Sie dieses Buch, dann wissen Sie, warum!"

Das Hilfsangebot des Lehrers wird hier sofort abgelehnt. Er fühlt sich als Fachmann infrage gestellt, daher wird es kaum möglich sein, ihn für das Buch zu gewinnen. Vermeiden Sie das Wort „aber" – es bedeutet so viel wie „nein"!

Positives Aufnehmen von Vorschlägen: So machen Sie es richtig

„Herr Schubert, vielen Dank für Ihr Hilfsangebot, wir schätzen Ihre professionelle Unterstützung sehr."

Auch wenn Sie davon überzeugt sind, dass der Vorschlag Ihres Gesprächspartners nichts zur Problemlösung beiträgt, verdient er doch Anerkennung.

*

Weiterführendes Argumentieren: So machen Sie es falsch

„Lars hat sich verbessert und er könnte noch besser werden, wenn Sie mitziehen würden. Gehen wir es doch endlich zusammen an!"

Zur Lösung voranzueilen, ohne die Anliegen Ihres Gesprächspartners zu berücksichtigen, das ist zum Scheitern verurteilt.

Weiterführendes Argumentieren: So machen Sie es richtig

„In diesem Zusammenhang interessiert es Sie sicherlich zu erfahren, wie Lars sich innerhalb kurzer Zeit in Lesen und Schreiben so enorm verbessert hat. Wie bei der Silbenmethode zerlegt er die Wörter, aber nicht nur in Silben, sondern in die einzelnen Buchstaben, und zwar mithilfe einer Computertastatur. Er tippt täglich Texte von Büchern ab", sagt Frau Wilhelm.

„Nicht nur das, er prägt sich die einzelnen Buchstaben ein durch das Spielen von Buchstabenspielen, die wir regelmäßig – na ja – mit ihm spielen", ergänzt ihr Mann.

„Und das ist alles?", fragt Herr Schubert erstaunt. „Das klingt sehr merkwürdig!"

Lassen Sie sich durch Verwunderung und Skepsis des Lehrers nicht aus der Ruhe bringen. Reagieren Sie darauf weder aggressiv noch defensiv, sondern ruhig mit Belegen. Argumentieren Sie dabei nach dem Wenn-dann-Schema. So können Sie am ehesten den Lehrer überzeugen, dass er mitmacht.

*

Gemeinsame Lösungssuche: So machen Sie es falsch

„Wir können Lars nicht im Regen stehen lassen. Er muss seine Hausaufgaben tippen und in getippter Form abgeben dürfen."

Wenn Sie *Forderungen* an Ihren Gesprächspartner stellen und ihm Lösungen vorgeben, wird er sich automatisch dagegenstellen, um seine Autorität zu verteidigen. Außerdem ist es ungeschickt, nur den Vorteil für das Kind in den Mittelpunkt zu stellen – da hat der Lehrer keinen besonderen Grund mitzumachen.

Gemeinsame Lösungssuche: So machen Sie es richtig.

„Herr Schubert, wie gesagt, wir brauchen Ihre Hilfe. Wie Sie sich sicher vorstellen können, ist es – je nach Situation und Tag – recht aufwendig, die Tippübungen oder Buchstabenspiele und die Hausaufgaben alle durchzuführen. Sie als Fachmann haben sicher eine Idee, wie wir das Tipptraining mit den Hausaufgaben unter einen Hut bringen können?“

„Ja, wenn er englische Vokabeln als Hausaufgabe hat, darf er diese abtippen.“

Überlassen Sie es zunächst dem Gesprächspartner, Lösungsvorschläge zu bringen. Wenden Sie dabei die Frageform an: „Sicher haben Sie eine Idee?“ – „Bestimmt haben Sie einen Vorschlag?“ Oder Ähnliches ...

Dadurch unterstützen Sie sein Motiv der sozialen Repräsentanz und erreichen, dass Ihr Gesprächspartner hinter der Lösung steht, die er selbst vorgeschlagen hat. Durch Ihre Formulierung des Problems können Sie darauf hinarbeiten, dass seine Lösung in die von Ihnen gewünschte Richtung geht.

*

Positives Aufnehmen mit weiterführender Argumentation: wenn – dann

„Das ist eine gute Hilfe! Wenn er seine Aufsätze und *alle* Hausaufgaben, wo es machbar ist, *getippt* abgeben könnte, dann würde er sich noch schneller verbessern und hätte dabei mehr Freizeit! Und noch besser, wenn er seinen Laptop in die Schule mitbringen und dort so oft wie möglich tippen könnte, statt von Hand zu schreiben. Die W-Lan-Funktion schalten wir natürlich aus, sodass er im Unterricht nicht surfen kann“, sagt Frau Wilhelm energisch.

„Ich glaube, das geht mir etwas zu weit, Frau Wilhelm. Dies ist sehr ungewöhnlich, was Sie von mir verlangen. Kein anderer Kollege gewährt solche

Ausnahmereglungen! Ich wäre der Einzige." Herr Schubert rückt mit seinem Stuhl etwas zurück und verschränkt die Arme.

*

Mit Widerständen umgehen: So machen Sie es falsch

„Ja, und? Die Zukunft unseres Kindes steht auf dem Spiel!"

Eine solche Formulierung drückt aus, dass Ihnen die Position Ihres Gesprächspartners im Grunde gleichgültig ist. Sie stellen *Ihr Kind* in den Mittelpunkt statt den Gesprächspartner.

*

Mit Widerständen umgehen: So machen Sie es richtig

„Ich kann Ihre Bedenken sehr gut verstehen", antwortet Frau Wilhelm betont gelassen, „und respektiere sie. Schauen Sie: Innerhalb von nur vier Monaten macht Lars 50 Prozent weniger Fehler und er liest jetzt Bücher! Wenn Sie uns helfen, dass er so weitermacht, dann wird er zum ersten Mal in seinem Leben gute Noten in Deutsch schreiben. Mit Ihrer Hilfe, Herr Schubert, kommt er aufs Gymnasium! Sie haben sicher eine Idee, wie wir diese Sache vernünftig hinkriegen können. Das mit den Hausaufgaben ist aber nur die Hälfte: Wir stehen allein da, wir brauchen Sie, Lars braucht Sie, damit Sie ihn loben und dazu ermutigen, weiterzumachen."

„Frau Wilhelm, ich mache Ihnen einen Vorschlag: Probieren wir es! Ich werde Lars helfen, so gut ich kann. Wir lassen ihn einen Monat lang seine Hausis – wann und wo es angebracht ist – getippt abgeben. Sollte es in dieser Zeit zu großen Problemen kommen, schreibt Lars danach seine Hausaufgaben wie alle andere Schüler auch. Aber wenn es gut geht, dann darf er seinen Laptop in den Unterricht mitbringen", antwortet Herr Schubert.

Äußern Sie immer Verständnis für die Position Ihres Gegenübers und argumentieren Sie mit dem Wenn-dann-Muster. Sollte Ihr Gesprächspartner, wie in diesem Beispiel, Ihren Lösungsvorschlag nicht annehmen wollen und macht er selbst einen Vorschlag (einen Monat auf Probe), der auch zur Zielerreichung führt, dann nehmen Sie seinen Vorschlag an. In solchen Fällen ist die zweite Lösung immer die bessere, weil Ihr Gesprächspartner sich mit ihr identifizieren kann. Hauptsache ist, dass sie zum Ziel führt. Sollte Ihr Gesprächspartner keine Vorschläge bringen, dann arbeiten Sie mit der Vorschlagstechnik. Ihre Vorschläge müssen für Ihren Gesprächspartner annehmbar sein und seine Motive erfüllen und zu Ihrem nun gemeinsamen Ziel führen.

*

Zusammenfassung: So machen Sie es falsch

„Na ja, dann probieren wir es!"

Nach jedem Gespräch müssen sich beide Parteien im Klaren sein, worauf man sich geeinigt hat.

Zusammenfassung: So machen Sie es richtig

„Das ist eine gute Idee, Herr Schubert. Sie haben recht, diese Lösung lässt sich gegenüber den Kollegen sicherlich gut vertreten, Lars hat dann keinen unfairen Vorteil gegenüber den anderen Kindern. Damit helfen Sie Lars, seine Erfolge zu sichern, und heben den Klassenschnitt an. Prima, Herr Schubert! Verbleiben wir so, dass auch Sie Lars klar machen, dass dieses Konzept ihm große Vorteile bringt, wir bleiben gemeinsam dran! Ab sofort darf er seine Schularbeiten für zuhause getippt abgeben. Einverstanden?", fragt Frau Wilhelm.

„Ein Versuch kann nicht schaden, denke ich", antwortet Herr Schubert langsam.

Bei der Zusammenfassung benennen Sie klar, worauf Sie sich geeinigt haben. Sie führen noch einmal die Vorteile an, die diese Lösung für alle Beteiligten hat und die den Motiven des Gesprächspartners entsprechen. Sie schließen immer ab mit „Okay?" oder „Einverstanden?" Dann ist es für Ihren Gesprächspartner schwieriger, nein zu sagen – vorausgesetzt, dass Ihr Vorschlag vernünftig ist und zum Ziel führt.

*

Erfolgskontrolle: So machen Sie es falsch

„Okay, dann machen wir es so, bis zum nächsten Mal, tschüss!"

Wenn Sie eine Erfolgskontrolle nicht ausdrücklich vereinbaren, ist für alle Seiten die Motivation geringer, sich an die Vereinbarung zu halten. Dazu kommt: Wenn Sie dann doch unangekündigt ein Gespräch zur Erfolgskontrolle suchen, wird das sofort als Krisengespräch verstanden und steht unter negativen Vorzeichen.

Erfolgskontrolle: So machen Sie es richtig

„Also, lassen wir diese Sache einen Monat lang laufen und treffen wir uns in vier Wochen hier wieder zur gleichen Zeit, um den Erfolg unserer Bemühungen zu besprechen, okay?“, sagt Frau Wilhelm. „Wenn Sie mögen, können Sie in der Zwischenzeit gerne dieses Buch kritisch prüfen, in dem die Tippmethode beschrieben ist. Aber ich muss Sie warnen: Es ist zwar sehr interessant ist, aber auch recht unkonventionell!“

„Ja, ein bisschen ‚frische Luft‘ schadet nicht“, lächelt Herr Schubert. „In Ordnung, Frau Wilhelm, ich bedanke mich für das Buch. Ich sage Ihnen heute in vier Wochen, was ich davon halte.“

„Ihre Meinung dazu wird uns sehr interessieren, Herr Schubert. Wir bedanken uns herzlich für Ihr Verständnis und Ihre Unterstützung.“

„Keine Ursache, wir besprechen dann auch, ob wir diesen Versuch fortsetzen. Frau Wilhelm und Herr Wilhelm, ich wünsche Ihnen noch einen schönen Abend.“

Die Erfolgskontrolle dient dazu, die vereinbarten Maßnahmen zu überprüfen, um sicherzustellen, dass sie so umgesetzt werden wie vereinbart. Und gleichzeitig soll sie natürlich feststellen, welchen Erfolg die Maßnahmen bis dahin gehabt haben. Wenn Sie die Erfolgskontrolle im Voraus vereinbaren, wird das nächste Gespräch unter positiven Vorzeichen stehen. Es bietet die Chance, sich über gemeinsame Erfolge zu freuen und so die Motivation zu erhöhen, oder aber, ohne gegenseitige Schuldzuweisungen Verbesserungen in die Maßnahmen einzuarbeiten.

*

Übung macht den Meister

Ihre Chancen auf Erfolg können Sie verbessern, indem Sie das Motivationsgespräch zuhause mit dem Ehepartner mehrmals üben. Vertauschen

Sie die Rollen: Mal spielen *Sie* die Rolle des Lehrers, danach Ihr Ehemann. Werten Sie diese Gespräche kritisch aus nach den Kriterien: Was war gut – was kann noch besser werden? Wenn möglich holen Sie eine Person Ihres Vertrauens dazu, die Ihnen als Beobachter zusätzliches Feedback gibt.

Weitere Situationen, in denen Sie gegenüber der Schule agieren und reagieren müssen

In diesem Beispiel haben die Eltern das Gespräch mit dem Lehrer gesucht, um ihn für das Konzept des Tipptrainings zu gewinnen. Manchmal läuft es umgekehrt und Eltern werden in die Schule bestellt, zum Beispiel wegen des Verhaltens ihres Kindes, weil das Kind von seinen Klassenkameraden ausgegrenzt oder sogar gemobbt wird oder um über eine mögliche freiwillige Klassenwiederholung zu sprechen.

Wie Sie vorgehen, wenn Ihr Kind den Unterricht und die Klassenkameraden stört

Lehrer vermuten oft und nicht immer zu Unrecht, dass das Elternhaus daran schuld ist, wenn ein Kind sich sehr aggressiv verhält. *Sie* wissen jetzt aber, dass wir alle von bestimmten Motiven bewegt werden. Wir *brauchen* – mehr oder weniger – Sicherheit, Akzeptanz, Anerkennung, Selbstbestätigung und Raum, um kreativ zu wirken. Durch eine Lese-Rechtschreib-Schwäche und die andauernden Misserfolge ist diese Motiverfüllung bei Ihrem Kind hochgradig gefährdet. Das Kind reagiert je nach Motivveranlagung unsicher, anhänglich oder aggressiv und angeberisch.

Besonders bei den offensiv motivierten Kindern kann dieses Verhalten umkippen und in Familie und Schule dysfunktional wirken. In diesem Fall, wenn Sie wegen des störenden Verhaltens Ihres Kindes in die Schule bestellt werden, wenden Sie die Technik des „positiven Aufnehmens“ entschlossen an:

- Zeigen Sie Verständnis für die Schwierigkeiten des Lehrers, mit Ihrem Kind zurechtzukommen.
- Begrüßen Sie die Gelegenheit, mit der Schule zusammenzuarbeiten, um das Verhalten ihres Kindes positiv zu beeinflussen. Sagen Sie ruhig, dass Sie zuhause (wenn dies so ist) ähnliche Probleme mit dem Kind

haben und dass Sie daran arbeiten, dies in den Griff zu bekommen.

- Erarbeiten Sie zusammen mit dem Lehrer Maßnahmen, die zu einer Verhaltensverbesserung führen können.
- Begründen Sie Ihren Verdacht, dass das Verhalten mit dem Versagen im Fach Deutsch zusammenhängt. Zeigen Sie dem Lehrer, dass Sie mit unserem Konzept daran arbeiten, diesen Missstand zu beheben.
- Führen Sie Beispiele an, wo Ihr Kind sich in Lesen und Schreiben verbessert hat: Ihr Kind macht vielleicht weniger Rechtschreibfehler oder es liest etwas flüssiger und mit mehr Begeisterung.

Sind noch keine Verbesserungen zu verzeichnen, zeigen Sie dem Lehrer, dass Sie zuhause daran arbeiten. An diesem Punkt können Sie die Argumentationskette wie oben bei den Wilhelms aufnehmen und versuchen, den Lehrer dafür zu gewinnen, dass er Ihr Kind motiviert, weiterhin zu tippen und die Buchstabenspiele zu spielen, und dass er seinen Bemühungen Anerkennung zollt. Werben Sie auch dafür, dass Ihr Kind seine Hausaufgaben getippt abgeben darf. Sollte dies nicht möglich sein: nicht verzagen, weitermachen, bis die Erfolge sich einstellen! Bestehen Sie darauf, dass eine Erfolgskontrolle vereinbart wird: Man bespricht die Erfolge der vereinbarten Maßnahmen nach einer Woche oder nach einem Monat wieder. Sie beweisen damit, dass Sie die Anliegen des Lehrers ernst und die Erziehung Ihres Kindes sehr ernst nehmen.

Wie Sie vorgehen, wenn Ihr Kind verunsichert ist und/oder zum Außenseitertum neigt

Es liegt leider in der Natur der Sache, dass defensiv orientierte Kinder gelegentlich von manchen anderen Kindern absichtlich ausgegrenzt werden. Diese zunehmend isolierten Kinder reagieren auf die Misserfolge im Fach Deutsch oft mit Tränen und klagen ihr Leid. Sie haben Angst vor den ungeübten Diktaten und Klassenarbeiten, sie schlafen oft schlecht ein und durch, nicht selten wandeln sie in der Nacht herum. Sie klagen über Kopfweh und Bauchschmerzen, besonders vor den Klassenarbeiten. Manche ihrer Schulkameraden reagieren darauf mit gesteigerter Ablehnung und Ausgrenzung; es besteht die Gefahr von Mobbing und Depression als Folge. Manchmal bemerken aufmerksame und sozial orientierte Lehrer eine solche Situation und gehen auf die Eltern zu, um Lösungen zu finden. Häufiger aber sind Lehrer so beschäftigt, dass sie Kinder, die im Unterricht nicht stören, nicht besonders beachten und deren Probleme nicht bemerken oder auf ihrer Prioritätenliste weiter unten einordnen. Dann sollten Sie als Eltern die Initiative ergreifen und das Gespräch mit dem Lehrer suchen.

In diesem Fall empfehle ich ebenfalls, so vorzugehen wie in unserem Musterbeispiel mit Familie Wilhelm. Danach können Sie, als Ergänzung, Vorschläge des Lehrers abrufen, wie das Verhalten des Kindes und das Verhalten in der Klasse insgesamt zu verbessern wäre. Bei Verdacht auf Depression ist es zu empfehlen, fachmännischen Rat außerhalb der Schule einzuholen.

Bei einem defensiv motivierten Kind ist es ausschlaggebend, dass Sie und der Lehrer ihm mehr *Sicherheit* geben. Das Ziel Ihres Gesprächs mit dem Lehrer wird sein, dass Sie Ihrem Kind sagen können: „Wir haben mit dem Klassenlehrer gesprochen und er will dir helfen, besser zu werden. Er redet mit den anderen Kindern, damit ihr euch besser versteht."

Bei Mobbing kann es vorkommen, dass der Klassenlehrer auch *nach* Ihrem Gespräch untätig bleibt – weil er nicht weiß, was er dagegen tun kann. In diesem Fall wenden Sie sich an die Schulleitung.

Was Sie tun können, wenn Sie erkennen, dass die Schule mit ungeeigneten Methoden arbeitet

Sie stellen fest, dass Ihr Kind schlecht liest und noch schlechter schreibt. An der Schule wird dagegen nicht wirklich etwas unternommen, dort darf es sogar viele Rechtschreibfehler machen. Es lernt vielleicht nach einer „Anlauttabelle" und mit *ganzen* Wörtern, die es selbstständig zusammensetzen darf. Fehler wie „TMT" für das Wort „Tomate" werden nicht gleich korrigiert. Es werden keine ungeübten Diktate geschrieben. Sie befürchten, dass sich Ihr Kind die Fehler einprägt.

Ein anderes Beispiel: Ihr Kind übt beim Erlernen des Alphabets gleichzeitig *Silben*. So wird es für das Kind schwieriger, sich die einzelnen Buchstaben tief und fest genug einzuprägen.

Bei diesen Beispielen begeben wir uns in tiefe und gefährliche Gewässer, die von bedrohlichen Klippen umzingelt sind! Wird Ihr Kind in der ersten Klasse gleich mit Silben und Wörtern konfrontiert oder darf es die Wörter nach Gutdünken schreiben, hat es als Legastheniker keine Chance, sich die Buchstaben einzeln fest einzuprägen. Ein Kind, das entwicklungsmäßig ein Grenzfall ist, kippt dann wahrscheinlich in die Legasthenie ab.

Wollen Sie in einer solchen Situation durch ein Motivationsgespräch mit dem Lehrer Ihrem Kind helfen, haben Sie schlechte Karten! Denn der Lehrer ist davon überzeugt, dass seine Unterrichtsmethode die beste ist. Sonst würde er sie ja nicht anwenden. Trotz dieser ungünstigen Voraussetzungen ist es einen Versuch wert.

Setzen Sie wie immer alles daran, den Lehrer für Ihre Ziele zu gewinnen. Kritisieren Sie die Methoden der Schule nicht. Beim Ansprechen des Problems betonen Sie den kreativen Aspekt unserer und Ihrer neuen Methode. Arbeitet die Schule von Anfang an sehr stark mit der Silbenmethode, betonen Sie die pädagogische Stringenz der Methodik.

Argumentieren Sie weiter, dass Sie diese Bemühungen *zusätzlich* unterstützen wollen, und dies wäre möglich, wenn Ihr Kind seine Arbeiten getippt abgeben dürfte. Sie „bitten" nicht darum, sondern schlagen es vor als eine Ergänzung zu den Bemühungen des Lehrers.

Um die Gefahr eines Methodenstreits zu vermeiden, sagen Sie nicht, dass Sie mit dem Konzept der *Kennedy-Schule* arbeiten. Dies können Sie erwähnen, nachdem Ihr Kind seine LRS überwunden hat. Es kann allerdings sein, dass der Lehrer die Erfolge dann für sich selbst und seine Methode bucht.

Wenn Sie sich fragen, ob Sie Ihr Kind die Klasse wiederholen lassen sollen

Nicht wenige Eltern haben das Gefühl, dass ihr Kind in der Schule komplett überfordert ist, und ziehen eine Klassenwiederholung in Erwägung. Dies kann für ein Kind mit LRS sehr von Vorteil sein; es hat dann die Möglichkeit, mit Tipptraining und Buchstabenspielen *aufzuholen*, ohne gleichzeitig den immer schwieriger werdenden Anforderungen hinterherzuhecheln. Diese Anforderungen sind ja für Kinder gedacht, die *keine* LRS haben. Stellen Sie fest, dass Ihr Kind komplett überfordert ist, dann sollten Sie die Klassenwiederholung ernsthaft in Erwägung ziehen. Manche Eltern sorgen auch dafür, dass ihr Kind schon während des Schuljahres eine Klasse zurückgestuft wird.

Wollen Sie in dieser Situation aktiv werden (was ich empfehle), sollten Sie eine solche Entscheidung gut überlegen.

Für eine Rückstufung spricht es, wenn Ihr Kind wegen der Folgen der Lese-Rechtschreib-Schwäche *insgesamt* überlastet ist. Es erzielt vielleicht in Mathematik und auch den Nebenfächern schlechte Ergebnisse, trotz der Tatsache, dass es sich in der Schule und zuhause sehr viel Mühe gibt. Im Fach Deutsch beherrscht es die Grundlagen nicht und Sie und Ihr Kind fühlen sich insgesamt überfordert. Ziehen Sie auch die soziale Reife Ihres Kindes in Betracht. Nicht selten wirken LRS-Kinder in ihrem Verhalten ein oder zwei (und noch mehr) Jahre jünger: Jünger deshalb, weil die LRS Teil einer allgemeinen *Entwicklungsverzögerung* sein kann. In diesem Zusammenhang ist es oft die Reife des sozialen Verhaltens, die im Verzug ist.

Treffen diese Kriterien auf Ihr Kind zu, dann wird eine Rückstufung mehr positive als negative Folgen haben. Es wird nicht mehr überlastet sein und kann seine Lese-Rechtschreib-Schwäche aufholen, ohne dass ihm die entsprechende Zeit für den übrigen Schulstoff fehlt. Vermutlich wird es seine Freunde aus der alten Klasse zunächst vermissen, aber die kann es ja in der Pause und in der Freizeit immer noch treffen. In der neuen Klasse wird es *neue* Freunde finden.

Gegen eine Rückstufung spricht, wenn Ihr Kind abgesehen von Deutsch gute Leistungen erzielt. Die Rechenfähigkeit ist intakt. Die Noten in den anderen Fächern sind akzeptabel. Ihr Kind versteht nicht nur den Stoff, sondern interessiert sich altersgemäß auch für andere Dinge. Weitere Kriterien: Es kommt in der Klasse gut zurecht. Ihr Kind ist selbstständig, und bis auf seine Probleme beim Lesen und/oder Schreiben hat es nur geringe Schwierigkeiten.

Wenn Sie zu Ihrer eigenen Einschätzung gekommen sind, müssen Sie als Nächstes Ihr Kind und den Lehrer davon überzeugen.

Wie Sie sich verhalten, wenn Sie das Kind wiederholen lassen wollen, der Lehrer aber dagegen ist

Viele Lehrer sind gegen eine Wiederholung, weil sie in der Klasse *viele* Kinder haben, die schlecht in Deutsch sind. Warum für *Ihr* Kind eine Ausnahme machen? Ihr Kind wird seine Klassenkameraden vermissen und dadurch noch unsicherer werden. Außerdem wird seitens der Lehrer sehr oft argumentiert, dass irgendwann die Sache von allein besser werde.

Lassen Sie sich von diesen Argumenten nicht verunsichern. In der Praxis ist es eher die Ausnahme, dass das Lese-Schreib-Zentrum im Gehirn und somit die Lese-Rechtschreib-Fähigkeit eines Kindes *von allein* nachreift. Verlassen Sie sich nicht darauf. In dieser Situation brauchen Sie Fakten und Beispiele, um Ihre Argumente für eine Wiederholung zu begründen:

„Stellen Sie sich vor, Frau Kluge, Michael und ich haben gestern *eine* Stunde gebraucht, um den Aufsatz zu schreiben, danach vierzig Minuten für die Textaufgaben in Mathe. Den Text über den Regenwald hat er mehrmals bearbeiten müssen, bis er ihn richtig verstanden hat; insgesamt hat er für seine Hausaufgaben zwei Stunden und zwanzig Minuten gebraucht. Das kommt beinah jede Woche vor. Laut Schulgesetz in Nordrhein-Westfalen sind in Klasse 3 sechzig Minuten für die Hausaufgaben vorgesehen. Wir sind beide überfordert, so kann es nicht weitergehen. Sie müssen uns helfen! Wenn Michael die Klasse wiederholen darf, ist er nicht mehr so unter Druck. Dann kann er in Ruhe seine Buchstabenübungen machen, lernt richtig lesen und schreiben und wird insgesamt in der Schule viel besser."

Indem Sie die Einwände des Lehrers immer positiv aufnehmen, aber Ihre Position mit konkreten Argumenten nach dem Wenn-dann-Prinzip untermauern, können Sie Lehrer und Schulleitung von einer Wiederholung überzeugen.

Und Ihr Kind?

Wie Sie Ihr Kind davon überzeugen, dass eine Klassenwiederholung notwendig ist

Kinder wollen meist nicht wiederholen, weil sie bei ihren Freunden in der Klasse bleiben möchten. Ihr Kind will auch sein Gesicht wahren und nicht als dumm abgestempelt werden. Auch in dieser Situation wenden Sie das Motivationsgespräch an. Sie zeigen Verständnis für die Einwände Ihres Kindes, ohne diese zu verstärken, und argumentieren mit „Wenn – dann" weiter:

„Wenn du wiederholst, dann ist es für dich einfacher und du kannst mit der Zeit bessere Noten schreiben, das macht Spaß!"

Zeigen Sie konsequent weitere Vorteile auf:

„Durch die Tippübungen und Buchstabenspiele wirst du deine Schwierigkeiten ein für alle Mal überwunden haben, dann gehörst du in deiner Klasse zu den *besseren* Schülern und nicht mehr zu den schlechteren. Das wäre toll für dich!“

„Ich kann verstehen, dass du bei deinen Freundinnen bleiben willst. Du kannst mit ihnen ja in der Pause und *nach* der Schule spielen, weil du auch mehr Zeit haben wirst und nicht immer so lange über den Hausaufgaben sitzen musst. In der neuen Klasse wirst du viele neue nette Freundinnen finden; am Schluss hast du dann sogar noch mehr Freundinnen als jetzt.“

Bleiben Sie konsequent, eine Überforderung Ihres Kindes bringt nichts. (Diese kann dazu führen, dass Ihr Kind das Tipptraining und die Buchstabenspiele verweigert, weil es erschöpft ist – was machen Sie dann?)

Normalerweise gewöhnen sich die Kinder nach etwa drei Wochen an ihre neue Klasse.

Wie Sie reagieren, wenn der Klassenlehrer Ihr Kind die Klasse wiederholen lassen will und Sie nicht

Sie zeigen Verständnis für seine Argumente, die Sie positiv aufnehmen. Zeigt er Ihnen gute Gründe dafür auf (die wir oben erläutert haben), warum Ihr Kind wiederholen soll, dann stimmen Sie zu!

Ist dies nicht der Fall, dann zeigen Sie anhand von Beispielen und Fakten, warum Ihr Kind gut genug für seine gegenwärtige Klasse ist. Insbesondere dann, wenn es nur in Deutsch schlecht ist, in den anderen Fächern aber wenig Probleme hat. Belegen Sie die Fortschritte in Deutsch, die das Kind durch seine Übungen schon gemacht hat. Das ist ein gutes Argument dafür, dass es sich noch weiter verbessern wird und eine Klassenwiederholung überflüssig wird. Weisen Sie darauf hin, dass das Kind entmutigt würde, wenn es trotzdem wiederholen müsste.

Nachdem Sie Ihren Standpunkt erläutert haben, versuchen Sie eine Probezeit für den weiteren Verbleib Ihres Kindes in seiner Klasse zu vereinbaren sowie einen zweiten Gesprächstermin, um die Situation Ihres Kindes wieder zu besprechen.

Was Sie tun können, wenn der Lehrer die „Buchstabenmethode" ablehnt und nicht mit Ihnen zusammenarbeiten will

Es gibt Lehrer, die Sie einfach nicht gewinnen können. Entweder, weil diese Lehrer völlig von einer anderen Methode überzeugt sind. Oder weil ihnen die Buchstabenmethode zu unkonventionell ist oder zu einfach. Oder weil diese Lehrer jeden Vorschlag vonseiten der Eltern grundsätzlich als einen Angriff auf ihre Führungsposition werten. Oder weil sie von ihrem Beruf so stark beansprucht sind, dass sie keine Energie übrig haben, um Ihr Kind zu ermutigen oder irgendwelche Ausnahmeregeln zuzulassen.

Legen Sie sich mit solchen Lehrern nicht an, sondern gehen Sie „in Deckung". Erfüllen Sie die Forderungen des Lehrers: Dann werden die Hausaufgaben eben in Handschrift abgegeben – dass Ihr Kind sie *vorher* getippt und dann von Hand abgeschrieben hat, braucht der Lehrer nicht zu wissen. Dann motivieren Sie Ihr Kind eben alleine. In der Schule läuft alles so, wie der Lehrer erwartet. Aber zuhause machen Sie das, was Sie für richtig halten. Zuhause arbeiten Sie und Ihr Kind konsequent mit der Buchstabenmethode weiter – umso schöner, wenn Sie einen solchen Lehrer dann mit den Erfolgen überraschen können.

*

Jetzt kennen Sie also einige Möglichkeiten, wie Sie mit Ihrem „Familienschiff" an den gefährlichen Klippen der Lese-Rechtschreib-Schwäche und der Schule sicher vorbeisegeln können. Um wohlerhalten im Hafen der Alphabetisierung anzukommen, müssen Sie das Ruder fest in die Hand nehmen und zusammen mit Ihrer Mannschaft den Kurs geschickt ansteuern! Packen Sie es an!

Hier könnte ich mein Buch schon fast abschließen. Wenn nicht ..., ja, wenn nicht Dyslexie so oft zusammen mit Dyskalkulie und Aufmerksamkeits-Defizit-Syndrom vorkäme. Zu diesen beiden Lernbehinderungen möchte ich in den nächsten Kapiteln einige Tipps geben. Denn es ist nicht sinnvoll, jedes Problem einzeln anzugehen. Wenn sie zusammen vorkommen, müssen sie auch zusammen gelöst werden.

8. Fünf plus sechs – macht das neun?

LRS und Rechenschwäche

„Um Himmels willen, Lea! Zwölf minus vier sind acht! Das weißt du doch, wir haben die ganze Woche Minus-Aufgaben geübt! Jetzt konzentrier dich doch mal richtig, wir sitzen seit zwei Stunden über diesen Matheaufgaben!"

Seit Monaten übt Lea Buchstaben und im Lesen und Schreiben hat sie sich wirklich verbessert – in Mathe nicht.

„Aber Mama, ich strenge mich wirklich an, ich will endlich mit Hannah spielen!", schreit Lea zurück und bricht in Tränen aus; sie heult und heult und heult.

Vor dem Kind hält ihre Mutter sich zurück, aber als sie allein ist, heult auch sie. Und sie sagt zu sich selbst: „Ich weiß nicht, was hier los ist, vielleicht gibt es Legasthenie ja auch in Mathe?!"

*

Ein Unglück kommt selten allein

Leas Mutter hat recht. Es gibt tatsächlich eine Art Legasthenie in Mathematik. Sie heißt *Dyskalkulie* oder Rechenschwäche. Häufig tritt sie *neben* der Dyslexie auf. Meiner Erfahrung nach haben 33 Prozent der Kinder, die legasthenisch sind, zusätzlich eine Rechenschwäche. Diese wird oft nicht erkannt, weil die Lese-Rechtschreib-Schwäche stärker ausgeprägt ist und weil es in Mathematik möglich ist, durch Üben und Auswendiglernen bessere Ergebnisse zu erzielen.

Wie LRS kann Rechenschwäche in schwächerer oder ausgeprägter Form auftreten. Kinder mit einer sehr ausgeprägten Dyskalkulie haben schon zu Beginn der ersten Klasse große Schwierigkeiten. In den ersten Wochen kann das Kind mit den Zahlen 1 bis 10 nichts anfangen. Zum Beispiel: Es kann nicht zuverlässig 2 + 3 = 5 rechnen und den Zusammenhang 5 – 3 = 2 nicht erkennen. Am anderen Ende des Spektrums können Kinder lange Zeit *gute* Ergebnisse erzielen, wenn sie zuhause immer wieder üben, um die „Leichtsinnsfehler", die in Wirklichkeit Rechenfehler sind, „wegzubügeln". Diese Strategie geht so lange gut, bis die Anforderungen höher geschraubt werden. Typischerweise hat das rechenschwache Kind später große Probleme mit dem Bruchrechnen, weil die Anforderungen an das mentale Rechnen noch abstrakter werden. Trotzdem, sehr viele rechenschwache Schüler schaffen es auf die Realschule oder das Gymnasium, etwa bis zur siebten oder achten Klasse; dann ist – trotz Taschenrechner – teure Nachhilfe fällig.

Viele Eltern verdrängen dieses Problem oder versuchen, es zu verharmlosen, indem sie sagen: „Na ja, in Mathe schreibt mein Kind bessere Noten als in Deutsch." Das bedeutet aber nur: Das Kind kompensiert seine Rechenschwäche mit Fleiß. Oder die Dyskalkulie ist im Vergleich zur LRS nicht so stark ausgeprägt.

Alarmsignale

Wenn Sie merken, dass Ihr Kind bei den Hausaufgaben im Rechnen sehr viel Zeit braucht und dabei viele „Leichtsinnsfehler" macht, sollten Sie eine Rechenschwäche in Betracht ziehen.

Viele Eltern berichten, dass sie zuhause mit ihren Kindern sehr viel üben müssen. Wieder und immer wieder werden die vier Grundrechenarten nach dem gleichen Muster trainiert und wiederholt. Dies geht so lange gut, wie die Rechenaufgaben nach Schema X gestellt werden. Zum Beispiel: Das Kind muss eine Reihe von Plus-Aufgaben erledigen, danach die Minus-Aufgaben und am Schluss vielleicht Einmaleins-Aufgaben.

Massive Probleme treten auf, wenn die Aufgaben nicht nach diesem Schema gestellt werden. Wenn die Aufgaben etwa bei der Klassenarbeit gemischt abgefragt werden und auch in Textform, um das flexible Denken zu testen, scheitern diese Kinder. Besonders dann, wenn Kopfrechnen gefragt ist. Denn je mehr Flexibilität und eigenständiges Herleiten bei der Aufgabenstellung verlangt wird, desto schwieriger wird es für das Kind, eine Rechenschwäche durch Auswendiglernen zu kompensieren.

Diese Schwierigkeiten sind mögliche Anzeichen einer Dyskalkulie. Sie bedeuten noch nicht automatisch, dass das Kind tatsächlich eine Rechenschwäche hat. Aber sie sind Grund genug, das näher zu überprüfen.

Warum Rechenschwäche oft nicht erkannt wird

Grundschullehrer werden nicht darin ausgebildet, Rechenschwäche zu erkennen. Es liegt in der Natur der Sache, dass viele Lehrer, die nicht informiert sind und sich nicht fortbilden, die Ursachen für die Schwierigkeiten des Kindes im Bereich der kognitiven Fähigkeiten suchen. Auf Deutsch: Diese Lehrer glauben leicht, dass Ihr Kind einfach nicht intelligent genug sei, um die vier Grundrechenarten zu verstehen.

Die Mehrzahl der Lehrer empfiehlt dann den Eltern, mit ihrem Kind mehr zu üben, „bis es richtig sitzt". Ein Stück weit funktioniert das auch – durch Auswendiglernen. Aber meine Erfahrungen in der Praxis zeigen: Bei einem Kind mit Dyskalkulie hält dieses Auswendiglernen nie lange vor. Das Kind kann das Regelwerk weder im Kopf behalten noch vollständig umsetzen und macht Fehler, viele Fehler. Somit beginnt ein Teufelskreis: Üben von Rechenaufgaben – viele Fehler des Kindes – schier endlose Wiederholungen, um diese Fehler zu eliminieren – Mutlosigkeit und Trotzreaktionen des Kindes als Folge ... Die Eltern sind verunsichert, ob diese Probleme vielleicht tatsächlich an der Intelligenz des Kindes liegen oder an seiner Unkonzentriertheit oder einer rebellischen Phase. Ursache und Wirkung lassen sich in diesem Teufelskreis nicht klar unterscheiden.

Ein weiterer Umstand kann Dyskalkulie unerkannt lassen: Die modernen Taschenrechner, die für Mathematik der Oberstufe des Gymnasiums konzipiert sind, ermöglichen Schülern, die Aufgaben einzugeben und die korrekten Ergebnisse herauszubekommen. Vorausgesetzt, dass die Aufgaben exakt und in der richtigen Reihenfolge eingeben werden. Dies kann ein guter Nachhilfelehrer den Schülern beibringen. Nur eines ist sicher: Diese Schüler können trotz Abitur im Fach Mathematik nicht gut rechnen!

Eine weitere Schwierigkeit beim Erkennen von Dyskalkulie ist, dass Dyslexie alleine schon zu großen Schwierigkeiten im Rechnen führen kann. Die

Kinder erkennen die Zahlen und Rechenzeichen nicht immer zuverlässig und schreiben sie falsch ab. Oder sie machen häufig Zahlendreher, zum Beispiel 56 anstatt 65 oder 235 anstatt 532 usw. Dann rechnen sie zwar richtig, aber mit den falschen Zahlen, und kommen zum falschen Ergebnis. Die Kinder haben auch öfter große Schwierigkeiten, die Zeichen für Addition (+), Subtraktion (–), Multiplikation (x) und Division (:) korrekt zu erkennen. Die Leseschwäche spielt naturgemäß ebenfalls eine Rolle, sie kann zu großen Schwierigkeiten bei Textaufgaben führen.

Woran können Sie also unterscheiden, ob die Schwierigkeiten Ihres Kindes beim Rechnen auf Lese-Rechtschreib-Schwäche oder auf Rechenschwäche zurückzuführen sind?

Hat Ihr Kind eine Leseschwäche und kann abgesehen von den Textaufgaben, Zahlendrehern und verwechselten Rechenzeichen gut rechnen, sind seine Schwierigkeiten im Rechnen auf die LRS zurückzuführen. Rechnet Ihr Kind schlecht, aber seine Lesefähigkeit ist intakt, so sind seine Schwierigkeiten auf die Rechenschwäche zurückzuführen. Liest *und* rechnet Ihr Kind schlecht, wie in diesem Buch beschrieben, dann sind wahrscheinlich beide Schwächen vorhanden.

Die Folgen bei Nichterkennen der Rechenschwäche

Hat das Kind von der ersten Klasse an große Schwierigkeiten im Zahlenraum von 1 bis 10 und gleichzeitig eine LRS (– das ist nicht immer der Fall), ist es ein Kandidat für die Sonderschule für Lernbehinderte. Manchmal scheinen Intelligenztests diese Einordnung zu bestätigen – wenn die *falschen* Tests angewendet werden. Immer noch berichten uns Eltern, dass beim Intelligenztest Lesen, Schreiben und Rechnen geprüft würden. Offenbar ist immer noch nicht allgemein bekannt, dass bei Kindern mit LRS und Rechenschwäche nur die Ergebnisse des *nonverbalen* Teils des Tests zählen – sonst werden Kinder mit normaler bis hoher Intelligenz als minderbegabt eingestuft und auf Sonderschulen abgeschoben.

Es ist kaum auszudenken, was in einem so betroffenen Kind vorgeht. Es zweifelt an sich selbst. Es denkt vielleicht, dass es dumm sei und zu nichts tauge. Schließlich hat es offiziell, Schwarz auf Weiß, bestätigt bekommen, dass es nicht intelligent sei. Je nach Temperament reagiert ein solcher Schüler mit Resignation und akzeptiert sein Schicksal – oder er sucht, bedingt durch seine Frustrationen in der Schule, nach Anerkennung in anderen Bereichen. Im Extremfall wird dieses Bedürfnis beim Raufen, Saufen und Drogenmissbrauch ausgelebt, bis hin zum Abrutschen in die Kriminalität.

Bei der Mehrzahl der rechenschwachen Kinder, die an der Regelschule bleiben dürfen, ist das tägliche Brot: arbeiten, arbeiten und noch mehr arbeiten; für das Kind – und auch für die Eltern. Je höher die Anforderungen in Mathematik steigen, desto mehr Zeitaufwand müssen Sie betreiben, um den Stoff bei Ihrem Kind zu festigen. Ständig muss das Erlernte wiederholt werden. Erschöpfte Mütter berichten uns immer wieder, dass sie am nächsten Tag wieder von Neuem anfangen können. Nicht selten macht der Vater, wenn er von der Arbeit nach Hause kommt, mit dem Kind an der Stelle weiter, wo die Mutter aufgehört hat. Die ganze Familie ist bald fix und fertig … Das Kind kann seine Hausaufgaben nicht selbstständig erledigen. Noch mehr Stress und Streit und ein unglückliches Kind sind die Folgen. Unter diesen Umständen macht Mathematik natürlich noch weniger Spaß. Die Kinder zweifeln an sich, sie fühlen sich verunsichert und minderwertig.

Die weiteren Folgen können Sie vielleicht erahnen: Das Kind ist ständig im Stresszustand und fühlt sich unwohl. Schlafstörungen, Übelkeit vor der Schule, Niedergeschlagenheit und Abfallen der schulischen Leistungen insgesamt sind nicht ungewöhnlich. Die Teufelsspirale dreht sich weiter nach unten.

Tatsächlich ist es so, dass das Kind sein Potenzial nicht verwirklichen kann. Das bedeutet nicht nur, dass seine berufliche Zukunft gefährdet sein könnte, sondern seine persönliche Entwicklung an sich. Im Erwachsenenalter wird der tägliche Umgang mit Zahlen dann problematisch und oft peinlich. Finanzielle Angelegenheiten zu prüfen und Entscheidungen zu treffen wie bei Autokauf, Hauskauf und bei Geldanlagen wird zum Hürdenlauf; dabei kann die berechtigte Angst, Fehler zu machen, sehr groß sein.

Häufig wird in der Familie eines rechenschwachen Kindes gestritten, weil das Kind so lange braucht, bis die Mathehausaufgaben erledigt sind. Als Folge ist Missstimmung in der ganzen Familie vorprogrammiert. Nicht selten leidet die Ehe der Eltern darunter. Weil keiner weiß, was mit dem Kind wirklich los ist, wird das Problem von der Sache auf die Person verlagert:

- „Der Lehrer geht zu schnell voran, Tim braucht einfach ein bisschen länger, bis der Stoff sitzt."
- „Solche Schwierigkeiten hatten wir in unserer Familie nie, das muss von dir kommen!"
- „Du bist mit Anna viel zu ungeduldig, sie anzuschreien nützt gar nichts. Sie ist gleich zu mir gerannt, als ich durch die Haustür kam. Was machst du bloß den ganzen Tag mit ihr?"

Last but not least: Die konsequente tägliche Durchführung unseres Konzepts zur Überwindung der LRS Ihres Kindes ist dann in Gefahr. Wie können Sie 20 Minuten täglich Buchstabenspiele machen oder tippen, wenn Sie stundenlang über den Mathe-Hausaufgaben brüten müssen?

Ich weiß aus der Praxis: Wenn Eltern diese Herausforderung nicht meistern, droht das „Familienschiff" unterzugehen. Aber nicht verzagen, liebe Eltern, wir schaffen das! – Wie also können Sie erkennen, ob Ihr Kind Dyskalkulie hat?

Kriterien zum Erkennen der Rechenschwäche

Braucht viel zu lange und macht viele Fehler

In unserer Nachhilfeschule ist für das Fach Mathematik die Nachfrage bei Weitem am größten. Alle Schüler machen einen Eingangstest, der aus Fragen zu den vier Grundrechenarten im Zahlenraum von 1 bis 100 besteht. Beinahe alle Schüler brauchen viel zu lange, in Einzelfällen bis zu 10 Minuten und länger, und machen bei 25 Aufgaben 12 Fehler oder mehr, auch Schüler der gymnasialen Oberstufe.

Dasselbe passiert auch in Klassenarbeiten: Mit viel Mühe wird mental plus und minus gerechnet, malgenommen und dividiert – mit wenig Erfolg. Hat das Kind genügend Zeit zur Verfügung, kann es passable Ergebnisse erzielen. Ist dies nicht der Fall, steigt die Zahl der „Leichtsinnsfehler", die in Wirklichkeit Rechenfehler sind, erheblich an. Sobald das Kind in Zeitnot gerät, ist häufig eine schlechte Note das Ergebnis.

Wenn ein Kind bei 25 einfachen Rechenaufgaben mehr als 12 Fehler macht, also die Hälfte oder mehr falsch rechnet, und länger als 1 Minute pro Aufgabe braucht, hat es wahrscheinlich eine Dyskalkulie.

Benutzt beim Rechnen die Finger als Hilfsmittel

„Fabian, du musst doch neun plus vier rechnen können, ohne die Finger zu nehmen! Du bist jetzt in der dritten Klasse. Außerdem hat deine Lehrerin es verboten, du musst das jetzt im Kopf rechnen können. Also, wie viel sind neun plus vier?"

„Äh, warte mal … zwölf, Mama."

„Nein, nein, nein! Jetzt komm, du hast die Neun, von der Vier nimmst du eins weg und addierst es dazu, wie viel ist das?

„Zehn."

„Genau, und jetzt hast du wie viel von der Vier übrig?"

„Drei."

„Sehr gut, richtig. Und wie viel sind drei plus zehn?

„Äh, dreizehn, Mama."

„Siehst du, du kannst es ohne Finger! Probieren wir es noch mal, ohne Finger: Wie viel sind acht plus sieben?"

„Dreizehn?"

*

Rechnet Ihr Kind regelmäßig mit den Fingern, auch noch nach der ersten Klasse, müssen Sie leider annehmen, dass Ihr Kind rechenschwach ist. Denn das bedeutet, dass es mit dem abstrakten Konzept von Zahlen und Rechnen nicht zurechtkommt. Es braucht konkrete Gegenstände, in diesem Fall seine Finger, um sich die Aufgabe zu veranschaulichen.

Übrigens: „Fingerzähler" sind nicht nur in der Grundschule zu finden. Nicht selten rechnen Achtklässler immer noch mit den Fingern. Die Schüler der höheren Klassenstufen zählen dann im Kopf hoch, wenn möglich auch bei Minusaufgaben.

Kopfrechnen bereitet Mühe und ist unzuverlässig

Das Kopfrechnen ist sozusagen der Lackmustest der Rechenfähigkeit Ihres Kindes. Hier geht es ausschließlich um das abstrakte Denken. Selbst Kinder, die unter Konzentrationsstörungen leiden, beherrschen das Kopfrechnen, wenn die Voraussetzungen zum Rechnen vorhanden sind. In extremen Fällen von Aufmerksamkeitsschwächen kann das Kind, je nach Befinden, gute Leistungen beim Lösen von gemischten Rechenaufgaben erbringen. Bei einer Rechenschwäche dagegen ist dies kaum möglich.

Dabei gibt es eine Abstufung, mit welchen Rechenaufgaben Kinder mit Dyskalkulie Schwierigkeiten haben. Plus-Aufgaben können sie in der Regel nach viel regelmäßigem Üben auch im Kopf einigermaßen zuverlässig lösen. Bis auf die Flüchtigkeitsfehler, die in Wirklichkeit Rechenfehler sind und immer wieder zum Vorschein kommen. Minus-Aufgaben bereiten mehr Mühe, weil sie abstrakter sind. Auf Papier und mit genügend Zeit kann das Kind gute Ergebnisse abliefern. Beim Kopfrechnen sind die erbrachten Leistungen deutlich schlechter.

Multiplikationsaufgaben sind noch schwieriger und beim Dividieren schneiden rechenschwache Kinder fast immer schlecht ab. Wie immer kommt das Kind mit viel Übung, mit Stift und Papier und viel Zeit besser zurecht. Muss es Divisionsaufgaben im Kopf rechnen, hat es immer Probleme. Diese werden noch dadurch verstärkt, dass sich bei Divisionsaufgaben die Finger kaum als Hilfsmittel eignen.

Spätestens beim Bruchrechnen scheitert die Mehrzahl dieser Kinder. Die verschärfte Form der abstrakten Darstellung der Aufgaben in Brüchen, die addiert, subtrahiert und multipliziert werden sollen, überfordert sie komplett. Bei der Einführung von Bruchrechnen ab Klasse 5 wird vorausgesetzt, dass Ihr Kind die vier Grundrechenarten beherrscht. Hinzu kommt, dass die Kinder noch keine Taschenrechner benutzen dürfen. Es ist nicht immer das Problem, dass das Kind den *Rechenweg* nicht versteht. Es sind die vielen Rechenfehler, die zunehmende Unsicherheit und die daraus resultierende Konfusion, die die Kinder beim Bruchrechnen zum Scheitern verurteilen.

Über- und Unterschreiten der 10er- und der 100er-Schwelle gelingt nicht

Nicht alle rechenschwachen Kinder rechnen mit den Fingern. Viele versuchen, Rechenaufgaben im Kopf zu rechnen, und bekommen es mehr oder weniger hin, je nach Ausprägung der Schwäche und je nach der Zeit, die ihnen zur Verfügung steht.

Diese Kinder können einigermaßen zurechtkommen, wenn im niedrigen Zahlenraum gearbeitet wird. Schwierig wird es, wie immer, wenn die abstrakten Anforderungen steigen. Den 10er-Übergang (zum Beispiel 5 + 6), der viel Mühe bereiten kann, können viele Kinder mehr oder weniger gut mit den Fingern hinbekommen oder durch „Aufzählen im Kopf". Umso schwieriger wird es, wenn Ihr Kind bis und über 100 rechnen soll. Typische Fehler sind zum Beispiel bei solchen Aufgaben zu erkennen: 8 + 8, 19 + 7, 23 + 9 oder 77 – 14. Auf Papier kann es diese Schwierigkeiten kaschieren, wenn Sie es regelmäßig und intensiv vor der Klassenarbeit „dressieren". Zwei Tage später hat Ihr Kind vergessen, wie es geht. Fordern Sie das Kind auf, solche Übergangsaufgaben im Kopf zu rechnen, so scheitert es beinahe immer.

Schwierigkeiten beim Einmaleins

Manche rechenschwachen Kinder können das Einmaleins nicht behalten. Die Eltern lassen das Kind das Einmaleins von eins bis zehn in Tabellenform aufschreiben und auswendig lernen, sie machen ein Frage-Antwort-Spiel daraus, auch anhand praktischer Beispiele: „Schau mal, Maria, in dieser Packung sind sechs Äpfel. Wie viele Packungen muss ich für unsere Familie kaufen, wenn ich achtzehn Äpfel brauche?

Mit großen Anstrengungen bemühen sich Eltern und Kind, durch ständige Wiederholungen das Einmaleins einzuprägen – vergeblich. Nach zwei Wochen verbleiben nur noch wenige Reste davon im Gedächtnis.

Nicht alle rechenschwachen Kinder haben Schwierigkeiten, das Einmaleins zu behalten. Einige können alle Reihen bis zur Zehnerreihe *herunterbeten.* Aber eben nur herunterbeten! Vermutlich könnte diese Leistung auch ein begabter Papagei erbringen. *Anwenden* können die Kinder dieses Wissen nicht, besonders die Division bereitet ihnen Schwierigkeiten.

Große Schwierigkeiten bei Textaufgaben

Rechenschwache Kinder versagen in der Regel bei Textaufgaben. Sie haben die Ergebnisse von Standardrechnungen auswendig gelernt und versuchen, das Gelernte nach einem festen Schema anzuwenden. Plötzlich wird diese Vorgehensweise nicht mehr ermöglicht. Sie sollen die zu lösenden Aufgaben aus dem Text herauslesen, sollen ableiten, was gefragt wird und was zu rechnen ist. Die Anordnung der einzelnen Komponenten des Problems ist kaum wiederzuerkennen: Was muss womit gerechnet werden und wie? Wenn ein Kind, das bei Standardaufgaben gute Ergebnisse gebracht hat, bei Textaufgaben versagt, ist das ein deutliches Zeichen für Rechenschwäche.

Kind kann nicht selbstständig arbeiten

„Mama, wie geht das?" – Dieser Satz ist im ganzen Land zu hören, ja, wahrscheinlich auf der ganzen Welt! Eltern werden von ihren Kindern ständig aufgefordert, bei den Rechenaufgaben mitzuhelfen, weil sie einfach nicht allein zurechtkommen. Eben weil die Voraussetzungen beim Kind selbst nicht gegeben sind, müssen Sie als Eltern Hilfestellung leisten. Tagaus, tagein.

„Mein Kind hat eine Rechenschwäche – was kann ich tun?"

Was Sie *nicht* tun sollten: stundenlang mit dem Kind üben

Sie sollten auf keinen Fall so weitermachen wie bisher! Der Versuch, die Rechenfähigkeit Ihres Kindes durch ständiges Wiederholen der vier Grundrechenarten und des Einmaleins zu verbessern, ist von Anfang an zum Scheitern verurteilt. Unter Umständen können solche Hilfsversuche stundenlang dauern. Um endlich fertig zu werden, müssen Sie Ihrem Kind die Lösungen schließlich vorgeben, damit die Hilfsaktion ein Ende findet. Eltern berichten uns immer wieder, wie erschöpft sie und ihr Kind nach einem solchen Hilfsversuch sind.

Das Kind bekommt durch diese Hilfe immer wieder bestätigt, dass es nicht in der Lage ist, so zu rechnen, wie es rechnen müsste. Es sieht auch sehr deutlich, dass die anderen Kinder besser rechnen können, ohne Hilfe. Als Folge ist das Kind verunsichert und zweifelt an sich selbst, denkt, dass es dumm sei, und reagiert so, wie ich es bereits beschrieben habe: mit Tränen und Resignation bis hin zur Depression, mit Trotz, Aggressionen oder Clownerien. Der große Zeitaufwand für die Mathehausaufgaben sowie die

Misserfolge können dann viel Unruhe und Missstimmung in die Familie bringen.

Unsere Suche nach dem richtigen Weg

Als wir in der *Kennedy-Schule* feststellten, dass die Kinder im Rechnen nicht viel besser wurden, haben wir die Gruppen von sechs auf drei Schüler verkleinert. Die pädagogischen Prinzipien dahinter: Aufmerksam machen – Eingewöhnung – Selbstständigkeit. Der Hintergedanke dabei war, dass jedes einzelne Kind seine eigenen, ganz bestimmten Probleme mit der Mathematik hatte. In einer kleineren Gruppe hatten das Kind und die Lehrkraft mehr Zeit, diese Probleme individuell zu lösen. Im Unterricht haben wir dem Kind die vier Grundrechenarten erklärt und die anstehenden Mathethemen, die es in der Schule durchnahm, noch dazu. Dann haben wir das Kind viel üben lassen.

Diese Methode hat teilweise gute Erfolge erbracht, solange das Kind ununterbrochen übte. Hat es nicht unmittelbar vor der Klassenarbeit trainiert, wurden die Noten schlechter.

Einen speziellen Fall habe ich in Erinnerung: Das Kind – ich nenne es mal Peter – hatte so große Schwierigkeiten, dass die Versetzung auf die Sonderschule für Lernbehinderte bevorstand, wenn die Leistungen im Rechnen nicht besser wurden. Gleichzeitig arbeiteten wir mit unserem LRS-Konzept, um Peters Leistungen in *Deutsch* zu verbessern. Die Grundschullehrerin, die Peter in Mathematik-Einzelhilfe betreute, arbeitete mit ihm sehr gewissenhaft und intensiv. Trotzdem wurde Peter auf die Sonderschule versetzt. Der herkömmliche Ansatz von Mathenachhilfe, dem Kind die Zahlen und Rechenarten nahezubringen, hatte bei ihm nicht gewirkt.

Trotzdem, dachte ich, das Verständnis für die Zahlen ist sicherlich ein wichtiger Aspekt, ja, eine Voraussetzung für die Mathematik! Wie die *Buchstaben* bei LRS, so sollten sich die *rechenschwachen* Kinder die *Zahlen* über die Sinne Sehen, Hören und Tasten einprägen.

Wir machten uns ans Werk und führten Rechenspiele in den Unterricht ein. Die Kinder spielten mit bunten Bildern, Spielvorlagen und Zahlenwürfeln. Brüche und Prozentrechnen wurden zum Beispiel mit Segmenten eines Kreises dargestellt. Nach demselben Prinzip bauten die Kinder geometrische Formen zusammen. Die Zahlen selbst wurden spielerisch zerlegt und wieder zusammengefügt, addiert, subtrahiert, multipliziert oder dividiert. Das Einmaleins versuchten wir den Kindern mit Hilfe von Lernkarteien einzuprägen.

Es wurde mit den Zahlen und den vier Grundrechenarten gespielt und gespielt. Den Kindern hat dieser „Unterricht“ sehr viel Vergnügen gemacht. Die Eltern haben unsere Bemühungen unterstützt, sie waren erleichtert, dass ihre Sprösslinge bei Mathe endlich Spaß hatten.

Die Ergebnisse waren bei den Klassenarbeiten etwas besser, aber leider nicht viel! Obwohl wir die Zahlen mit den Kindern spielerisch und anschaulich auseinandergenommen, kombiniert und wieder zusammengefügt hatten, war die „Ernte“ enttäuschend. Hörten die Kinder mit der Nachhilfe auf, wurden die Ergebnisse in Mathe sofort oder allmählich wieder schlechter. Es schien, als hätten die Kinder kein gutes Zahlenverständnis entwickelt.

Die Ursache der Rechenschwäche

Ich recherchierte weiter. Ich las die Abhandlung von Dr. Held über die Entwicklungsphasen des Kindes noch einmal: Motorik, Sprache und die Fähigkeit, zu lesen und zu schreiben, das sind lauter biologische Funktionen, deren Funktionstüchtigkeit von der Reife des zuständigen Gehirnareals abhängig ist. Bei LRS wussten wir, dass das Lese-Schreib-Zentrum mit der einfachsten Einheit der Schrift, also mit den Buchstaben, immer wieder über die Sinne Sehen, Hören und Tasten gefüttert werden muss, bis dieses Zentrum nachgereift ist.

Das eigentliche Problem bei der Rechenschwäche ist ähnlich gelagert wie bei LRS: viele Fehler – trotz besseren Wissens des Kindes! Also: Die Rechenschwäche muss wohl ebenfalls auf der Unreife des Rechenareals im Gehirn beruhen. Die nächste Frage war für mich:

> Was sind die einfachsten Bestandteile des Rechnens, analog zu den Buchstaben bei der Schrift? Wenn die Auseinandersetzung mit den Zahlen selbst nicht ausreicht, um die Rechenfähigkeit zu sichern – was steckt *hinter* den Zahlen? Die Antwort, die ich gefunden habe, lautet: die Mengen!
>
> Hinter jeder Zahl – besser gesagt: hinter jeder Ziffer – steckt eine *Menge*, die mit dieser Zahl abstrakt dargestellt (repräsentiert) wird.

Ich spürte, dass wir damit auf dem richtigen Weg waren. Die nächste Frage, die sich stellte, war: Kinder mit Rechenschwäche können mit den abstrakten Zahlen, die je nach Kultur durch verschiedene Symbole dargestellt werden, nichts anfangen. Die Römer haben die Zahl 10 als großes X dargestellt. Die Verbindung der Ziffern 1 und 0 mit der Menge 10 ist also keineswegs selbstverständlich. Diese Verknüpfung muss im kindlichen Gehirn erst hergestellt werden. Mit anderen Worten: Das „Rechenzentrum“ muss reifen! [Für den Begriff „Rechenzentrum“ gilt Ähnliches, wie wir vorne zum „Lese-Schreib-Zentrum“ angemerkt haben. Anm. d. Verlags]

Sehr problematisch ist es für diese Kinder, wenn in der ersten Klasse nicht oder nur wenig mit Mengen gespielt und gearbeitet wird. Ein Kind mit einer ausgeprägten Rechenschwäche ist dann sofort schachmatt gesetzt! Ein deutliches Zeichen dafür ist: Diese Kinder nehmen instinktiv die Finger zu Hilfe, um die abstrakten Zahlen der Reihe nach in Mengen zu verwandeln. Dann können sie damit korrekt rechnen.

Ursache und Überwindung der Rechenschwäche

Ist das „Rechenzentrum" im Gehirn biologisch noch nicht ausgereift, dann ist es funktionsschwach. Ist es funktionsschwach, kann es die *Mengen* nicht mit den abstrakten *Zahlen* verbinden. Die vielen Rechenfehler, die das Kind macht, spiegeln die Ausprägung dieser Schwäche wieder.

Die Schlussfolgerung: Um ein Nachreifen des Rechenareals im Gehirn des Kindes zu erreichen, muss dieses über die Sinne Sehen, Hören und Tasten mit Mengen gespeist werden. Erst wenn es nachgereift ist, kann das Kind rechnen, ohne ständig Fehler zu machen. Das bedeutet, dass der Unterricht vollständig mit Mengenspielen gestaltet werden sollte.

Die Lösung: Verknüpfungsspiele ausschließlich mit Mengen und Zahlen

Da das Problem durch die Unreife des „Rechenzentrums" im Gehirn verursacht wird, helfen die „Denkmethoden" nicht. Man braucht eine heilpädagogische Methode mit geeigneten Materialien, die gewährleisten, dass die Kinder in dem gesamten Zahlenraum bis 100 zählen und rechnen.

Also führten wir Mengenspiele in den Unterricht ein, zum Beispiel „Mensch ärgere dich nicht". Die Kinder mussten bei den vier Grundrechenarten jeweils die Mengen abzählen, immer wieder. Die Akzeptanz war gut. Alle Kinder schienen zu spüren, dass diese Spiele ihnen halfen. Auch andere Spiele, bei denen sich die Kinder über alle Sinne mit den Mengen und deren Verknüpfung zu Zahlen beschäftigten, führten wir ein.

Die Ergebnisse bereiteten uns und den Kindern und Eltern immer wieder große Freude. Endlich konnten die Kinder gut rechnen lernen. Auch nachdem das Rechentraining in der *Kennedy-Schule* beendet war, brachten die Kinder über einen längeren Zeitraum gute Leistungen. Sehr viele Kinder schafften und schaffen heute noch den Sprung auf die Realschule und nicht selten auf das Gymnasium!

Wie die Kinder Mengen üben können

Die Handhabung ist für Sie und Ihr Kind sehr einfach. Sie müssen Ihr Kind lediglich beliebige Mengen bis einhundert abzählen lassen. Sie können dies auch spielerisch gestalten, eben mit Würfelspielen wie „Mensch ärgere dich nicht“. Ihr Kind würfelt zum Beispiel eine Sechs, es bewegt seine Spielfigur sechs Felder weiter und zählt dabei ab: 1, 2, 3, 4, 5, 6. Was passiert dabei? Gehen wir diesen Vorgang Schritt für Schritt durch:

Ihr Kind würfelt die Sechs, es nimmt die sechs Augen auf dem Würfel *visuell* auf. Diese Impulse werden über das Sehzentrum ans Rechenzentrum weitergeleitet und dort gespeichert. Lassen Sie Ihr Kind die sechs Augenwürfel mit dem Schreibfinger (dem federführenden Finger) abzählen, dann speichert es diese Impulse zusätzlich über die Motorik im Rechenzentrum. Es gibt nicht wenige Kinder, die die sechs Augenzahlen nicht auf einmal visuell erfassen können, dann ist das Abzählen der einzelnen Augen ohnehin notwendig. Bewegt Ihr Kind die Spielfigur dann sechs Felder weiter und zählt diese einzeln ab, schickt das motorische Zentrum diese sechs Impulse weiter an das Rechenzentrum und sie werden dort gespeichert.

Sie sorgen also dafür, dass Ihr Kind sich die Menge „Sechs“ über die Sinne Sehen, Hören und Tasten mit der Zeit vollständig einprägt und automatisch mit dem Zahlwort sechs verknüpft.

Sie müssen wissen, dass dieser Speicherungsprozess keinen passiven Vorgang darstellt. Diese Impulse stimulieren die Gehirnzellen und veranlassen die Synapsen, also die Zellenendungen, zu wachsen. Sie *wachsen* so weit, wie es genetisch von der Natur vorgesehen ist, bis dieses Zentrum ausgereift ist.

Auch die rechenschwachen Mitspieler profitieren davon. Sie speichern die Sechs über die Kanäle Sehen und Hören. Sie sehen auch die Augen des Spielwürfels, die sechs Schritte auf dem Spielfeld und hören die Zahlen eins bis sechs, wenn sie von einem Mitspieler ausgesprochen werden.

Mit dem Spiel „Kniffel“ wird ebenfalls gewährleistet, dass Ihr Kind wiederholt Mengen sieht und über die Sinne abzählt.

„Monopoly“ dagegen ist weniger geeignet. Obwohl die Kinder mit Augenwürfel und Spielfiguren spielen, wird sehr viel mit Papiergeld gespielt. Ein Hunderter-Schein ist eben nur ein Schein, der den abstrakten Wert von 100 darstellt. Stellen Sie dieses Spiel vorerst lieber zurück. Denn es besteht die Gefahr, dass Sie von konkretem Abzählen in das Abstrakte hineinrutschen, dann sind Sie wieder weg von den Mengen, die Ihr Kind so dringend braucht!

Der Knackpunkt ist hier: gezieltes Stimulieren des Rechenzentrums im Gehirn über die Sinne, bis dieses nachreift. Wie bei den LRS-Übungen sollte das Kind jeden Tag ohne Ausnahme 20 Minuten lang üben. Die zuverlässige Automatisierung von Mengen und Zahlen ist das Ergebnis.

Auch *ohne* Spielbrett und Würfel kann Ihr Kind sich Mengen einprägen. Das Rechnen kann es ganz *konkret* üben.

Übungen und Spiele mit Steinchen zum Rechnen bis 100

Sie können mit Ihrem Kind auch reine Rechenübungen machen. Sie benötigen dafür viele Steinchen, Knöpfe oder Legosteine. Es wird immer und ausschließlich mit Mengen gezählt. Das heißt: Das Kind legt die entsprechende Menge von Steinchen in waagrechten Reihen und Gruppen aus – und für das Multiplizieren und Dividieren in Reihen und Spalten. Dabei spricht es laut die Zahlwörter. Bei jeder Rechenoperation legt es die Steinchen zusammen oder *teilt* die Gruppen und sagt dabei wieder die Zahlwörter. So werden die entsprechenden Mengen über die Sinne Sehen, Hören und Tasten fest im Gehirn verankert.

Wie das aussehen kann, zeige ich an ein paar Beispielen. Dabei steht jedes x für ein Steinchen, einen Legostein oder Knopf.

1. Addition 4 + 9:

xxxx + xxxxxxxxx = 13

Ihr Kind legt also zu den 4 Steinen 9 dazu.

2. Subtraktion 15 – 8:

xxxxx xxxxx xxxxx – xxxxx xxx = 7

Ihr Kind nimmt 8 Steine von den 15 weg.

3. Multiplikation 4 x 3:

xxxx xxxx xxxx = 12

4. Multiplikationsreihen, zum Beispiel das Einmaleins mit 5:

xxxxx

xxxxx xxxxx

xxxxx xxxxx xxxxx

usw.

Nach diesem Beispiel lassen Sie Ihr Kind das Einmaleins von der Einer-Reihe bis zur Zehner-Reihe legen. Stellen Sie Fragen dazu: Wie viel ist 3 x 5? Lassen Sie Ihr Kind erst die Reihen 1 bis 3 abzählen (von oben nach unten) und die dritte Reihe und dann von links nach rechts abzählen.

5. Division 15 : 3:

xxxxxxxxxxxxxxx

Ihr Kind bildet aus dieser Menge 3 Gruppen von 5 Steinchen:

xxxxx xxxxx xxxxx

Ein Tipp für Sie: Wenn Ihr Kind die Antwort zu den Plusaufgaben legen muss, lassen Sie es immer *Zehnerreihen* bilden. So machen Sie den Zehnerübergang sichtbar. Als Beispiel nehmen wir die Aufgabe 19 + 5. Die Lösung sieht dann so aus:

xxxxxxxxxx

xxxxxxxxxx

xxxx

Zusätzlichen Reiz bekommt das Üben von Mengen, wenn Sie dafür Gummibärchen verwenden – die das Kind am Ende der Übungszeit (20 Minuten) aufessen darf!

Kombinieren Sie diese Übung immer wieder mit den anderen Spielen. Üben Sie weiterhin das Einmaleins, bis Ihr Kind es auswendig kann; dabei wechseln Sie zwischen dem Legen und dem Auswendiglernen ab. Der Schwerpunkt liegt immer beim *Legen* der Mengen.

Wie Sie die Mengenspiele und Übungen einführen

Verständlicherweise müssen Sie bei diesem Vorgehen mit Widerstand

Ihres Kindes rechnen. Je älter Ihr Kind ist, desto mehr fühlt es sich infrage gestellt. Kein Kind hört gerne, dass es im Rechnen sozusagen wieder bei Null anfangen und jeden Tag mit dem Schreibfinger Mengen abzählen soll.

Nehmen Sie seine Einwände positiv auf: „Ich kann verstehen, dass du diese Übungen als babyhaft empfindest. Es geht darum, dass die *Mengen*, die hinter den Zahlen stehen, sich tiefer und fester einprägen. Das hat weder mit deiner Intelligenz noch mit deinem Alter zu tun. Wenn du diese Spiele regelmäßig machst, dann wirst du gut rechnen können und bessere Noten schreiben! Das kriegen wir hin, lass uns anfangen!" Diese Argumentation zieht vor allem bei offensiv motivierten Kindern. Bei defensiv motivierten Kindern können Sie anders argumentieren:

„Weißt du, Leonie, du bist wie ein schöner Baum – leider wachsen deine Wurzeln nicht tief genug in die Erde hinein. Mit den Rechenspielen und Übungen werden diese Wurzeln besser und tiefer in den Boden wachsen und dann wächst du in den Himmel empor und bringst so hübsche Blüten hervor, wie es sein sollte."

Unsere Erfahrung zeigt, dass das Kind mitmachen wird, wenn Sie und Ihre Familie geschlossen zu dieser Vorgehensweise stehen..

Wie Sie die Lese-Rechtschreib- und die Rechenschwäche Ihres Kindes zuhause in den Griff bekommen

Um gute Ergebnisse zu erzielen, müssen Sie täglich 20 Minuten Mengen legen und verknüpfen lassen. Zusammen mit dem Tipptraining und den Buchstabenspielen sind das 40 Minuten pro Tag. Das klingt nach ganz schön viel. Aber dafür können Sie an anderer Stelle Zeit sparen. Bei den Mathehausaufgaben verschwenden Sie bisher viel Zeit damit, die Aufgaben zusammen mit Ihrem Kind mühselig zu lösen. Dabei scheitert Ihr Kind immer wieder. Diese Zeitverschwendung ist sinnlos und wirkungslos.

Gehen Sie am besten so vor: Bei den Hausaufgaben sagen Sie Ihrem Kind gleich zu Beginn, wie diese zu lösen sind! Es schreibt die Lösungen auf oder schreibt *Ihre* Lösungen ab, die Sie für es aufgeschrieben haben. Somit schlagen Sie drei Fliegen mit einer Klappe: Die Hausaufgaben sind erledigt und der Lehrer ist zufrieden; zweitens haben Sie Zeit gewonnen, um die Mengen- und Buchstabenübungen durchzuführen, und drittens kann Ihr Kind danach spielen gehen.

Informieren Sie sich, ob in Ihrem Bundesland der „Nachteilsausgleich" für Dyskalkulie Anwendung findet, und beantragen Sie bei der Schule diese Regelung für Ihr Kind. Nach dieser Regelung werden seine Noten in Mathematik mit Zurückhaltung bewertet, wenn es um die Versetzung geht.

Nehmen Sie Kontakt mit der Schule auf und versuchen Sie, den Lehrer Ihres Kindes mit einem Motivationsgespräch für diese Methode zu gewinnen, damit er Sie unterstützt und Ihr Kind motiviert, mit den Mengenspielen und Übungen weiterzumachen.

Wie Sie erkennen, ob Ihr Kind besser wird

Bei stark ausgeprägter Dyskalkulie können die Kinder oft die Augenzahlen des Würfels nicht auf einmal erkennen. Mit der Zeit können sie dies zunehmend besser. Genauso beobachten wir, dass Kinder, die immer mit den Fingern gerechnet haben, allmählich aufhören, sich auf diese Stütze zu verlassen, eben, weil sie besser kopfrechnen können.

Die Zehnerüberschreitung gelingt zunehmend besser, auch bei höheren Zahlen (zum Beispiel 79 + 9).

„An der Fehlerzahl sollst du sie erkennen": Einen kleinen Schritt nach dem anderen machen die Kinder weniger Fehler. Sie werden mit der Zeit auch wesentlich sicherer beim Einmaleins. Es ist nicht nur so, dass sie die Reihenfolgen zuverlässig behalten und aufsagen können – sie können das Einmaleins korrekt anwenden, auch bei Division und Bruchrechnung.

Last but not least können die Kinder (sofern sie nicht unter Leseschwäche leiden) Textaufgaben immer besser lösen.

Dieses Nachreifungstraining braucht Zeit. Wie bei LRS sollten die Kinder mindestens ein Jahr lang regelmäßig trainieren. Unsere Erfahrung zeigt, dass die ersten Verbesserungen nach 4 Wochen zu sehen sind. Wichtig für Sie und Ihr Kind ist es, dass Sie auch auf die kleinsten Fortschritte achten und Ihrem Kind diese mitteilen:

„Mama, ich habe wieder eine Sechs in Mathe bekommen!“

„Schade, du hast so gut mitgemacht in letzter Zeit. Aber schau mal, Finn, die ersten beiden Aufgaben hast du richtig gelöst, bravo! Du wirst sehen, wenn du dran bleibst, wird es noch besser!“

9. „Warum ist mein Kind nur so unaufmerksam?“

LRS und Konzentrationsschwäche

„Was meinst du, Mama?“

„Ja, ich frage mich *auch*, was ich meine! Ich habe dich vor einer Viertelstunde gebeten, zwei Flaschen Mineralwasser aus dem Keller zu holen – und jetzt sitzt du an Papas Werkbank und bastelst! Was machst du denn mit dem Schmirgelpapier und der Schere?“

„Schmetterlinge.“

„Aber das passt doch nicht zueinander!“

„Doch, wenn ich es so mache, schau mal, Mama.“

„Tatsächlich, schön! Mensch, jetzt lenkst du mich ab! Nimm die zwei Flaschen und bring sie zu Papa!“

„Ja, ja.“

„Zu wem bringst du sie hin?“ – „Zu Papa.“

„Zu wem?“ – „PAPA!“

„Richtig, geh jetzt und schau, dass du auch bei Papa ankommst! Ich kann den ganzen Tag hinter dir herrennen, damit du zurechtkommst!“

„Danke, Mama, das ist lieb von dir!“

„Verschwinde jetzt!“

*

Das Dilemma von Eltern unaufmerksamer Kinder

Manche Eltern verzweifeln schier an der chronischen Unachtsamkeit und Vergesslichkeit ihrer Kinder. Gleichzeitig wundern sie sich oft, wie sehr ihr Kind auf eine Aufgabe fokussieren kann. So, wie Sophie in diesem Beispiel Schmetterlinge aus Schmirgelpapier bastelt!

Wenn Ihnen diese Szene vertraut vorkommt – könnte es sein, dass Ihr Kind zusätzlich zu seiner Lese-Rechtschreib-Schwäche auch noch konzentrationsschwach ist? Damit wäre es kein Einzelfall. Viele Kinder leiden sowohl unter LRS als auch unter Konzentrationsschwäche.

Klar, Kinder sind *naturgemäß* oft unberechenbar und lustorientiert, halten sich manchmal nicht an die Regeln und handeln über die akzeptierte Norm hinaus. Sie vergessen Vereinbarungen oder treiben ihre Eltern mit ihrem Herumgezappel an den Rand des Nervenzusammenbruchs. In gewissen Grenzen ist das normal.

Allerdings gibt es auch Kinder, die allzu häufig von der Norm abweichen und dadurch in Schwierigkeiten geraten. Sie scheinen aus ihrer Zerstreutheit oder Aufgedrehtheit nicht mehr herauszukommen. Wenn dieses Verhalten so krass auftritt, kann es gut sein, dass es sich um eine Konzentrationsschwäche handelt, auch Aufmerksamkeitsdefizit- / Hyperaktivitätsstörung (ADHS) genannt.

Alarmsignale

Insgesamt stellen Eltern solcher Kinder immer wieder fest, dass ihr Kind leicht ablenkbar ist. Zum Beispiel zappelt es am Esstisch herum, steht auf und rennt zum Fenster, wenn jemand vorbeigeht; es kann sich schlecht konzentrieren und nicht bei der Sache bleiben. Wenn es ums Zimmeraufräumen geht, ist das Kind oft willig, kann es aber nicht zu Ende führen, weil es von dem, was es in seinem Zimmer vorfindet, immer von Neuem abgelenkt wird.

Ein aufmerksamkeitsschwaches Kind hat oft keine Ausdauer bei alltäglichen Dingen wie: den Schulranzen für den nächsten Schultag ordentlich vorbereiten. Sie reden über diese Sache mit ihm – und es erzählt plötzlich von Nachbars Hund! Viele dieser Kinder haben Schwierigkeiten, Aufgaben und Aktivitäten zu organisieren, weil die Aufmerksamkeit sie im Stich lässt.

Spiele und Unternehmungen, die sie mit anderen machen wollen, kommen deswegen oft nicht zustande.

Das betroffene Kind führt häufig Anweisungen nicht vollständig aus; es ist bei Alltagstätigkeiten vergesslich, weiß nicht, was es als Hausaufgaben bekommen hat, und verliert und verlegt vielfach seine Schulsachen und andere Gegenstände. Sie als Eltern sind ständig damit beschäftigt, Ihr Kind daran zu erinnern, was es zu tun hat, es zu ermahnen, wenn es wieder etwas vergessen oder falsch gemacht hat, und aufzupassen, damit es sich aufgrund seines Verhaltens nicht zu viel Ärger einhandelt. Gespräche mit Erziehern, Lehrern, mit anderen Eltern und Nachbarn wegen dieses Verhaltens sind eher die Norm als die Ausnahme.

Es ist die Unaufmerksamkeit, die so vielen Eltern zu schaffen macht. Besonders frustrierend ist es, wenn das Kind nicht zuzuhören scheint. Hier ist eine große Portion Geduld und Verständnis erforderlich! Gelegentlich geht die Unaufmerksamkeit so weit, dass sich das Kind dadurch selbst gefährdet. Zum Beispiel im Schwimmbad: Sie erklären Ihrem Kind, dass es bei Ihnen im Umkleideraum bleiben soll, bis Sie sich umgezogen haben; Sie drehen sich um und das Kind ist weg und schon dabei, in das tiefe Wasser des Schwimmbeckens zu springen, obwohl es gar nicht schwimmen kann …!

Wenn zu der Aufmerksamkeitsschwäche noch Hyperaktivität kommt, dann wird es richtig anstrengend: Das Kind ist ständig unruhig. Es zappelt häufig mit Händen oder Füßen, es kann nicht still sitzen bleiben und verbreitet Unruhe und Gereiztheit. Es hat Schwierigkeiten, ruhig zu spielen, und ist häufig „auf Achse".

Das Kind verhält sich so, als ob es von innen dazu angetrieben würde, ständig in Bewegung zu sein (– und das ist tatsächlich so). Sogar im Bett: Diese Kinder schlafen oft schlecht ein und durch und sind sehr unruhig. Viele wachen nachts auf und haben Angst. Eltern dieser Kinder sind oft nicht nur erschöpft von dem Versuch, mit dem Kind Schritt zu halten, sondern sind auch erstaunt, welche Leistungen ihr Kind erbringen kann, sei es sportlich, musikalisch, technisch oder in einem anderen Bereich!

Das Handeln und Verhalten des Kindes, als wäre es „getrieben", ist das Hauptmerkmal der Hyperaktivität. Parallel dazu ist oft auch übersprudelndes Reden zu beobachten: Ihr Kind kommt nach Hause, wirft den

Schulranzen und die Jacke irgendwohin – die Mütze hat es in der Schule liegen lassen, die Hausaufgaben sowieso – und erzählt Ihnen sozusagen in *einem* Atemzug, wie zwei Kinder in der Pause gestritten haben, was die Lehrer getan oder nicht getan haben und wie die Weste des Hausmeisters so blöd aussah …! Nachdem es ihnen zehn Minuten lang pausenlos erzählt hat, läuft es plötzlich weg und spielt mit seinem Roboter. Zwei Minuten vor dem Mittagessen schnappt das Kind sich dann sein Fahrrad und radelt fröhlich davon ...

In der Schule haben diese Kinder einen schweren Stand. Sie haben trotz guter Intelligenz Schwierigkeiten, dem Unterricht zu folgen und sich an die Regeln der Schule zu halten. Ständig werden sie abgelenkt: Lässt ein Mitschüler einen Stift auf den Boden fallen, dreht sich das konzentrationsschwache Kind sofort um. Diese Kinder haben große Probleme stillzusitzen; nicht selten stören sie die anderen Kinder durch die ständige Unruhe, die sie verbreiten. „Leihst du mir deinen Bleistift, ich hab meinen vergessen?“ – „Was ist das für ein Etui, wo hast du es her?“ – „Ich hole mir ein Heft von Thomas.“ – „Ich will schauen, was die Männer da draußen machen.“ – „Frau Kübler, ich habe in der Pause einen Schuh verloren!“

Hinzu kommt, dass sie Aufgaben nicht zu Ende führen und – wie oben beschrieben – vergessen, die Hausaufgaben aufzuschreiben, oder gar nicht mitbekommen, dass es an diesem Tag Hausaufgaben gibt!

Zu der Unaufmerksamkeit und Hyperaktivität gesellt sich gerne Impulsivität. Diese Kinder handeln *sofort*, ohne nachzudenken, sie können nur schwer warten, bis sie an der Reihe sind. In der Klasse platzen sie häufig mit den Antworten heraus, obwohl der Lehrer sie nicht gefragt hat. Das impulsive Kind neigt dazu, andere zu unterbrechen und zu stören, es versucht, ihnen gleichzeitig zu imponieren, und spielt den Klassenclown. Redeverbote nutzen kaum etwas, weil die Kinder sich nicht wirklich unter Kontrolle haben.

Spricht man ein solches Kind auf sein Verhalten an, wird es versuchen, seine Schwierigkeiten zu verleugnen, um sein Gesicht zu wahren und weil es selbst nicht versteht, warum es sich so verhält. Impulsive Kinder handeln, ohne zu überlegen, sie rennen über die Straße, ohne vorher nach links und rechts zu schauen. Sie sind ständig in Konflikte verwickelt, weil sie anecken und stören, Unruhe stiften und sich selbst in Gefahr bringen.

Von ADHS gibt es zwei unterschiedliche Typen und auch Mischformen. Neben dem robusten, hyperaktiven, impulsiven Kind gibt es den ruhigen, verträumten, sensiblen Typ. Diese zweite Variante ohne Hyperaktivität wird oft auch als ADS bezeichnet (Aufmerksamkeits-Defizit-Störung). Die davon betroffenen Kinder sind oft übersensibel. Bei der geringsten Ermahnung brechen sie in Tränen aus und rennen heulend davon; oder sie gehen zum Gegenangriff über und machen ihrerseits den Eltern Vorwürfe, oft unter Tränen.

Diese Kinder sind so empfindlich, dass viele Eltern das Gefühl haben, sie könnten sie nur mit Samthandschuhen anfassen. Die Eltern modifizieren ihr eigenes Verhalten, „dehnen" es so weit wie möglich aus, um ihr Kind auffangen zu können, und nehmen sich vor, mit ihren empfindlichen Kindern noch diplomatischer und rücksichtsvoller umzugehen.

Sie haben häufig den Eindruck, dass ihr Kind in seiner emotionalen Entwicklung ein Jahr oder sogar zwei Jahre zurückgeblieben ist. ADS-Kinder wirken kindisch, beim Spielen mit anderen Kindern verlieren sie so ungern und beklagen sich dabei. Reagieren ihre Freundinnen oder Freunde negativ, fühlen sie sich abgelehnt, und tatsächlich werden sie leicht an den Rand der Gruppe gedrängt.

Nicht selten rutschen solche Kinder in die Depression ab. Starke Stimmungsschwankungen sind eine typische Begleiterscheinung bei ADHS und ADS: in dem einen Moment in glückliche Tagträume versunken – im nächsten am Boden zerstört. Bei hyperaktiven Kindern wechseln sich Phasen begeisterter Aktivität mit zornigem Toben und völliger Erschöpfung ab.

Wenn Sie ein Kind mit LRS haben, kann es sein, dass es auch eine ADHS hat und Sie diese noch nicht erkannt haben. In unserer Schule stellt sich heraus, dass LRS-Kinder und Jugendliche öfter an ADHS leiden, als man denkt. In den meisten Fällen wurde die ADHS nicht erkannt.

Warum ADHS oft nicht erkannt wird

Problematisch ist das Erkennen deshalb, weil viele Ärzte, Fachärzte und Erzieher das Verhalten des Babys oder Kindes in den Entwicklungsphasen des Vorschulalters als normal betrachten: Viele ADHS-Babys schreien in der Nacht (und auch tagsüber) sehr viel, ja beinahe ununterbrochen, sodass die Eltern das Baby oder Kleinkind instinktiv zu sich ins Bett nehmen. Dieses Verhalten setzt sich teilweise jahrelang fort. Die Handlungsweise der Eltern wird oft als *Ursache* des schlechten Schlafverhaltens des Kindes gedeutet und nicht als *Reaktion* auf das Unwohlsein des Kindes.

Schon auf dem Wickeltisch sind manche dieser Babys sehr unruhig. Viele Eltern denken, „Na ja, es hat eben Temperament. Mein Mann und ich haben auch Temperament!“

Die Eltern haben vielleicht nicht so viele Vergleichsmöglichkeiten zu anderen Kindern. Es ist natürlich, dass sie das Verhalten ihres eigenen Kindes für normal halten und sich darauf einstellen. Schreit es viel, ist das für die Eltern nur eine „Babysache“. Ist es unkonzentriert und leicht ablenkbar, gilt es als ein wenig quirlig und undiszipliniert; Jungen sind halt so und auch Mädchen dürfen heutzutage lebhaft sein …!

Bei den Träumern, die dazu neigen, auf Kritik sehr empfindlich zu reagieren, die unsicher und unreifer sind, passen sich die Eltern in ihrem Erziehungsstil an, um das Kind aufzufangen, seine Talente zu fördern und sein Selbstbewusstsein zu stärken.

Auffälliger wird das unruhige Verhalten, wenn die Kinder *außerhalb* der Familie an Aktivitäten teilnehmen, zum Beispiel, wenn sie ins Kinderturnen gehen. Hier wird der Kontrast zum Verhalten anderer Kinder deutlich. Eltern berichten uns, dass ihre Kinder, die sich nicht an die Regeln halten konnten, oft auf der Bank sitzen mussten, weil sie nicht aufgepasst hatten. Fast immer werden die Eltern von der Übungsleiterin auf das Verhalten ihrer Kinder angesprochen. Im Kindergarten werden die Mütter ebenfalls wieder darauf angesprochen, dass das Kind disziplinierter sein müsste. Mit anderen Worten: Turngruppenleiter, Kindergärtnerinnen und später die Lehrer halten diese Kinder schlicht für schlecht erzogen.

Auch von der Verwandtschaft bekommen Eltern oft Vorwürfe, weil die Kinder verzogen seien, weil sie zu lebhaft seien und auf die verrücktesten Ideen kämen. Kennen Sie das?

Manche Eltern wehren diese Deutung vehement ab und ignorieren das Verhalten ihres Kindes; andere geben sich die größte Mühe, ihrem Kind sein störendes Verhalten abzugewöhnen, scheitern daran immer wieder und stehen ratlos da.

Das gilt vor allem für die hyperaktiven Kinder. Die „Träumer“ fallen viel weniger auf. Wenn sie überhaupt zur Kenntnis genommen werden, dann werden sie als Mitläufer eingestuft, als harmlos und nicht ganz ernst zu nehmen.

Wenn ADHS nicht erkannt und behandelt wird, verstärken sich die Probleme immer mehr. Die Hyperaktivität und Impulsivität kann sich zur Aggression steigern, weil die Kinder ihr eigenes Verhalten nicht im Griff haben und die nonverbalen und verbalen Signale ihrer Spielkameraden und Erzieher gar nicht wahrnehmen oder falsch verstehen. Dabei hegen diese Kinder keine bösen Absichten und kommen oft aus liebevollen, freundlichen Familien. Bei den Träumertypen besteht die Gefahr, dass sie sich immer mehr abkapseln, von Klassenkameraden und Lehrern ignoriert werden und, weil sie darüber unglücklich sind, in Depression abgleiten. Deshalb ist es wichtig, genau zu prüfen, ob Ihr Kind ADHS hat.

Wie Sie ADHS erkennen

ADHS zuverlässig erkennen kann nur der erfahrene Facharzt. Er kann fundierte wissenschaftliche Tests durchführen. Aber um zu einem solchen Arzt zu kommen, brauchen Sie einen begründeten Verdacht. Dafür gibt es einen Orientierungstest, der sich an den Richtlinien des DSM IV orientiert *(Diagnostic and Statistic Manual of Mental Disorders*, auf Deutsch: Diagnostisches und statistisches Handbuch psychischer Störungen). In der Praxis hat er sich als hilfreicher Wegweiser zum Erkennen von ADHS bei Kindern gezeigt. Mit diesem Test schätzen Sie bei einer Reihe von Beschreibungen ein, wie stark sie für Ihr Kind zutreffen. Das hilft Ihnen zu klären, ob Ihr Kind ADHS hat und wie stark die Störung ausgeprägt ist. (S. 186)

Testen Sie am besten dreimal, wegen der Tatsache, dass Sie subjektiv einschätzen müssen. Die Ergebnisse, die Ihnen am objektivsten erscheinen, drucken Sie aus und nehmen Sie zum Facharzt mit. Für einen begründeten Verdacht brauchen Sie zuverlässige Erkennungskriterien. (Sie finden den Test auch im Internet, und zwar unter folgendem Link:
http://www.crealern.de/ads-adhs-test.
Dort können Sie den Test auch online ausführen.)

ADS/ADHS-Orientierungstest

So gehen Sie vor: Kreuzen Sie bei jedem Satz *ein* Merkmal an.

Kurze Aufmerksamkeitsspanne – mangelhafte Konzentration (I)

Ist leicht ablenkbar
❍ Trifft *nicht* zu ❍ ein wenig ❍ mittelmäßig ❍ trifft stark zu

Kann sich schlecht konzentrieren
❍ Trifft *nicht* zu ❍ ein wenig ❍ mittelmäßig ❍ trifft stark zu

Bleibt nicht bei der Sache
❍ Trifft *nicht* zu ❍ ein wenig ❍ mittelmäßig ❍ trifft stark zu

Vergisst Gelerntes wieder
❍ Trifft *nicht* zu ❍ ein wenig ❍ mittelmäßig ❍ trifft stark zu

Macht häufig Flüchtigkeitsfehler bei den Schularbeiten
❍ Trifft *nicht* zu ❍ ein wenig ❍ mittelmäßig ❍ trifft stark zu

Scheint nicht zuzuhören
❍ Trifft *nicht* zu ❍ ein wenig ❍ mittelmäßig ❍ trifft stark zu

Hat häufig Schwierigkeiten, Aufgaben und Aktivitäten zu organisiseren
❍ Trifft *nicht* zu ❍ ein wenig ❍ mittelmäßig ❍ trifft stark zu

Kurze Aufmerksamkeitsspanne – mangelhafte Konzentration (II)

Hat keine Ausdauer (bei alltäglichen Dingen)

❍ Trifft *nicht* zu ❍ ein wenig ❍ mittelmäßig ❍ trifft stark zu

Spricht plötzlich von etwas anderem
❍ Trifft *nicht* zu ❍ ein wenig ❍ mittelmäßig ❍ trifft stark zu

Führt häufig Anweisungen anderer nicht vollständig aus
❍ Trifft *nicht* zu ❍ ein wenig ❍ mittelmäßig ❍ trifft stark zu

Weiß nicht, welche Hausaufgaben zu machen sind
❍ Trifft *nicht* zu ❍ ein wenig ❍ mittelmäßig ❍ trifft stark zu

Verliert oder verlegt häufig Gegenstände
❍ Trifft *nicht* zu ❍ ein wenig ❍ mittelmäßig ❍ trifft stark zu

Ist bei Alltagstätigkeiten häufig vergesslich
❍ Trifft *nicht* zu ❍ ein wenig ❍ mittelmäßig ❍ trifft stark zu

Wechselt rasch von einer Aktivität zur anderen
❍ Trifft *nicht* zu ❍ ein wenig ❍ mittelmäßig ❍ trifft stark zu

Hyperaktivität

Zappelt häufig mit Händen oder Füßen
❍ Trifft *nicht* zu ❍ ein wenig ❍ mittelmäßig ❍ trifft stark zu

Kann nicht still sitzen bleiben
❍ Trifft *nicht* zu ❍ ein wenig ❍ mittelmäßig ❍ trifft stark zu

Verbreitet Unruhe
❍ Trifft *nicht* zu ❍ ein wenig ❍ mittelmäßig ❍ trifft stark zu

Verbreitet Gereiztheit
❍ Trifft *nicht* zu ❍ ein wenig ❍ mittelmäßig ❍ trifft stark zu

Hat häufig Schwierigkeiten, ruhig zu spielen
❍ Trifft *nicht* zu ❍ ein wenig ❍ mittelmäßig ❍ trifft stark zu

Ist häufig „auf Achse"
❍ Trifft *nicht* zu ❍ ein wenig ❍ mittelmäßig ❍ trifft stark zu

Handelt ofmals, als wäre er / sie „getrieben"
❍ Trifft *nicht* zu ❍ ein wenig ❍ mittelmäßig ❍ trifft stark zu

Redet übermäßig viel
❍ Trifft *nicht* zu ❍ ein wenig ❍ mittelmäßig ❍ trifft stark zu

Impulsivität

Platzt häufig mit den Antworten heraus
❍ Trifft *nicht* zu ❍ ein wenig ❍ mittelmäßig ❍ trifft stark zu

Verleugnet Schwierigkeiten
❍ Trifft *nicht* zu ❍ ein wenig ❍ mittelmäßig ❍ trifft stark zu

Kann nur schwer warten, bis er / sie an der Reihe ist
❍ Trifft *nicht* zu ❍ ein wenig ❍ mittelmäßig ❍ trifft stark zu

Unterbricht und stört andere
❍ Trifft *nicht* zu ❍ ein wenig ❍ mittelmäßig ❍ trifft stark zu

Imponiergehabe, spielt Klassenclown
❍ Trifft *nicht* zu ❍ ein wenig ❍ mittelmäßig ❍ trifft stark zu

Ist ständig in Konflikte verwickelt
❍ Trifft *nicht* zu ❍ ein wenig ❍ mittelmäßig ❍ trifft stark zu

Handelt, ohne zu überlegen
❍ Trifft *nicht* zu ❍ ein wenig ❍ mittelmäßig ❍ trifft stark zu

Rennt los, ohne zu überlegen
❍ Trifft *nicht* zu ❍ ein wenig ❍ mittelmäßig ❍ trifft stark zu

Sensibilität, eventuell Depression

Starke Stimmungsschwankungen
❍ Trifft *nicht* zu ❍ ein wenig ❍ mittelmäßig ❍ trifft stark zu

Gleich beleidigt, schimpft schnell
❍ Trifft *nicht* zu ❍ ein wenig ❍ mittelmäßig ❍ trifft stark zu

Ist extrem empfindlich gegenüber Kritik
❍ Trifft *nicht* zu ❍ ein wenig ❍ mittelmäßig ❍ trifft stark zu

Weint schnell
❍ Trifft *nicht* zu ❍ ein wenig ❍ mittelmäßig ❍ trifft stark zu

Ist ein schlechter Verlierer
❍ Trifft *nicht* zu ❍ ein wenig ❍ mittelmäßig ❍ trifft stark zu

Hat wenig Selbstwertgefühl
❍ Trifft *nicht* zu ❍ ein wenig ❍ mittelmäßig ❍ trifft stark zu

Ist mutlos bis depressiv
❍ Trifft *nicht* zu ❍ ein wenig ❍ mittelmäßig ❍ trifft stark zu

Wirkt kindlicher, unreifer
❍ Trifft *nicht* zu ❍ ein wenig ❍ mittelmäßig ❍ trifft stark zu

So werten Sie den Test aus:

Wenn Sie überwiegend zu dem Ergebnis gekommen sind, dass die Aussagen für Ihr Kind in *einem mittleren Maß bis sehr stark* zutreffen, empfehle ich Ihnen, eine erfahrene ADHS-Fachperson aufzusuchen.

ADHS-Test – Vor- und Nachteile

Ein guter ADHS-Test verschafft Ihnen Orientierung. Sie können dann gut vorbereitet zum Facharzt gehen und ihm Ihre Gründe für den Verdacht auf ADHS vortragen. Diese Erkennungskriterien sind sachlich, sie stammen schließlich aus der ärztlichen Fachwelt. In Ihrem Gespräch können Sie Beispiele des Verhaltens Ihres Kindes benennen, die zu den jeweiligen Erkennungskriterien passen. – Nachteilig ist, dass all diese Einschätzungen subjektiv sind: Was ist im Kindes- und Jugendalter „normal“ und was nicht? Sie müssen also versuchen, aus dem subjektiven Bereich in den objektiven zu kommen. Das gelingt Ihnen durch den Vergleich Ihres Kinds mit möglichst vielen Gleichaltrigen. Vergessen Sie auch nicht, die Rückmeldungen von Verwandten, Freunden und Erziehern aufzuführen, die eine weitere Objektivierung ermöglichen. Die Fachperson kann mit so viel relevanter Information eine eindeutige Diagnose treffen.

Andere mögliche Ursachen für Konzentrationsschwäche

Sie sollten aber auch beim Allgemeinarzt untersuchen lassen, ob die Konzentrationsschwäche Ihres Kindes nicht vielleicht ganz andere Ursachen hat als ADHS. Es gibt nämlich eine Reihe von Erkrankungen und Mangelerscheinungen, die ähnliche Symptome hervorrufen können.

Selbst wenn Ihr Kind keine oder nur geringe Konzentrationsschwäche zeigt, ist es sinnvoll, dass Sie es daraufhin untersuchen lassen. Das ist für das Wohlergehen Ihres Kindes ebenso nötig wie für die Überwindung seiner LRS.

Niedriger Blutdruck

Der hypotone, also zu niedrige Blutdruck wird durch eine einfache ärztliche Untersuchung festgestellt. Der bereits erwähnte Neurologe und Kinderpsychiater Dr. Fritz Held erklärte dazu sinngemäß:

Der hypotone Blutdruck im Kindesalter komme bei familiärer Disposition oder als Begleitsymptom eines körperlichen Wachstumsschubes vor und werde viel zu wenig beachtet, weil seine Symptomatik von vornherein mit einer Neurose oder auch nur mit Faulheit verwechselt werde. Denn ein hypotoner Blutdruck vermöge ein ganzes Arsenal neurotischer Symptome vorzutäuschen:

– Müdigkeit, Lustlosigkeit

– Missstimmung in gereizt-aggressiver oder in depressiver Richtung

- Kopfschmerzen
- Bauchschmerzen
- Einschlafstörungen
- Konzentrationsschwäche
- Leistungsabfall

Der hypotone Blutdruck verursache vor allem die typische motorische Unruhe beim Sitzen, bei der es sich um instinktive Zweckbewegungen handele. Durch die damit verbundene muskuläre Pumpwirkung werde das in der unteren Körperhälfte versackte Blut wieder hochgepumpt und damit eine Mangeldurchblutung des Gehirns verhütet. Dies sei der Grund, warum sich hypotone Kinder bei Bewegungsspielen wohlfühlten. Bei längerem Sitzen in der Schule oder bei den Hausaufgaben zeigten sie die oben aufgeführten Symptome, was ihnen dann fälschlicherweise als Faulheit ausgelegt, aber durch Sitzen als solches verursacht werde.

Jodmangel

Bei einem Mangel an Jod wird zu wenig Schilddrüsenhormon hergestellt. Die Schilddrüse vergrößert sich, um das Jod, das nicht ausreichend vorhanden ist, so gut wie möglich zu verteilen. Jodmangel wird durch eine ärztliche Untersuchung festgestellt. Äußere Erkennungszeichen sind:

- Unwohlsein
- Gefühl der Müdigkeit
- Konzentrationsmangel
- Lustlosigkeit bis hin zur Verlangsamung
- Kältegefühl
- Schuppige Haut
- Struppige Haare
- Durchblutungsstörungen

Ein Kind, das unter Jodmangel leidet, verhält sich eher passiv, mit depressiven Zügen. Es fühlt sich buchstäblich nicht wohl in seiner Haut. Dieser Zustand kann durch Verabreichen von Jodtabletten in der Regel gut behoben werden.

Eisenmangel

Eisen spielt eine wichtige Rolle bei der Bildung von Blut und der Übertragung des Sauerstoffs. Typisch bei Eisenmangel sind Müdigkeit und eine blasse Gesichtsfarbe. Äußere Erkennungszeichen:

- Konzentrationsschwäche
- Müdigkeit
- Schlappes, lustloses Verhalten
- Brüchigkeit von Nägeln und Haaren
- Haarausfall
- Trockene oder blasse Haut
- Risse an den Mundwinkeln
- Schwächegefühl und Schnaufen bei Belastungen

Ihr Kind kann unter einem Eisenmangel leiden, ohne die oben genannten Symptome zu zeigen. Beim beginnenden Eisenmangel treffen diese Erkennungskriterien nicht zu, der Eisenmangel ist noch unterschwellig. Auch in diesem Fall gibt eine ärztliche Untersuchung Sicherheit und Klarheit.

Zinkmangel

Zinkmangelerscheinungen äußern sich unter anderem im vermehrten Aufkommen allergischer Reaktionen, in chronischen Erschöpfungszuständen, Antriebslosigkeit, brüchigen Nägeln mit weißen Flecken, Haarausfall und Depression. Auch Nachtblindheit und Augentrockenheit können auftreten.

Zink reguliert das Zellwachstum, die Zelldifferenzierung und den Aufbau der Zellmembranen. Es ist somit an allen Immunfunktionen beteiligt und zuständig für die Stärkung des Immunsystems. Wissenschaftlichen Untersuchungen zu Folge leiden bis zu 50 Prozent der Weltbevölkerung an Zinkmangel.

Als Tagesbedarf empfehlen medizinische Institute 12–15 mg Zink. Zink wird im Körper optimal in der Verbindung mit Histidin verwertet, einer körpereigenen Aminosäure. Diese Verbindung mit dem Histidin hat eine entzündungshemmende Wirkung als Nebeneffekt und ist für den Körper biologisch dreimal besser verträglich als pures Zinksalz. Zink-Histidin-Präparate gibt es rezeptfrei bei Ärzten und Apotheken.

Sehschwäche

Unsere Erfahrungen haben gezeigt, dass LRS und Sehschwäche durchaus Hand in Hand gehen können. Wenn das Kind die Buchstaben eines Textes nicht richtig sehen kann, werden diese im Gehirn auch nicht optimal gespeichert. Deshalb empfehle ich immer, das Sehvermögen des Kindes untersuchen zu lassen.

Zusätzlich zu einer gewöhnlichen Sehschwäche ist auch eine spezielle Sehstörung entdeckt worden. Bei dieser geht man davon aus, dass die Einstellung der Augenlinsen nicht stimmt. Dieses Phänomen nennt man Akkommodationsstörung. Die *Internationale Vereinigung für Binokulares Sehen* erklärt, dass diese Winkelfehlsichtigkeit durch den Einsatz von Prismenbrillen behoben werden könne (Mess- und Korrektionsmethodik nach Hans-Joachim Haase). (Quellen: Internationale Vereinigung für Binokulares Sehen: *Beiträge zur binokularen Korrektion*, Heft 5: Vorträge der IVBV-Jahreskongresse 1999–2000; Heft 1: Schwerpunktthema Legasthenie. Internet: www.ivbs.org)

Hörschwäche

Ich empfehle Ihnen außerdem, das Hörvermögen Ihres Kindes überprüfen zu lassen. Seien Sie nicht überrascht, wenn die Ergebnisse *keine* Hörschwäche nachweisen! Denken Sie daran: Obwohl Ihr Kind gut hört, kann es sein, dass es aufgrund der Unreife des Lese-Schreib-Zentrums die phonetischen Laute der Buchstaben nicht verarbeiten kann. In diesem Fall liegt die Ursache dieser spezifischen Hörschwäche sozusagen eine Ebene höher.

Ursache für ADHS: Unreife des Zentrums der Aufmerksamkeitssteuerung

Die Steuerung der Aufmerksamkeit ist eine biologische Funktion des Gehirns. Der zuständige Bereich für diese Funktion sind die beiden Frontallappen. Dieses Netzwerk wird versorgt mit Neurotransmittern, also Botenstoffen, durch die Informationen von einer Nervenzelle an die nächste weitergegeben werden. Der derzeitige Stand der Wissenschaft geht bei ADHS-Betroffenen von einer Fehlregulation dieses Botenstoffwechsels aus.

Normalerweise schüttet die sendende Nervenzelle den Botenstoff aus, um eine Information an die nächste weiterzugeben. Ist die Information übertragen, werden die restlichen Botenstoffe von der aussendenden Zelle wieder aufgenommen. Bei ADHS werden die Botenstoffe jedoch von der sendenden Zelle so schnell wieder aufgenommen, dass die empfangende Nervenzelle nicht genügend Zeit hat, die Information aufzunehmen. Es kommt dadurch zu Fehlsteuerungen im Gehirn, besonders die Aufmerksamkeit und die Motorik sind davon betroffen. Da ADHS auf eine mangelnde Weitergabe von Botenstoffen im Gehirn zurückzuführen ist, müssen Versuche, dieses Defizit zu beheben, eine messbare neurologische Wirkung erzielen. Die vollständige *Reife* dieses Gehirnareals ist die *Voraussetzung* für dessen Funktionstüchtigkeit bei der Steuerung von Aufmerksamkeit und sozialem Verhalten.

> Wenn wir die ADHS vom Standpunkt der Reife betrachten, wird klar, was die Lernschwächen Dyslexie und Dyskalkulie mit ADHS gemeinsam haben: Die verzögerte Reifung der Funktionalität des jeweiligen Zentrums ist eine typische Erscheinungsform der Spätentwicklung im Kindesalter. Diese Reifungsverzögerungen können einzeln oder in Kombination auftreten.

Was tun bei ADHS?

Was können Sie gegen Konzentrationsschwäche Ihres Kindes tun? Es gibt einige Methoden, die erwiesenermaßen funktionieren, andere, die bei *manchen* Kindern zu wirken scheinen und bei anderen weniger, und wieder andere Methoden, die immer wieder empfohlen werden, aber *nicht* effektiv oder sogar schädlich sind.

1. Wirkungslose Methoden

Homöopathie

Die Homöopathie ist eine umstrittene alternative Heilmethode. Es ist verwunderlich, ja, geradezu erstaunlich, aber bei der Behandlung von ADHS-Kindern mit homöopathischen Mitteln werden immer wieder Erfolge gemeldet. Erstaunlich deswegen, weil laut Definition in den Mitteln, die verschrieben werden, keine Spuren des originalen Wirkstoffs übrig bleiben dürfen! Hier scheiden sich die Geister: auf der einen Seite die Schulmediziner, auf der anderen Seite die Naturheilpraktiker. Aber alles, was den ADHS-Kindern auf Dauer wirklich hilft, sollte als Möglichkeit in Erwägung gezogen werden.

Sicherlich ist es immer von Vorteil, wenn das betroffene Kind *glaubt*, dass es sich durch die Einnahme eines Heilmittels besser konzentrieren kann. Tatsächlich ist es so, und Untersuchungen beweisen dies immer wieder, dass bei Einnahme der homöopathischen Präparate und dank der festen Überzeugung von der Wirksamkeit dieser Therapie Botenstoffe im Gehirn ausgeschüttet werden, die zur Linderung der Beschwerden führen können. Dieses Phänomen ist bekannt als Placebo-Effekt.

Meine persönliche Auffassung zur Frage der Wirksamkeit der Homöopathie ist folgende: In Wirklichkeit enthalten homöopathische Präparate keine Stimulatoren – außer dem Zucker, aus dem die Globuli bestehen – und bewirken daher keine Aktivierung des Stoffwechsels im Gehirn. Placebo-Effekt gut und schön, aber wenn Sie die ADHS Ihres Kindes wirklich besiegen wollen, ist eine aktive Vorgehensweise angesagt, nicht eine passive.

AFA-Algen

Das Bundesinstitut für Arzneimittel und Medizinprodukte (BfArM) sowie das Bundesinstitut für gesundheitlichen Verbraucherschutz und Veterinärmedizin (BgVV) warnen vor der Einnahme von AFA-Algen, weil es keine wissenschaftlichen Beweise dafür gibt, dass sie bei ADHS-Beschwerden hilfreich sein können. Im Gegenteil: Sie können sogar gesundheitsschädlich sein! Dazu schrieb das Bundesamt für Risikobewertung 2002:

„Bei den sogenannten AFA-Algen, volkstümlich auch als blaue oder blaugrüne Uralgen bezeichnet, handelt es sich um Cyanobakterien (*Aphanizomenon flos-aquae*). Von diesen Organismen ist bekannt, dass bestimmte Stämme Gifte bilden, die das Nervensystem angreifen und schädigen können."

Ergotherapie

Viele Kinderärzte verschreiben Ergotherapie – mehr, um die Mütter von unruhigen und aufmerksamschwachen Kindern zu beruhigen, als die Kinder selbst. Haben die Kinder feinmotorische Schwierigkeiten, kann dieser Behandlungsansatz sehr hilfreich sein, sonst nicht.

Nur die Aktivierung des Gehirnstoffwechsels am synaptischen Spalt kann zu einer verbesserten Aufmerksamkeit führen. Diese Stimulierung muss spezifisch auf dieses Gehirnareal gerichtet sein. Ergotherapeutische Maßnahmen sind von zu allgemeiner Natur, um längerfristig die gewünschte Aktivierung bewirken zu können.

Psychotherapie

Die Psychotherapie versucht die *Auswirkungen* der ADHS auf das Kind und die Reaktionen seiner Umwelt darauf, speziell die der Eltern, therapeutisch aufzuarbeiten.

Die Ursache von ADHS wird oft im Erziehungsstil und in der Persönlichkeitsstruktur der Beteiligten gesucht, anstatt sie als Auswirkung einer biologischen Entwicklungsverzögerung der Aufmerksamkeitssteuerung mit all ihrer negativen Konsequenzen für das Kind und seine Familie zu sehen.

2. Vielversprechende Methoden, die *teilweise* Erfolge erzielen

Bei den folgenden drei Methoden gibt es zwar Erfolge, aber es ist unklar, inwieweit sie im Alltag *durchgängig* erfolgreich sein können. Sie führen zu einer Stimulation des Gehirns und eine Aktivierung des Gehirnstoffwechsels wird angenommen.

Konzentrationsübungen

„Lukas, konzentriere dich für drei Minuten auf die Flamme der Kerze, danach kannst du spielen gehen.“ –

Drei Minuten später: „Gut gemacht, morgen machen wir das wieder!“

*

Konzentrationsübungen mit Ihrem Kind zu machen ist ein Schritt in die richtige Richtung. Durch die Anstrengung werden vermehrt die Neurotransmitter Dopamin und Serotonin freigesetzt; das ist genau das, was das Gehirn Ihres Kindes braucht, um die Aufmerksamkeit zu unterstützen. Allerdings hängt die Effektivität von der Intensität und Regelmäßigkeit des Trainings ab. Diese Methode ist sehr mühselig und erfordert sehr viel Disziplin und Ausdauer. Es kann Jahre dauern, bis brauchbare Ergebnisse erzielt werden, wenn überhaupt.

Einnahme von Omega-3 und Omega-6-Fettsäure

Die tägliche Einnahme von Omega-3-Fettsäure kann die Hyperaktivität lindern – so zumindest die Ergebnisse der „Oxford-Durham-Studie“, die mit 117 Kindern durchgeführt wurde. Diese Ergebnisse werden unterstützt durch die Resultate der Studie, die an der Universität von Adelaide mit 132 ADHS-Kindern erzielt wurden („Adelaide-Studie“). Die Effektivität von Omega-3- und Omega-6-Fettsäure wird auf die positive Wirkung dieser Substanzen auf die Funktionalität des Nervensystems und des Gehirns zurückgeführt. Diese Fettsäuren sollen die Versorgung des Gehirns über die Dynamik der verbesserten Aktivierung des Gehirnstoffwechsels gewährleisten. Eine weitere Studie der *Oxford University* (2012) zeigte, dass bei Einnahme von Omega 3-Fettsäuren die Anzeichen von Hyperaktivität und Trotz nachließen und dass während dessen viele Kinder besser lesen lernen konnten. Es ist abzuwarten, ob diese ermutigenden Ergebnisse mit weiteren Studien und Erfahrungen aus dem Alltag untermauert werden können.

Biofeedback

Beim Biofeedback werden die Körpersignale Ihres Kindes über am Körper befestigte Sensoren in Bilder und Töne umgewandelt und am Computer als Bild sichtbar gemacht. Ihr Kind bekommt ein Spiegelbild seines Befindens vorgesetzt. Dadurch hat es eine Möglichkeit, seinen Körper und Geist zu beeinflussen, wie sie sonst wahrscheinlich nur durch Tiefenmeditation zu erreichen wäre. Positive Veränderungen seiner Körperfunktionen werden mittels Feedback am Computer verstärkt.

Dazu legt das Kind die Sensoren (zwei kleine Fühlplättchen, die den elektrischen Widerstand der Haut messen) an seinen Fingern an. Die Messergebnisse werden an das an Ihren PC angeschlossene Biofeedback-Gerät weitergeleitet. Ein zuverlässiges Gerät gibt Ihnen bei den geringsten Veränderungen des Hautwiderstandes genaue Auskunft. Schon die kleinste Entspannung und Anspannung macht sich so bemerkbar. Die Körpersignale Ihres Kindes, gemessen am Hautwiderstand, werden durch das Programm in beeinflussbare Kinderspiele umgesetzt und integriert.

Zum Beispiel gibt es ein *Ballonspiel*: Auf dem Bildschirm des PCs ist eine Wiese abgebildet, mit Bergen im Hintergrund. Plötzlich erscheint ein bunter Ballon oben auf dem Bildschirm. Die Aufgabe Ihres Kindes ist es, durch die Macht seiner Gedanken den Ballon zum Landen auf der Wiese zu bringen. Dazu muss Ihr Kind sich tief entspannen. Die Körpersignale – je nach dem Grad seines entspannten Zustandes – verursachen eine Bewegung des Ballons nach unten … oder nach oben. Konzentriert das Kind sich sehr stark darauf, sich zu entspannen, so senkt sich der Ballon. Wird es unkonzentriert oder regt es sich auf, fließt das Blut weg von seinen Fingern in Richtung Gehirn, sein Gehirn schüttet Adrenalin aus, es werden Betawellen anstatt Alphawellen oder Thetawellen produziert und der Ballon fliegt davon.

Das Kind muss versuchen, seine Konzentration und Aufmerksamkeit so zu trainieren, dass es sich tief entspannen kann. Gleichzeitig versucht es Leistungen zu erbringen, indem es bei den Spielen mehr Punkte erzielt als beim letzten Versuch oder besser ist als seine Mitspieler. Gute Biofeedback-Produkte bieten eine Vielzahl an Spielen und Spielvariationen an, wobei der Schwierigkeitsgrad und die Sensibilität der Messungen variiert werden können.

Die Ergebnisse von Dr. Ulrike Leins‘ wissenschaftlichen Untersuchungen an der Tübinger Universität haben die Effektivität der spielerischen Biofeedback-Anwendung bei Kindern tendenziell untermauert. Das Training mit diesen Geräten erzielt, so Dr. Leins, gleich gute, wenn nicht bessere Resultate als die medikamentöse Behandlung.

Sehr überraschend finde ich diese erfreuliche Feststellung nicht! Schließlich kommt es auf die Stimulierung des Gehirns an, damit dessen Stoffwechsel angeregt wird. Durch die Selbststimulation des Kindes – angefeuert durch den Ehrgeiz, das Spiel zu gewinnen – werden wohl die entsprechenden Botenstoffe freigesetzt, die es benötigt, um ruhig und konzentriert zu bleiben. Es ist zu vermuten, dass gleichzeitig die Gehirnreifung aktiviert wird.

Vorteile von Biofeedback-Spielen:

Familien können sich die Strapazen der Einstellung und Durchführung der medikamentösen Behandlung ersparen. Die Spiele sind komplett ohne Nebenwirkung. Sie können gemeinsam oder allein gespielt werden. Die Ergebnisse (wie tief und gut das Kind sich entspannen kann) sind messbar. Die Kinder können zuhause spielen. Die Akzeptanz bei Lehrern, Erziehern und ihren anderen Kooperationspartnern ist in der Regel größer als bei medikamentöser Behandlung. Die Spiele sind relativ leicht in den Familienalltag zu integrieren.

Nachteile und Schwierigkeiten von Biofeedbackspielen:

Es gibt solide wissenschaftliche Ergebnisse (und einige sehr positive Rückmeldungen bei unserem Versand für kreatives Lernen, *crealern.de*), aber nicht in der Breite, wie bei der medikamentösen Behandlung. Die Wissenschaft ist sich noch nicht einig, ob die guten Resultate wissenschaftlich relevant sind.

Wie bei allen heilpädagogischen Maßnahmen, die die Nachreifung eines bestimmten Gehirnareals bewirken sollen, müssen die Kinder regelmäßig trainieren. Auf die *Wiederholung* kommt es an! Sie müssen diese Übungen neben den Tippübungen und Buchstabenspielen sowie gegebenenfalls neben den Rechenspielen mit einplanen. Dies lässt sich durchaus machen, wenn Sie entschlossen und planmäßig vorgehen und die Schule dafür gewinnen.

Leider schummeln nicht wenige Kinder, um bessere Ergebnisse zu erzielen. Die Sensoren können durch Drücken manipuliert werden. Wenn Ihr Kind zum Schummeln neigt, sollten Sie immer dabei sein, solange es spielt.

3. Methoden, die längerfristig nachweislich funktionieren

Medikamentöse Behandlung

Die bekanntesten Medikamente, die diese Wirkung in der Praxis und bei zahlreichen Studien in den letzten Jahrzehnten erzielt haben, sind *Ritalin, Equasym* und *Medikinet*. Alle enthalten den Wirkstoff Methylphenidat. Es gibt zwischenzeitlich mehrere Medikamente und Wirkstoffe dieser Art auf dem Markt.

Weniger bekannt, aber vielleicht sanfter, ist das Medikament *Piracetam*, das Dr. Held in seiner Praxis jahrelang eingesetzt hat. Zur Biochemie von *Piracetam* (und überhaupt zur Wirkung dieser Gruppe von Stimulanzien) schreibt er in seiner Abhandlung „Medikamentös unterstützte Hirnreifungstherapie im Kindes- und Jugendalter" (*Der Kinderarzt*, 15. Jahrgang, 1984, Nr. 8):

„Wenn wir die biologische Ausreifung zur Funktionstüchtigkeit als spezifische Hirnfunktion des Kindes- und Jugendalters betrachten und es Medikamente gibt, die auf physiologische Weise den Gehirnstoffwechsel zu aktivieren vermögen, dann liegt es auf der Hand, dass auf diese Weise die Reifung aktiviert werden kann. Biochemische Untersuchungen am Tier weisen auf eine Verbesserung des Energiepotentials der Hirnzelle durch einen schnelleren ATP-Umsatz hin. *Piracetam* erhöht die Einbaugeschwindigkeit von radioaktiv markiertem Phosphat in die cerebralen organischen Phosphatverbindungen und regt den Stoffwechsel von Phospholipiden und Nucleinsäuren an (Giurgea, Gobert). Die Steigerung der neuronalen Proteinbildung konnte indirekt durch Zunahme der Polysomen, der Eiweißsynthese-Apparate der Nervenzelle, nachgewiesen werden (Burnotte). *Piracetam* fördert also den Hirnstoffwechsel, der für den ungestörten Ablauf aller Hirnfunktionen unabdingbare Voraussetzung ist."

In der gleichen Ausgabe von *Der Kinderarzt* weist Dr. Held auch auf die positive Wirkung von *Piracetam* nicht nur bei Konzentrationsschwächen, sondern spezifisch bei Lernschwächen hin. Diese Feststellung wird zusätzlich unterstützt durch die Arbeit von Colin Wilsher et al. (Hrsg.): *Developmental Dyslexia and Learning Disorders. Diagnosis and Treatment*, Bd. 5 der Reihe *Child Health and Development*, Paris, 1987 (Verlag: Karger).

Was Sie berücksichtigen müssen

Ausschlaggebend für den Erfolg bei der medikamentösen Behandlung ist die kompetente fachliche Begleitung. Sie brauchen einen Arzt oder eine Ärztin, die sich auf diesem Gebiet fortgebildet haben, sich sehr gut auskennen und Erfolge vorweisen können.

Ist die Diagnose gestellt worden, beginnt die Behandlung mit einer sehr kleinen Dosis am Morgen (– man will schließlich auf der sicheren Seite bleiben). Meistens bleibt diese wirkungslos. Nach und nach wird die Dosis gesteigert, bis sich die Beschwerden des Kindes zurückbilden. Anfangs merken die Kinder nicht immer, dass es ihnen besser geht, deshalb sind die begleitenden Beobachtungen von Eltern und Pädagogen sehr wichtig. Sieht der Facharzt die optimale Dosis als erreicht an, wird diese beibehalten und für den ganzen Tag aufrechterhalten, um eine bestmögliche Ausrichtung der Aufmerksamkeit und des Verhaltens zu erzielen. Und – wie Sie jetzt wissen – um eine Nachreifung des betreffenden Gehirnareals zu erzielen. Während dieses Prozesses der Nachreifung kann es vorkommen, dass das Kind wieder unaufmerksam, unruhig und niedergeschlagen wirkt. In diesem Fall weiß der erfahrene Praktiker die Dosis zu verringern. Die Behandlung wird auf diese Weise Schritt für Schritt fortgesetzt, bis die erwünschte Nachreifung erreicht worden ist und das Medikament komplett abgesetzt werden kann.

Zu berücksichtigen ist, dass die Kinder verschieden empfindlich auf die diversen Medikamente und Wirkstoffe reagieren können. Es ist deshalb wichtig, gegebenenfalls mit mehreren Versuchen den am besten geeigneten Wirkstoff zu ermitteln.

Individuelle Dosierung

Der Stoffwechsel des Gehirns ist von Kind zu Kind verschieden, ebenso die Ausprägung der Unreife des Gehirnareals zur Steuerung der Aufmerksamkeit. Das Kind oder der Jugendliche befindet sich in einem dynamischen

Prozess des Lernens und Wachsens. Deshalb ist es ausschlaggebend, die passende individuelle Dosierung für jedes einzelne Kind zu finden. In Ausnahmefällen kann diese sehr niedrig sein (beispielsweise nur ein Viertel der üblichen 10-mg-Tablette), aber auch mal recht hoch. Dazu eine kleine Anekdote: Bei einem ADHS-Symposium, das wir in Tuttlingen organisiert haben, erzählte ein bekannter Experte von einer Oma, die seine Anweisung zur Dosierung vergessen hatte. Bei einer Kontrolluntersuchung gefragt, wie es ihrem Enkel jetzt gehe, antwortete sie: „Danke, Herr Doktor, bestens. Er bekommt seine acht Tabletten täglich und es geht ihm jetzt ausgezeichnet!"

Auch andere erfahrene Ärzte berichten von sehr guten Ergebnissen bei individueller Dosierung, auch wenn sie höher als die Norm ist. Andererseits: Es kommt nicht selten vor, dass das Kind gar nicht auf das Medikament reagiert, weil die Dosierung zu gering ist (– ich vermute, aus Gründen des Unwissens oder der übertriebenen Vorsicht).

Nachteile der medikamentösen Behandlung

Medikamente wie *Ritalin* und *Medikinet* sowie in geringerem Maße auch *Piracetam* sind Stimulanzien, ähnlich wie Amphetamin, und können eine starke Wirkung haben.

In der Öffentlichkeit wird immer wieder negativ über die medikamentöse Behandlung berichtet – leider! Horrorstorys über verwirrte, überdosierte Kinder als Folge einer ADHS-Behandlung kursieren immer wieder durch die Medien. Tatsächlich ist es oft so, dass die Anfangsdosis der Behandlung zu hoch angesetzt war und das Kind entsprechend negativ darauf reagiert (extrem apathisch). Ein erfahrener Arzt wird dann sofort die Dosis senken, bis die für dieses Kind ideale Dosis gefunden ist.

Überwachung der Einnahme der Medikamente

Die Medikamente müssen regelmäßig den ganzen Tag über eingenommen werden. Probleme ergeben sich, wenn das Kind in der Schule seine Tablette einzunehmen vergisst oder sie absichtlich nicht einnimmt, weil es ihm vor seinen Mitschülern peinlich ist. Nicht wenige Kinder wollen die Tabletten nicht einnehmen. Dieses Problem hat sich dadurch verbessert, dass es heute die Dosierung in Retardform gibt: Die Kapsel wird morgens eingenommen und der Wirkstoff wird langsam über den ganzen Vormittag freigesetzt. Um die optimale Wirkung zu erreichen, kann es sein, dass diese Retardform zusätzlich mit konventionellen Tabletten oder Teilen davon unterstützt werden muss.

Nebenwirkungen bei Methylphenidat

Trotz Sorgfalt und einem nur ganz allmählichen Erhöhen bei der Einstellung der Dosierung kann es zu Nebenwirkungen kommen. Viele Kinder verlieren ihren Appetit, bis die Wirkung des Medikaments am Abend nachlässt. Experten empfehlen deshalb, die Hauptmahlzeit der Familie auf den Abend zu verlegen. Haben die Kinder auch am Abend noch keinen Hunger, dann wirkt das Medikament immer noch. In diesem Fall muss die Dosierung nochmals überprüft und feiner eingestellt werden. Manchmal reicht die Dosierung dann für die Steigerung der Konzentrationsfähigkeit nicht mehr aus, ist aber immer noch zu stark, um Hungergefühle aufkommen zu lassen

Schlaflosigkeit wird als Nebenwirkung recht oft angeführt; auch deswegen muss die Dosierung so eingestellt werden, dass die Wirkung am Abend abklingt. Falls das nicht ausreicht, ist ein Versuch mit anderen Medikamenten sinnvoll. Wie oben beschrieben erzielt *Piracetam* laut Dr. Held eine gute Wirkung bei der Nachreifung der Konzentrationsfähigkeit – ohne Nebenwirkungen.

Eine Gefahr besteht auch im Hinblick auf möglichen Missbrauch der Medikamente. Es wird immer wieder berichtet, dass ADHS-Medikamente als Rauschmittel eingenommen werden.

Positive Nebenwirkungen

Abgesehen von der Tatsache, dass die Kinder bei einer gelungenen Einführung des Medikaments meistens dank der verbesserten Steuerung der Aufmerksamkeit und des Verhaltens insgesamt sehr vorteilhaft reagieren, gibt es eine Reihe von weiteren positiven Nachreifungserscheinungen. Es wird beobachtet, dass der Bereich der Motorik sich verbessert, zum Beispiel bei der Nachreifung der Muskeltonus. Damit funktioniert die Schließmuskulatur der Blase, wie es sein sollte, und das Bettnässen hört auf.

Außerdem berichten Eltern immer wieder, dass ihr Kind nun endlich genau *ausmalen* oder mit der Schere plötzlich an einer Linie entlangschneiden kann, was vorher nie möglich war. Auch das Schriftbild verbessert sich meistens sehr schnell – zur Freude der Lehrer. Verbesserungen der sozialen Reife und der Fähigkeiten Lesen, Schreiben und Rechnen werden erzielt. An diesem Punkt werde ich oft von ADHS-Experten eingeladen, um vorzutragen, wie der verbleibende „Rest“ an Dyslexie und Dyskalkulie überwunden werden kann. Weitere positive Nebenwirkungen: Die Nachreifung des Immunsystems und die Rückbildung von Autoimmun-Beschwerden wie Neurodermitis oder Heuschnupfen.

Zum Abschluss muss gesagt werden, dass nicht alle Kinder auf die Behandlung mit solchen Stimulanzien reagieren. Circa 20 Prozent sprechen darauf gar nicht an.

Die audiovisuelle Stimulation

Bei dieser Methode findet die Stimulation durch Hören „kodierter“ Impulsaufnahmen statt, die die einer Entspannungsmusik unterlegt sind. Die Aufnahmen sind auf CDs oder als mp3-Dateien festgehalten. Die speziellen Tonimpulse werden an das Gehirn Ihres Kindes geschickt. Dies führt zu einer Aktivierung derjenigen Gehirnwellen, die auch dann erzeugt werden, wenn wir uns wohl, entspannt, freundlich und kreativ fühlen. Kurz gesagt: Die Kinder werden entspannt und konzentriert durch die verbesserte Ausschüttung von relevanten Botenstoffe im Gehirn.

Eine solche „Skibrille“ ist mit kleinen Leuchtdioden ausgestattet, die Lichtimpulse an die geschlossen Augenlider weitergeben. In der Regel berichten Anwender guter Produkte, dass die erzeugten Bildmuster angenehm, bunt, vielfältig und abwechslungsreich sind. Wichtiger für Sie und Ihr Kind ist: Das Gehirn Ihres Kindes wird dadurch zusätzlich und noch intensiver stimuliert. Die Stimulation ist der Schlüssel zum Erfolg bei Ihren Bemühungen, die Konzentrationsschwächen und/oder die Hyperaktivität Ihres Kindes zu überwinden!

Vorteile der audiovisuellen Stimulation

Die Handhabung des Gerätes und der CDs ist sehr einfach und vielseitig einsetzbar. Ihr Kind kann sich nach der Schule auf das Sofa legen und eine AVS-Einheit machen. Neben den Hausaufgaben und bei der Anwendung unseres Konzepts zur Überwindung der LRS können Sie eine AVS-CD im Hintergrund ablaufen lassen. Im Unterricht der *Kennedy-Schule* haben wir Übungen mit und ohne CD verglichen. Mit einer CD im Hintergrund konzentrieren sich die Kinder besser, sie sind nicht so unruhig wie ohne CD-Musik. Aufgrund der häufig vorkommenden Schlafstörungen bei den ADHS-Kindern ist es empfehlenswert, die Kinder im Bett eine dreißigminütige Einheit machen zu lassen. Vergessen Sie nicht, nach dieser Zeit vorbeizuschauen, um dem hoffentlich schlafenden Kind Kopfhörer und Brille abzunehmen …

Bei regelmäßiger Anwendung der audiovisuellen Methode überzeugen die guten Ergebnisse, die mit sehr wenig Aufwand erzielt werden. Diese Resultate werden in wissenschaftlichen Studien belegt, die eine gleich gute Wirkung wie bei *Ritalin* nachweisen: Zum Beispiel führte Dr. Harold L. Russell an der Universität Texas von 1994 bis 1996 mehrere Untersuchungen über die langfristige Effektivität von AVS bei Schülern durch. Die positive Wirkung ist vor allem in der täglichen Praxis erwiesen. Wir bekommen immer wieder Rückmeldungen von Eltern, die berichten, dass ihre Kinder sich besser konzentrieren können, aufmerksamer sind, sich wohler fühlen und in fast allen Fällen besser ein- und durchschlafen.

Die audiovisuelle Stimulation ist eine sehr praktikable Ergänzung zum Buchstabentraining, sie lässt sich gut in den Alltag integrieren.

Nachteile der audiovisuellen Stimulation

- Die optische Anwendung ist auf Grund der flimmernden LED-Lämpchen nicht für Epileptiker geeignet.
- Bei sehr sensiblen Kindern muss allmählich, Schritt für Schritt, vorgegangen werden. Länge und Intensität der Anwendung, also Laut- und Lichtstärke, werden allmählich gesteigert.
- Das Kind sollte die Anwendung täglich 20 bis 30 Minuten benutzen, deshalb ist eine gute und breite Auswahl an Musiktiteln notwendig.

Verhaltenstraining

Das Verhalten von ADHS-Kindern und Jugendlichen kann erheblich verbessert werden durch die Verabschiedung gemeinsam erarbeiteter Vereinbarungen, wie sich das Kind in welchen Situationen zu verhalten hat. Mithilfe einer erfahrenen Fachperson, die den ganzen Tagesablauf mit dem Kind und den Eltern zusammen durchstrukturiert, kann dies sehr gut gelingen.

Erörtert wird nicht nur, wie das *Kind* sich verhalten soll, sondern auch die Reaktion der Eltern und Erzieher bei Fehltritten des Kindes. Es werden auch Hilfestellungen angeboten. Zum Beispiel werden mit dem Kind Plakate erarbeitet und im Haus angebracht: was morgens, mittags und abends zu tun ist, zum Beispiel Zähne putzen, Tisch decken, Schulranzen wegräumen, im welchem Zustand das Badezimmer zu verlassen ist, wann die Hausaufgaben gemacht werden, wann ferngesehen werden darf, wann man ins Bett geht und was davor zu tun ist. Auch für die Kommunikation innerhalb der Familie werden Spielregeln erarbeitet. Schließlich werden Maßnahmen nach Fehltritten vereinbart.

Auf diese Weise bekommen das Kind und die Familie mehr Sicherheit und einen Rahmen, in denen sie sich sicher bewegen können. Viele ADHS-Experten empfehlen neben einer medikamentösen Behandlung ein solches Verhaltenstraining.

Nachteile des Verhaltenstrainings

Verhaltenstraining ist aufwendig und verlangt, wie immer in der Erziehung, viel Ausdauer, Konsequenz und Durchsetzungskraft. Heute gibt es Kurse für Eltern, die ihre Fähigkeiten beim Umgang mit ihrem ADHS-Kind trainieren und verbessern wollen. Die *Auswirkungen* von ADHS können so, je nach Fall und Ausprägung, auf ein Minimum zurückgefahren werden – aber nicht die Beschwerden, sie bleiben dem Kind erhalten.

Meine Empfehlung für Sie

Sie haben mit diesem Buch feststellen können, ob Ihr Kind LRS hat oder nicht, und vielleicht eine ADHS dazu. Bei Verdacht auf ADHS testen Sie Ihr Kind dreimal mit unserem Online-Test und suchen einen erfahrenen ADHS-Arzt auf, um Ihren Verdacht abzuklären. Belegen Sie ihre Vermutung mit Beispielen aus dem Alltag, nicht nur zuhause, sondern auch in der Schule, bei Verwandten und Freunden. Schildern Sie den Werdegang Ihres Kindes in seiner Auseinandersetzung mit der Störung von klein auf: Babyalter, Kindergarten und jetzt. Der Arzt kann Sie über geeignete Maßnahmen beraten.

Sehr hilfreich sind Elterninitiativen, bei denen von ADHS betroffene Familien einander beraten und unterstützen. Viele dieser Eltern haben einen ähnlichen Weg wie Sie, oft einen sehr langwierigen, durchgemacht, bis sie eine gute Lösung gefunden haben. Sie können von ihren Erfahrungen profitieren und den Weg zu einer guten Lösung erheblich abkürzen. Elterninitiativen in Ihrer Region finden Sie unter:
http://www.zentrales-adhs-netz.de/regionale-netze.html

ADHS ist für Eltern wie Kinder sehr belastend, vor allem, wenn sie zusammen mit Dyslexie und / oder Dyskalkulie auftritt. Aber wenn Sie und Ihr Kind konsequent bleiben, Buchstaben und Mengen üben und die für Ihr Kind geeigneten Heilmethoden für ADHS konsequent anwenden, dann werden seine betroffenen Gehirnregionen nachreifen. Das Kind kann seine Schwierigkeiten innerhalb eines Jahres überwinden. Also, packen Sie es an! Sie schaffen das!

Nachwort: „Komm, das reicht jetzt. Geh mal spielen ...!“

„Leo, kommst du bitte zu mir.“

Leo bewegt sich ganz langsam nach vorne zu Herrn Schalldecker, seinem Klassenlehrer. Langsam, weil es um seine Deutschnote für sein Jahreszeugnis der sechsten Klasse geht.

„Keine Bange, Leo. Du bekommst in Deutsch die Note Zwei, du hast sie auch verdient! Im Vergleich zum letzten Jahr hast du großartige Fortschritte gemacht. Deine Aufsätze sind sehr gut geworden, ich lese sie richtig gern. Falls du noch nicht weißt, was du später mal werden willst, könntest du Schriftsteller werden. Und in der Rechtschreibung machst du wesentlich weniger Fehler. Deine Mutter hat mir erzählt, dass du zuhause ein Buch nach dem anderen liest. Komm, das reicht jetzt. Geh mal spielen ...!“

*

Als Leo mir von diesen Worten seines Lehrers erzählte, platzte er fast vor Stolz. Mit Recht! Ein Jahr zuvor war er noch völlig verzweifelt, seine Mutter ebenso. Damals übte und lernte er jeden Tag manchmal stundenlang und konnte doch seine Noten nicht verbessern. Aber jetzt war der Durchbruch geschafft.

Lese-Rechtschreib-Schwäche ist immer komplett überwindbar. Und das ohne Stress, mit Übungen, die den Kindern Spaß machen. Voraussetzung dafür ist, dass sie eindeutig erkannt wird und dass sich das Kind die Buchstaben mit allen Sinnen einprägt. Systematisch und regelmäßig.

Vergessen Sie nicht: Die Hausaufgaben Ihres Kindes sind für Kinder gedacht, die keine Lernschwächen haben. Deshalb nehmen unsere in diesem Buch beschriebenen Übungen und Spiele den ersten Platz im Schulalltag Ihres Kindes ein.

Wie immer gilt: Bleiben Sie dran!

Schreiben Sie mir bitte, welche Erfahrungen und Erfolge Sie mit unserer Methode mit Ihrem Kind erzielt haben.

Widmung und Dank

Dieses Buch habe ich für alle Eltern und Kinder geschrieben, die verzweifelt versuchen, die Lese-Rechtschreib-Schwäche zu überwinden.

Ich möchte mich bei den Mitarbeitern der *Kennedy-Schule* und des pädagogischen Versands *Kreatives Lernen* für die professionelle Umsetzung dieses Konzepts bedanken.

Apropos professionell: Ein Dank auch an Herbert Leger für seine hervorragenden Beiträge zur Motivation und Gesprächsführung!

Nicht zuletzt bedanke ich mich bei meiner Frau und meiner Familie für deren Unterstützung in den vergangenen Jahren.

Für Dr. Held habe ich dieses Zitat von Barbara Tuchmann gefunden:

„Ohne Bücher bleibt die Geschichte stumm, die Literatur sprachlos, die Wissenschaft verkrüppelt, das Denken kommt zum Stillstand. Bücher sind Zeugen des Wandels, Fenster zur Welt, sie sind Banken des Geistes, Bücher sind gedruckte Humanität."

Joseph Kennedy

Anhang

Literatur zur Vertiefung

Carroll, Sean: *Die Darwin-DNA. Wie die neueste Forschung die Evolutionstheorie bestätigt,* Frankfurt: S. Fischer, 2008

Carroll, Sean: *Evo Devo. Das neue Bild der Evolution,* Berlin: Berlin Univ. Press, 2008

Dehaene, Stanislas: *Der Zahlensinn oder: Warum wir rechnen können,* Basel: Birkhäuser, 1999

Ditfurth, Hoimar von: *Der Geist fiel nicht vom Himmel. Die Evolution unseres Bewusstseins,* München: dtv, 1993

Eibl-Eibesfeldt, Irenäus: *Der Mensch – das riskierte Wesen. Zur Naturgeschichte menschlicher Unvernunft,* München: Piper, 1993

Hallowell, Edward M.; Ratey, John J.: *Zwanghaft zerstreut oder die Unfähigkeit, aufmerksam zu sein,* Reinbek: Rowohlt-Tb.-Vlg., 1999

Held, Dr. Fritz: *Legasthenie-Fibel für Eltern, Lehrer und Ärzte,* Stuttgart: Eigenverlag

Lorenz, Konrad: *Die Rückseite des Spiegels. Versuch einer Naturgeschichte menschlichen Erkennens,* München: Piper, 1997

Neuhaus, Cordula: *Hat unser Kleinkind AD(H)S? Symptome und Wege für Kinder von 0 – 3 Jahren,* Freiburg: Urania, 2013

Simchen, Helga: *Die vielen Gesichter des ADS. Begleit- und Folgeerkrankungen richtig erkennen und behandeln,* Stuttgart: Kohlhammer, 2010

Spitzer, Manfred: *Lernen. Gehirnforschung und die Schule des Lebens,* München / Heidelberg: Elsevier / Spektrum, 2007

ABC-Raupe
crealern.de
© Copyright 2011 – Kreatives Lernen – Alle Rechte vorbehalten
Inhaber: Joseph Kennedy, Obere Hauptstr.10, D-78532 Tuttlingen
Tel.: 07461-162650, Fax: 07461-162960, www.crealern.de

Buchstabenjagd

A	B	C	D	E
F	G	H	I	J
K	L	M	N	O
P	Q	R	S	T
U	V	W	X	Y
Z	Ä	Ö	Ü	

Inhaber: Joseph Kennedy, Obere Hauptstr.10, D-78532 Tuttlingen
Tel.: 07461-162650, Fax: 07461-162960, www.crealern.de

Buchstabenjagd

a	b	c	d	e
f	g	h	i	j
k	l	m	n	o
p	q	r	s	t
u	v	w	x	y
z	ä	ö	ü	

Inhaber: Joseph Kennedy, Obere Hauptstr.10, D-78532 Tuttlingen
Tel.: 07461-162650, Fax: 07461-162960, www.crealern.de

Wörterparade

A 1x >>>	P 2x >>>	N 1x >>>	E 2x >>>	M 1x >>>	O 2x >>>
f 2x <<<	o 1x <<<	a 2x <<<	e 1x <<<	h 2x <<<	r 1x <<<
G 2x >>>	Z 1x >>>	Q 2x >>>	U 1x >>>	G 2x >>>	Ü 1x >>>
i 3x <<<	e 2x <<<	o 3x <<<	a 2x <<<	s 3x <<<	w 2x <<<
H 2x >>>	T 2x >>>	A 2x >>>	S 2x >>>	H 2x >>>	E 2x >>>
k 3x <<<	l 1x <<<	r 3x <<<	n 1x <<<	S 3x <<<	q 1x <<<
D 1x >>>	W 1x >>>	L 1x >>>	B 1x >>>	D 1x >>>	T 1x >>>
a 2x <<<	h 3x <<<	e 2x <<<	r 3x <<<	t 2x <<<	u 3x <<<
C 1x >>>	F 2x >>>	J 1x >>>	V 2x >>>	L 1x >>>	F 2x >>>
h 2x <<<	p 2x <<<	t 2x <<<	l 2x <<<	j 2x <<<	u 2x <<<
S 2x >>>	I 1x >>>	F 2x >>>	M 1x >>>	N 2x >>>	A 1x >>>

Joseph Kennedy, Obere Hauptstr.10, D-78532 Tuttlingen
Tel.: 07461-162650, Fax: 07461-162960

Arbeitsblatt zur Wörterparade

Großbuchstaben	Wörter

Großbuchstaben

Kleinbuchstaben

Wörter

Joseph Kennedy, Obere Hauptstr.10, D-78532 Tuttlingen
Tel.: 07461-162650, Fax: 07461-162960

Buchstabendetektiv

Über den Autor

Joseph Kennedy ist gebürtiger Engländer und lebt seit mehr als 30 Jahren in Tuttlingen. Der ausgebildete Lehrer war früher tätig als pädagogischer Leiter des Berufsförderungszentrums Möhringen und als Trainer für Therapeuten, Lehrer, Psychologen und Kinderärzte. Seit 1991 ist er Inhaber und Leiter der *Kennedy-Schule* für qualifizierte Nachhilfe in Tuttlingen – mit Spezialisierung auf Lese-Rechtschreib-Schwäche, Rechenschwäche und Konzentrationsschwächen (ADHS-Verdacht). (www.kennedy-schule.de)

Kontakt: j.kennedy@crealern.de

Ursula Brunner:

Buchstabensuppe und Zahlensalat

Wie die Augendominanz unser Lernen beeinflusst

Leseprobe: www.vakverlag.de

Wenn beim Lesen und Rechnen aus hinten vorne wird und oben unten ist, dann stehen nicht nur die betroffenen Kinder, sondern auch ihre Eltern, Lehrer und Therapeuten Kopf. Das vorliegende Buch beschreibt ein Phänomen, das nur wenigen bewusst ist: die linke oder wechselnde Dominanz der Augen beim Lernen.
Anhand anschaulicher Fallbeispiele werden die verschiedenen Lerndefizite vorgestellt, pädagogische Maßnahmen und therapeutische Interventionen erläutert sowie Tests zur Überprüfung der Augendominanz zur Verfügung gestellt.

190 Seiten, 46 Abbildungen, Paperback (15 x 21,5 cm)
ISBN 978-3-935767-31-6

Brigitte Haberda:

Rechnen – keine Hexerei

Wie Kinder spielend rechnen lernen und was Eltern darüber wissen sollten

Leseprobe: www.vakverlag.de

Das Buch vermittelt im ersten Teil Hintergrundwissen über das Rechnenlernen und die daran beteiligten Gehirnfunktionen: wie Lernen mit Bewegung zusammenhängt, wie Bewegungsmangel zu Lernschwierigkeiten führt und wie Eltern die Schwachstellen ihrer Kinder herausfinden können. Der zweite Teil gibt konkrete Anleitungen zur Lernförderung: Ein Kakadu und viele abwechslungsreiche Arbeitsblätter laden die Kinder zu Bewegungs- und Rechenübungen ein.

166 Seiten, 90 Abb., flexibler Festband (18 x 24,5 cm),
ISBN 978-3-932098-40-6

Judith Bremer:

Einfach links schreiben

Praktischer Ratgeber für Eltern, Lehrer und Erzieher

Leseprobe: www.vakverlag.de

Wie können linkshändige Kinder schreiben (lernen), ohne sich unnötig zu quälen? Entspannte Stifthaltung und die richtige Blattlage sind Grundvoraussetzungen für linkshändiges Schreiben und für eine flüssige, gut lesbare Handschrift. Die detailgenauen Anleitungen in diesem Buch garantieren, dass linkshändige Kinder entspannt schreiben lernen. Mit 90 vierfarbigen Fotos und zahlreichen praktischen Tipps bietet das Buch wertvolle Hilfen für alle, die linkshändige Kinder unterstützen möchten. Ein kompetenter und kompakter Ratgeber für Eltern, Pädagogen und Berater!

120 Seiten, 90 Abb., Paperback (15 x 21,5 cm)
ISBN 978-3-86731-057-4

Abbonnieren Sie unseren Newsletter (gratis) unter: www.vakverlag.de